Warum Staaten zusammenbrechen

Daniel Lambach · Eva Johais
Markus Bayer

Warum Staaten zusammenbrechen

Eine vergleichende Untersuchung
der Ursachen von Staatskollaps

 Springer VS

Daniel Lambach
Universität Duisburg-Essen
Duisburg, Deutschland

Markus Bayer
Universität Duisburg-Essen
Duisburg, Deutschland

Eva Johais
Universität Bremen
Bremen, Deutschland

STAATSKOLLAPS

ISBN 978-3-658-11822-8   ISBN 978-3-658-11823-5 (eBook)
DOI 10.1007/978-3-658-11823-5

Die Deutsche Nationalbibliothek verzeichnet diese Publikation in der Deutschen Nationalbi-
bliografie; detaillierte bibliografische Daten sind im Internet über http://dnb.d-nb.de abrufbar.

Springer VS
© Springer Fachmedien Wiesbaden 2016

Lektorat: Jan Treibel, Monika Mülhausen

Gedruckt auf säurefreiem und chlorfrei gebleichtem Papier

Springer Fachmedien Wiesbaden GmbH ist Teil der Fachverlagsgruppe
Springer Science+Business Media (www.springer.com)

Vorwort

Dieses Buch ist das Produkt eines Forschungsprojekts, das von 2011 bis 2014 an der Universität Duisburg-Essen durchgeführt wurde. Ziel des Projektes war es, die theoretische Debatte über die Ursachen von Staatkollaps, verstanden als extreme Form der viel diskutierten fragilen Staatlichkeit, durch eine rigorose Konzeptualisierung und intensive empirische Studien neu zu befruchten und zu einem besseren Verständnis des Phänomens beizutragen.

Zum Gelingen des Projektes und des nun vorliegenden Buches haben viele, die auf dem Titelblatt unsichtbar bleiben, Beiträge geleistet. Wir möchten daher an dieser Stelle den Menschen und Institutionen danken, die uns durch geistige und praktische Tatkraft und materielle Förderung unterstützt haben.

Bereits in den Jahren 2008 und 2009 unternahmen Maren Kraushaar, Ismail Küpeli und ganz besonders Felix S. Bethke mit der Literatursichtung und einer ersten Datenerhebung wichtige Vorarbeiten für das Projekt. Während der Laufzeit des Projekts von 2011 bis 2014 entlasteten Simon von Dahlen, Laura Blomenkemper und Christian Tischmeyer die Autoren und die Autorin als wissenschaftliche Hilfskräfte und brachten ihre Ideen ein. Jörg Langerwisch leistete unverzichtbare Arbeit bei der Endredaktion des Buchs.

Darüber hinaus haben eine Vielzahl von Kolleginnen und Kollegen unser Forschungsvorhaben durch ihre fachlichen Kompetenzen, mit kritischen Fragen und Anregungen oder durch die Bereitstellung von Daten vorangetrieben. Hierzu zählt insbesondere das Team des Lehrstuhls Internationale Beziehungen und Entwicklungspolitik. Darüber hinaus danken wir herzlich Wiebke Breustedt, Lasse Cronqvist, Tobias Debiel, Jörg Faust, Rachel Gisselquist, Achim Goerres, Christian Göbel, Jörn Grävingholt, Sabine Kurtenbach, Julia Leininger, Susanne Pickel, Thomas Richter, Benoît Rihoux, Claude Rubinson, Cornelia Ulbert und Sascha Werthes. Das Institut für Politikwissenschaft und das Institut für Entwicklung und Frieden haben über die Jahre die geistige und materielle Umgebung für unser Forschungsprojekt zur Verfügung gestellt. Unser besonderer Dank gilt Inge Fischer und Monika Bähtz, die uns bei der Bewältigung logistischer und administrativer Herausforderungen stets hilfsbereit zur Seite standen. Außerdem danken wir Jan Treibel und dem Springer VS-Verlag für die gute und vertrauensvolle Zusammenarbeit.

Das Projekt wurde durch die finanzielle Förderung der DFG (Sachbeihilfe LA 1847/8-1) ermöglicht. Die Vorarbeiten unterstützte eine Anschubfinanzierung für Nachwuchswissenschaftler des Forschungsrats der Universität Duisburg-Essen.

Wir freuen uns, dass diese Gemeinschaftsarbeit von „sichtbaren" und „unsichtbaren" Händen und Köpfen nun in Form dieses Buchs greifbar wird.

Duisburg und Bremen, Sommer 2015
Daniel Lambach, Eva Johais, Markus Bayer

Inhalt

Einführung

1

Zusammenfassung

Dieses Kapitel stellt die Ziele und das Vorgehen eines Forschungsprojekts zu den Ursachen von Staatskollaps dar und nimmt dessen wichtigste Ergebnisse vorweg. Es stellt die Aktualität und Relevanz des Themas heraus und präsentiert das Mehrmethodendesign einer *nested analysis*, in dem *Qualitative Comparative Analysis* (QCA) und Prozessanalyse (Process-Tracing) miteinander kombiniert werden. Das Kapitel schließt mit einem Ausblick auf die Gliederung des Bands.

Keywords

Staatskollaps, Staatszerfall, Ursachen, Mehrmethodendesign, QCA, Process-Tracing, Staat

1.1 Einleitung

Wer sich mit kollabierten Staaten beschäftigt, muss sich mit Somalia befassen. Der ostafrikanische Staat galt nach einem blutigen Bürgerkrieg, der zum Sturz der Regierung und zur Fragmentierung des Landes führte, als Paradebeispiel versagender Staatlichkeit (International Crisis Group 2008) und wurde zu einem Sinnbild der *post-Cold War disorder*. Der Kollaps des somalischen Staates ist wegen seiner umfassenden Natur und seiner Dauer augenfällig (Menkhaus 2003). Nach dem Ende des Barre-Regimes 1991 war eine staatliche Verwaltung für über zwei Jahrzehnte weitgehend nicht existent. Nachdem sich die siegreichen Rebellen nicht auf eine politische Nachkriegsordnung einigen konnten, zerfiel das Land in lokale Fürstentümer, die von Warlords, Clanältesten und bewaffneten Gruppen kontrolliert wurden; selbst die Hauptstadt Mogadishu war unter mehreren verfeindeten Fraktionen aufgeteilt. Erst in den letzten Jahren ist eine Besserung der Lage zu erkennen. Seit 2012 hat das Land eine neue Verfassung, ein Parlament und eine arbeitsfähige Regierung.

Somalia gilt deshalb als ein Prototyp des Phänomens Staatskollaps. Die Angst vor islamistischen Terrorgruppen wie den Al Shabaab-Milizen sowie vor der Piraterie rund um das Horn von Afrika treibt westliche Industriestaaten an, „neue Somalias" verhindern zu wollen. Damit hat Somalia die Rolle des Libanon übernommen, der in den 1980er und frühen 1990er Jahren das Schreckgespenst versagender Staatlichkeit spielte. Damals sprachen Medien, Politiker und Wissenschaftler von der „Libanonisierung" eines Landes, um damit auf dessen Zerfall und verbreitete Gewalt hinzuweisen (Khalaf 2002, S. 11-12; Safire 1991). Aktuell sind Libyen, Syrien und der Irak akut von einem Kollaps der staatlichen Ordnung bedroht.

Als Ursachen für den Kollaps des somalischen Staates wird in der Literatur unter anderem die Spaltung der Gesellschaft entlang von Clangrenzen und die Politisierung von Identität durch die *divide-and-rule*-Taktiken der Regierung Barre genannt. Auch die im Laufe der Zeit zunehmend repressive Herrschaft des Militärregimes sowie die Mobilisierung eines bewaffneten Widerstands, zeitweilig mit äthiopischer Unterstützung, können als Erklärungen herangezogen werden. Vetternwirtschaft und Korruption verhinderten überdies, dass sich der Herrschaftsapparat, den die Somalis von den britischen und italienischen Kolonialherren erbten, zu funktionsfähigen Institutionen eines postkolonialen Staates entwickelte.

Das Phänomen Staatskollaps beschränkt sich jedoch nicht ausschließlich auf die schon erwähnten „Prototypen" Somalia und Libanon, sondern ist in einer Reihe sehr unterschiedlicher Länder aufgetreten – von Tadschikistan über die Demokratische Republik Kongo und Laos bis Bosnien-Herzegowina. Während sich also vielfältige Studien lediglich die Erklärung des Staatskollapses in Somalia zur Aufgabe machten, ist unklar, inwiefern deren Ergebnisse für andere, weniger prominente Beispiele gültig sind. Es geht also darum zu klären, welche der beschriebenen Bedingungen Somalia mit anderen Fällen von Staatskollaps gemein hat und welche nur in diesem speziellen Fall zu dieser extremen Form der Funktionsunfähigkeit staatlicher Institutionen beitrugen. In der Analyse müssen zugleich auch weitere Bedingungen Berücksichtigung finden, die in Somalia nicht gegeben waren. Die Vielfalt an Fällen und ihre Heterogenität deuten darauf hin, dass – statt von *einer* Erklärung für das Phänomen auszugehen – unterschiedliche Pfade zum Staatskollaps führen können.

Wieso kommt es also zum Kollaps staatlicher Ordnung und wieso bleibt dieser in anderen, ebenso risikobehafteten Kontexten aus? Erstaunlicherweise hat die

Forschung dazu bislang wenig zu sagen. Es gibt eine Vielzahl von Einzelfallstudien, die die Kollapsgeschichten einzelner Staaten kompetent zusammenfassen, aber keine vergleichende Perspektive erlauben. Darüber hinaus gibt es vergleichende Studien mit unterschiedlichen Fallzahlen, die aber an verschiedenen methodischen Schwächen leiden. Die Studien mit niedrigen Fallzahlen haben zumeist kein klares Vergleichsdesign und zu viele Variablen. Studien mit höheren Fallzahlen haben oft Probleme der Inhaltsvalidität, da sie auf fragwürdige Instrumente und Stellvertreter-Variablen (*proxies*) zurückgreifen, um die Qualität staatlicher Institutionen zu messen. Viele dieser Studien setzen sich auch nicht ausreichend mit der Literatur auseinander, in der es mittlerweile einen deutlichen „Theorie-Überhang" gibt, d. h. eine große Zahl von Annahmen und Hypothesen über die Ursachen von Staatskollaps, die auf einer relativ dünnen Basis gesicherter Empirie beruhen.

Angesichts der Aktualität des Themas wäre es jedoch nicht nur von wissenschaftlichem, sondern auch von politischem Interesse, mehr über die Ursachen kollabierender Staatlichkeit zu wissen. Staatskollaps ist immer von massiver Gewalt begleitet und erzeugt massenhafte Flüchtlingsströme und andere humanitäre Katastrophen. Kollabierte Staaten gelten als Heimstätten für transnational agierende terroristische und kriminelle Netzwerke und sind deshalb seit den Anschlägen des 11. September 2001 auch in den Fokus der Sicherheitspolitik gerückt (Paris 2011). Man kann unterschiedlicher Meinung darüber sein, inwieweit sich politikwissenschaftliche Forschung am Ziel ihrer praktischen politischen Verwertbarkeit orientieren sollte. Unbenommen ist hingegen, dass gerade die wissenschaftliche Erforschung politisch salienter Themen einer besonderen Sorgfaltspflicht obliegt.

In diesem Band möchten wir einen Beitrag zur Schließung dieser Forschungslücke leisten. Dieses Buch fasst die Ergebnisse eines dreijährigen Projekts zusammen, in dem wir eine vergleichende Analyse von Kollapsprozessen in der postkolonialen Ära vorgenommen haben. Das Resultat ist ein kausales Modell von Staatskollaps, das häufig anzutreffende kausale Faktoren und Prozesse sowie deren Interaktion darlegt. Es geht uns bei diesem Modell nicht um die Erklärung konkreter Einzelfällen, sondern um die Identifikation typischer Muster der Kausalität.

1.2 Forschungsdesign

Unser Beitrag basiert auf einem Forschungsdesign, das Staatskollaps ausgehend von einem institutionalistischen Staatsbegriff systematisch konzeptualisiert, durch eine Kombination von Methoden die Erklärungskraft bestehender Theorien überprüft und neue Hypothesen über die Wirkung von Risikofaktoren entwickelt.

Als Staatskollaps verstehen wir dabei einen Zustand, in dem der Staat über keine nennenswerten Kapazitäten in seinen drei Kerndimensionen der Rechtsetzung, Gewaltkontrolle und Besteuerung verfügt. Staatskollaps ist also die extremste Form fragiler Staatlichkeit. Wir konzentrieren uns auf diese Fälle, um mit einem relativ gut abgrenzbaren Konzept zu arbeiten. Im Gegensatz dazu ist der Begriff der Fragilität diffus und unscharf (z. B. Call 2008; Grävingholt et al. 2012; Ulfelder 2012). Für komparative empirische Forschung ist Fragilität daher ungeeignet, da kaum zu entscheiden ist, welche Fälle in der Untersuchung berücksichtigt werden müssten. Insofern sind unsere Ergebnisse auch nur für diejenigen Fälle von Fragilität aussagekräftig, in denen staatliche Institutionen auch ihre letzte Handlungsfähigkeit einbüßen; über andere, weniger schwere Fälle von Fragilität können wir damit nichts schlussfolgern.

Mit unserem Verständnis von „Staat" als einem Monopolisten in essentiellen Herrschaftsdimensionen bewegen wir uns staatstheoretisch in einem von Max Weber abgeleiteten Institutionalismus. Mit einem institutionalistischen Staatsbegriff schließen wir an den theoretischen Mainstream in der Forschung zu fragiler und kollabierter Staatlichkeit an. Gerade für komparative Forschung ist diese Wahl dadurch gerechtfertigt, dass sich die global verbreiteten Vorstellungen von Staatlichkeit am Weberschen Idealtyp orientieren (Hansen und Stepputat 2001, S. 37; Schlichte 2005, S. 85ff.). Davon ausgehend entwickeln wir ein mehrdimensionales Konzept, wonach Staatskollaps darin besteht, dass die Institution des Staates ihre Funktionsfähigkeit in den essentiellen Dimensionen der Rechtsetzung, Gewaltkontrolle und Besteuerung eingebüßt hat. Mittels eines eigens entwickelten Indikatorenkatalogs identifizieren wir 17 Fälle von Staatskollaps in der Periode 1960-2007, von denen 15 Gegenstand unserer Analyse sind. Zwei Fälle, Irak 2003 und Afghanistan 2001, hatten wir von vornherein ausgeschlossen, da diese Kollapsfälle durch externe Invasionen hervorgerufen wurden.

Um den Ursachen extremem Staatsversagens auf die Spur zu kommen, wurden die 15 Kollapsfälle mit zwei Kontrollgruppen verglichen: Eine synchrone Vergleichsgruppe bestand aus anderen, ähnlichen Staaten, die zum selben Zeitpunkt ebenfalls schwere politische Krisen durchlebten ohne dabei zu kollabieren. Die diachrone Vergleichsgruppe umfasste die Kollapsfälle, jedoch in einer anderen historischen Periode, in der die jeweiligen Länder ebenfalls eine Krise erlebten, die aber nicht zum Kollaps führte. Für jeden dieser Fälle wurden insgesamt 27 Variablen codiert, die wir aus der Literatur als mögliche Risikofaktoren identifiziert hatten.

Dieser synchrone und diachrone Vergleich wurde mittels Qualitative Comparative Analysis (QCA) vorgenommen. QCA ist ein systematisches Vergleichsverfahren auf der Grundlage Boolescher Algebra, mittels dessen Kombinationen notwendiger und hinreichender Bedingungen für ein bestimmtes Outcome (in unserem Falle Staatskollaps) identifiziert werden. Diese Methode war für unser Forschungsvorhaben aus mehreren Gründen besonders geeignet. Am wichtigsten davon ist die Annahme kausaler Komplexität, die QCA zugrunde liegt und die auch für unseren Forschungsgegenstand zutraf. Mit komplexer Kausalität sind insbesondere zwei Dinge gemeint (Wagemann und Schneider 2010, S. 378): Erstens wird die Interaktion von Faktoren in den Vordergrund gestellt, statt die Wirkung einzelner Variablen. Zweitens wird von der Äquifinalität unterschiedlicher kausaler Prozesse ausgegangen, d. h. dass ein bestimmtes Outcome auf verschiedenen Wegen zustande kommen kann. Nicht zuletzt ist QCA im Kern eine qualitative Methode und bewahrt den Blick auf den Einzelfall, da ein QCA-Datensatz auf Kodierungen basiert, die die ForscherInnen nur auf Basis einer fundierten Fallkenntnis treffen können. Dies erforderte die Anfertigung detaillierter Fallstudien für alle Kollaps- und Vergleichsfälle. Damit konnten wir die Datenbasis der Ursachenforschung um qualitative Faktoren erweitern. Eine weitere Auseinandersetzung mit der Empirie fand im Anschluss an die QCA in Form von Analysen der politischen und sozio-ökonomischen Entwicklungen in den Phasen vor dem Kollaps in den 15 von uns identifizierten Fällen statt.

Diese Prozessanalysen waren aus mehreren Gründen unerlässlich. Erstens ist es ohnehin gute Praxis, zum Ende einer QCA-Analyse die Ergebnisse nochmal mit den Fällen abzugleichen, um die angenommene kausale Wirkung der Lösungsterme zu plausibilisieren. Zweitens waren die Ergebnisse unserer beiden QCA-Berechnungen komplex und nicht leicht interpretierbar. Daher stellten vergleichende Prozessanalysen auf der Grundlage der QCA-Ergebnisse den entscheidenden Schritt zur Modellbildung dar. Dabei stellten wir unter anderem fest, dass einige Bedingungen, die in den Lösungstermen vertreten waren, keine oder eine andere kausale Wirkung hatten als angenommen, was uns eine beträchtliche Weiterentwicklung des Modells gegenüber den QCA-Ergebnissen ermöglichte. Die Kombination von QCA und Prozessanalyse wird daher inzwischen vielfach empfohlen (Cooper und Glaesser 2012; Schneider und Rohlfing 2013).

1.3   Ergebnisse und Theoriebildung

Die Prozessanalysen bestätigten die Annahme, dass die Kausalstruktur von Staatskollaps komplex ist. Für jeden Fall konnten wir mehrere kausale Bedingungen identifizieren, die erst durch ihre Interaktion zum Kollaps des Staates führten. Manche dieser Bedingungen waren in der Terminologie von Jackson „adäquat kausal", d. h. „part of an ideal-typically specified causal configuration without which we cannot imagine the outcome having occurred". Andere waren lediglich „zufällig kausal" oder idiosynkratisch, d. h. „we cannot imagine [this particular] outcome having occurred without it, but it is not part of a systematic ideal-type" (Jackson 2011, S. 150).

Die wichtigste der von uns getesteten Bedingungen war die Mobilisierung einer bewaffneten Opposition, ein dynamischer Prozess, der für uns eine notwendige Bedingung für Staatskollaps ist. Dass dies jedoch keine hinreichende Bedingung darstellt, wird durch die Vielzahl von bewaffneten Konflikten und Bürgerkriegen unterstrichen, die nicht zum Kollaps des Staates führen. Daher müssen noch weitere Bedingungen vorhanden sein, um zu diesem Ergebnis zu führen. Zu diesen Bedingungen gehören *Transitionen* (Dekolonisierung und Regimewechsel), da sie Momente des Wandels darstellen, in denen institutionalisierte Herrschaftsformen in Frage gestellt werden. Weiterhin führt ein hohes Maß an *Repression*, das sich entweder als breit angelegter, systematischer Terror oder in plötzlicher, massiver Gewalt gegen die Zivilbevölkerung äußert, zur Destabilisierung staatlicher Herrschaft. *Faktionalismus*, also eine exklusive identitätsbasierte Politik, wirkt einerseits als strukturelles Risiko, andererseits als dynamischer Prozess, wenn Eliten in Konfliktprozessen ethnische oder religiöse Differenzen instrumentalisieren. Die *Kohäsion von Elitenkoalitionen* hat ebenfalls eine große Auswirkung – wenn diese Koalitionen fragmentieren, eröffnet dies bessere Chancen für eine Mobilisierung gegen das System. Und nicht zuletzt kann durch *externe Unterstützung einzelner Parteien* die Machtbalance zwischen verschiedenen Akteuren so ausgeglichen werden, dass Machtkämpfe eskalieren oder verlängert werden.

Aus diesen Ergebnissen entwickeln wir ein kausales Modell von Staatskollaps. Das Modell stellt ein idealtypisches Bild dar, wie die obigen Risikofaktoren interagieren, um zum Kollaps des Staates zu führen. Das Modell impliziert nicht, dass alle Faktoren notwendig für Staatskollaps sind. Sein Nutzen liegt auch nicht primär darin, einzelne Fälle zu erklären, da in diesen zumeist noch weitere, fallspezifische Faktoren wirksam waren. Stattdessen bietet das Modell ein generelles Interaktionsmuster kausaler Bedingungen und trägt damit zur Theoriebildung über das Zusammenwirken unterschiedlicher Risikofaktoren von Staatskollaps bei.

Unsere Ergebnisse ziehen überdies manche weithin akzeptierte Theorie über Staatskollaps in Zweifel. Beispielsweise haben laut unserer Analyse Faktoren wie Neopatrimonialismus, Rent-Seeking oder die bewusste Demontage staatlicher Institutionen durch Mitglieder des Regimes keine systematische kausale Wirkung. Eine mögliche Erklärung dafür könnte sein, dass diese Faktoren eher Ursachen von *Fragilität* sind, aber keine besondere Wirkung auf den *Kollaps* fragiler Staaten haben. Danach wären sie für die von uns betrachteten Extremfälle eher eine Hintergrundbedingung, die zwischen Kollapsfällen und Kontrollfällen nicht besonders variiert.

1.4 Aufbau des Buches

Das Buch ist wie folgt organisiert: Die Kapitel zwei bis vier folgen derselben Logik. In jedem werden unterschiedliche Aspekte des aktuellen Forschungsstands dargelegt und danach unsere Herangehensweise zu dem jeweiligen Thema dargestellt. Kapitel zwei befasst sich mit einer grundsätzlichen Einführung in die Forschung zu Staatskollaps und verwandten Konzepten. Danach diskutieren wir unsere Entscheidung für einen Fokus auf Staatskollaps und legen danach unser Verständnis von Staatlichkeit und Staatskollaps dar.

Das dritte Kapitel behandelt Fragen des Forschungsdesigns. Hier stellen wir zunächst die am weitesten verbreiteten Methoden vor und stellen deren Verdienste und Schwachpunkte gegenüber. Aus dieser Zusammenschau entwickeln wir Anforderungen an eine Ursachenforschung von Staatskollaps. Diese Anforderungen leiten uns beim Entwurf eines an Liebermans Konzept der „nested analysis" (Lieberman 2005) orientierten Mehrmethodendesigns an, das QCA und Process-Tracing miteinander kombiniert. Unser spezielles Vorgehen bei der Anwendung dieser Methoden stellen wir in den letzten Abschnitten dar.

Im vierten Kapitel wenden wir uns der Ursachenforschung zu. Darin stellen wir die Ergebnisse einer Literaturschau vor, die wir zu den Ursachen von Staatskollaps, Staatszerfall und fragiler Staatlichkeit vorgenommen haben. Die entsprechenden Ursachenfaktoren systematisieren wir als politische, wirtschaftliche, sozialstrukturelle und kulturelle sowie internationale und regionale Faktoren. Daraus entwickeln wir konkrete Risikofaktoren für unsere QCA-Untersuchung.

Das fünfte Kapitel stellt den Prozess der Fallauswahl vor. Dafür präsentieren wir zunächst das Indikatorenschema von Staatskollaps, welches wir anhand von Goertz' Methode der Konzeptbildung (Goertz 2006) entwickelt haben. Danach gehen wir auf unser Vorgehen zur Identifikation von Fällen und Kontrollfällen ein. Hier unternehmen wir auch eine kurze Diskussion von Grenzfällen, die wir aus unterschiedlichen Gründen nicht in die Analyse einbezogen haben.

Im sechsten Kapitel stellen wir unsere QCA vor. Dabei legen wir einleitend den sehr aufwändigen Prozess der Codierung der notwendigen Daten dar. Danach beschreiben wir den entstandenen Datensatz und präsentieren ausführlich die Ergebnisse der synchronen und diachronen Analysen.

Das siebte Kapitel beschreibt unser Vorgehen bei den vergleichenden Prozessanalysen sowie deren Resultate. Diese illustrieren wir mit empirischem Material aus verschiedenen Einzelfällen. Den Kern des Kapitels bildet unser aus der Empirie entwickeltes theoretisches Kausalmodell der Ursachen von Staatskollaps.

Im abschließenden Kapitel führen wir dann die Ergebnisse des Forschungsprojekts noch einmal zusammen und binden sie an den aktuellen Stand der Ursachenforschung zurück. Dabei diskutieren wir auch die immer wieder aufgetretene Frage, wie sich Staatskollaps von Konfliktphänomenen wie z. B. Bürgerkrieg unterscheidet. Zum Abschluss zeigen wir die Implikationen unserer Ergebnisse für die weitere Forschung auf und umreißen zukünftige Wege des Forschungsgebiets.

Literatur

Call, C. T. (2008). The Fallacy of the "Failed State". *Third World Quarterly, 29*(8), 1491-1507.

Cooper, B., & Glaesser, J. (2012). Qualitative Work and the Testing and Development of Theory: Lessons from a Study Combining Cross-Case and Within-Case Analysis via Ragin's QCA. *Forum: Qualitative Social Research, 13*(2).

Goertz, G. (2006). *Social Science Concepts: A User's Guide*. Princeton: Princeton University Press.

Grävingholt, J., Ziaja, S., & Kreibaum, M. (2012). *State Fragility: Towards a Multi-Dimensional Empirical Typology*. Discussion Paper Nr. 3/2012. Bonn: Deutsches Institut für Entwicklungspolitik.

Hansen, T. B., & Stepputat, F. (2001). Introduction: States of Imagination. In T. B. Hansen & F. Stepputat (Hrsg.), *States of Imagination: Ethnographic Explorations of the Postcolonial State* (S. 1-38). Durham: Duke University Press.

International Crisis Group. (2008). Somalia: To Move Beyond the Failed State. *Africa Report* Brussels: International Crisis Group.

Jackson, P. T. (2011). *The Conduct of Inquiry in International Relations: Philosophy of Science and Its Implications for the Study of World Politics*. London: Routledge.

Khalaf, S. (2002). *Civil and Uncivil Violence in Lebanon: A History of the Internationalization of Communal Conflict*. New York: Columbia University Press.

Lieberman, E. S. (2005). Nested Analysis as a Mixed-Method Strategy for Comparative Research. *American Political Science Review, 99*(3), 435-452.

Menkhaus, K. (2003). State Collapse in Somalia: Second Thoughts. *Review of African Political Economy, 30*(97), 405-422.

Paris, R. (2011). Ordering the World: Academic Research and Policymaking on Fragile States. *International Studies Review, 13*(1), 58-71.

Safire, W. (1991). Izationization. *New York Times*, 21 April 1991. Retrieved from http://www.nytimes.com/1991/04/21/magazine/on-language-izationization.html.

Schlichte, K. (2005). *Der Staat in der Weltgesellschaft: Politische Herrschaft in Asien, Afrika und Lateinamerika*. Frankfurt: Campus.

Schneider, C. Q., & Rohlfing, I. (2013). Combining QCA and Process Tracing in Set-Theoretic Multi-Method Research. *Sociological Methods & Research, 42*(4), 559-597.

Ulfelder, J. (2012). "State Failure" Has Failed. How About Giving "State Collapse" a Whirl?, from http://dartthrowingchimp.wordpress.com/2012/07/05/state-failure-has-failed-how-about-giving-state-collapse-a-whirl/.

Wagemann, C., & Schneider, C. Q. (2010). Qualitative Comparative Analysis (QCA) and Fuzzy-Sets: Agenda for a Research Approach and a Data Analysis Technique. *Comparative Sociology, 9*(3), 376-396.

Staatlichkeit und Staatskollaps

2

Zusammenfassung

Dieses Kapitel fasst die bisherige Forschung zu Staatskollaps und fragiler Staatlichkeit zusammen und systematisiert sie entlang ihrer dominanten Stränge. Es diskutiert, warum Staatskollaps ein besser abgrenzbarer Begriff ist als Fragilität. Aus dem Staatsbegriff von Max Weber wird eine institutionalistische Definition des Staates entwickelt, die den Staat durch dien Monopole der Gewaltkontrolle, der Rechtsetzung und der Steuererhebung charakterisiert.

Keywords

Staat, Staatlichkeit, Max Weber, Staatskollaps, Forschungsstand, Kritik, fragile Staatlichkeit

Staatskollaps, Staatszerfall und fragile Staatlichkeit sind vieldiskutierte Begriffe, die alle auf dasselbe Phänomen verweisen: Die Unfähigkeit eines Staates, innerhalb seiner Grenzen als der Souverän aufzutreten, der er laut der politischen Theorie sein soll. Derartige fragile, zerfallende und kollabierte Staaten weisen unterschiedlich große Defizite auf, wenn es um zentrale Staatsaufgaben wie Gewaltkontrolle, die Durchsetzung staatlichen Rechts oder die Erhebung von Steuern und Abgaben geht. Die verschiedenen Begriffe verweisen dabei auf das Ausmaß der Problematik: Während Fragilität bereits auf geringe Defizite hindeutet, müssen für eine Einstufung als Zerfall bereits deutliche Anzeichen vorliegen, während der Begriff „Kollaps" nur auf eine kleine Gruppe von Extremfällen angewandt wird.

Seit den frühen 1990er Jahren hat sich in der Politikwissenschaft hierzu eine umfangreiche Literatur entwickelt, die sich jedoch auf ausgewählte Aspekte des Themas konzentriert, während andere vernachlässigt werden. Besonders augenfällig ist der Mangel einer systematischen Erforschung der Ursachen eines derartigen Versagens staatlicher Institutionen. Dies liegt zum einen an einer wenig zielführenden „Arbeitsteilung" der politikwissenschaftlichen Subdisziplinen der Internationalen Beziehungen und der Vergleichenden Politikwissenschaft (Lambach i. E.) und zum anderen an einem Mangel angemessener Daten, um auf diesem Feld eine aussagekräftige Forschung mit größeren Fallzahlen durchzuführen. Eine Folge davon ist, dass in der wissenschaftlichen Literatur viele Hypothesen über die Ursachen von fragiler, zerfallender und kollabierter Staatlichkeit formuliert, aber bislang nicht überprüft worden sind.

Die gegenwärtige Beschäftigung mit fragiler Staatlichkeit hat ihre Wurzeln in einem Aufsatz aus dem Jahr 1992, der erstmals die Frage stellte, was der Westen – hier speziell die USA – tun könne, um „zerfallene Staaten" (failed states) zu retten (Helman und Ratner 1992). Insbesondere in ihrer ersten Dekade befasste sich die Forschung stark mit Begrifflichkeiten – neben dem zunächst dominanten Konzept des Staatszerfalls (Gros 1996; Tetzlaff 1993) wurde u. a. von Staatskollaps (Zartman 1995), dem „unterbrochenen Staat" (Saikal 2000), dem „invertierten Staat" (Forrest 1998), dem „failing state" (Tetzlaff 2000) sowie von „fragmentierten, unkontrolliert regierten Gebieten" (Büttner 2004) gesprochen. Inzwischen hat sich der Begriff des „fragilen Staates" als Sammelbegriff etabliert, was auch zu einer gewissen Integration der verschiedenen Ansätze in einem gemeinsamen Forschungsfeld beigetragen hat.

Der Fragilitätsbegriff bot gegenüber den Alternativen gleich mehrere Vorteile. Erstens ist damit eindeutig ein Zustand beschrieben, während beim zuvor dominanten Begriff des Staatszerfalls immer der Gedanke an einen Prozess der Verschlechterung mitschwang. Zweitens ist „Fragilität" politisch unverfänglicher als Bezeichnungen wie „Schwäche", „Versagen" oder „Kollaps", die alle das Defizitäre an der Staatlichkeit stärker betonen; gleichzeitig kann man aus dem neutral klingenden Begriff der Fragilität weniger leicht eine Schuldzuweisung herauslesen, wer denn für diesen Zustand verantwortlich zu machen ist.

Im aktuellen Sprachgebrauch wird mit fragiler Staatlichkeit eine breite Spanne von Beispielen institutionellen Versagens beschrieben (siehe Abb. 2.1, vgl. mit teils abweichenden Terminologien Debiel und Reinhardt 2004; Erdmann 2003; Mair 1999; Rotberg 2004; Rüb 2003; Schneckener 2006b). Dazu gehören die zwar schwachen, aber zumindest noch teilweise funktionsfähigen Staaten ebenso wie die krisengeschüttelten, zerfallenden Staaten. Am Ende des Kontinuums von Staatlichkeit stehen die zerfallenen oder kollabierten Staaten, in denen die staatlichen Institutionen nahezu jede produktive Arbeit eingestellt haben. Die Punkte dieses

Spektrums umfassen sehr unterschiedliche Gruppen von Staaten, z. B. haben wir nur 17 Fälle von Staatskollaps im Zeitraum 1960-2007 identifizieren können (vgl. Kap. 5). Demgegenüber weist die Mehrzahl der Staaten weltweit Anzeichen schwacher Staatlichkeit auf. Diese Gruppe ist weitgehend deckungsgleich mit der der Entwicklungs- und Schwellenländer, aber auch manche OECD-Staaten wie Mexiko sind davon betroffen. Andere Schätzungen bewegen sich irgendwo zwischen diesen Endpunkten. Beispielsweise sprach die Weltbank 2005 von 25 fragilen Staaten („Low Income Countries Under Stress" im damaligen Sprachgebrauch der Bank, vgl. World Bank Independent Evaluation Group 2006, S. 4). Ebenfalls 2005 listete das britische Department for International Development (DfID) 46 Länder auf, die nach seiner Definition als fragil einzustufen seien (Department for International Development [DFID] 2005). Auf der aktuellen „Harmonized List of Fragile Situations" der Weltbank befinden sich 36 Länder und Territorien (World Bank 2014).

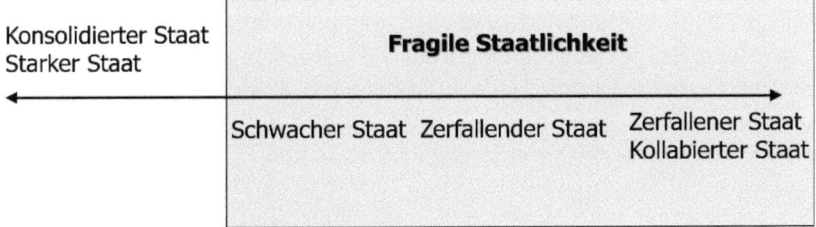

Abb. 2.1 Kontinuum von Staatlichkeit
Quelle: Lambach und Bethke (2012)

2.1 Forschungsfeld

Die Forschung zu fragilen, zerfallenden und kollabierten Staaten hat seit ihrer Entstehung Anfang der 1990er Jahre eine dramatische Ausweitung erlebt. Dabei standen insbesondere drei Aspekte im Vordergrund: 1) die Definition und begriffliche Reflexion des Gegenstands, 2) die Diskussion von dessen Auswirkungen sowie 3) die Identifikation von Handlungsoptionen für externe Akteure.

Der erste Strang war in der Anfangsphase der Forschung zu diesem Themengebiet (ca. 1992-2001) besonders dominant. Zu dieser Zeit wurde der Begriff des „Staatszerfalls" bzw. des „failed state" geprägt und viel über seine genaue Bedeutung debattiert (z. B. Gros 1996; Helman und Ratner 1992; Tetzlaff 1993; Widner 1995). Diese Ansätze verwenden als Maßstab i. d. R. einen Weberschen Idealtyp des Staates. Es gibt jedoch Beiträge, die die Bindung der Forschung an westliche Staatskonzepte kritisieren. Sie fordern, die Forschung sollte sich an Realtypen anstelle von Idealtypen orientieren (insbesondere Migdal und Schlichte 2005), um zu erforschen, wie angesichts der Ineffektivität des formalen Staates Governance-Leistungen bereitgestellt werden können (Chojnacki 2007; Clements et al. 2007; Meagher 2012; Raeymaekers et al. 2008; Risse 2012; Risse und Lehmkuhl 2007; von Trotha 2000). Darüber hinaus findet auch eine Auseinandersetzung mit den verwendeten Begriffen selbst statt (vgl. Kap. 2.3), wobei einzelne Beiträge deren Sinnhaftigkeit insgesamt anzweifeln (Call 2008; Hameiri 2007; Jones 2008; Schlichte 2005b, 2006). Andere kritisieren deren Verwendung zur Legitimierung politischer oder militärischer Interventionen (z. B. Bilgin und Morton 2002, 2004; Bourne 2011; Schlichte 2008). Ferner lehnen postkoloniale Beiträge die verbreitete Anwendung von Kategorien der Fragilität auf afrikanische Staaten ab, da diese die historischen Besonderheiten afrikanischer Politik hinter einer universalistischen Konzeption von Staatlichkeit verbergen (Hill 2005, 2009; Notshulwana 2011; Wai 2012).

Der zweite Hauptstrang befasst sich mit den Auswirkungen fragiler Staatlichkeit. Hier steht insbesondere die Frage im Mittelpunkt, inwieweit fragile Staaten als Operationsbasis für terroristische Gruppen, Piraten und organisierte Kriminalität dienen (z. B. Gros 2003; Hastings 2009; Hendrix und Young 2014; James 2012; Menkhaus und Shapiro 2010; Newman 2007; Patrick 2006, 2007; Piazza 2007, 2008; Schneckener 2003; Simons und Tucker 2007). Darüber hinaus werden die Konsequenzen für das Völkerrecht diskutiert, da zerfallende und kollabierte Staaten das fundamentale Prinzip staatlicher Souveränität in Frage stellen (z. B. Delbrück 2001; Geiss 2005; Herdegen 1995; Kreijen 2004; Thürer 1999). Weiterhin werden gewalttätige Konflikte und Bürgerkriege (z. B. Bussmann 2009; Fearon und Laitin 2003; Hegre et al. 2001; Jackson 2001) sowie die Auswirkungen auf die menschliche Sicherheit der Zivilbevölkerung als Folgen fragiler Staatlichkeit thematisiert (z. B. Andersen et al. 2007; Englehart 2009; Kurtulus 2012; Reno 2004; Trefon 2004). Nicht zuletzt gibt es eine weitreichende Literatur, die den Einfluss von Fragilität auf wirtschaftliche Entwicklung untersucht (z. B. Bertocchi und Guerzoni 2010; Chauvet und Collier 2008).

Der dritte und umfassendste Strang ist die Erforschung von Handlungsoptionen für externe Akteure im Umgang mit fragilen Staaten. Die sicherheitspolitische Behandlung zerfallender Staaten ist bereits seit den Anfängen des Forschungsfelds ein zentrales Anliegen der Literatur (vgl. exemplarisch Crocker 2003; Helman und Ratner 1992; Herbst 1996; Krasner und Pascual 2005; Rondos 1994; Spanger 2002). Dazu gehört vor allem die Frage, unter welchen Umständen und mit welchen Mitteln Interventionen in fragilen Staaten unternommen werden können und dürfen (z. B. Ehrhart 2004; Ignatieff 2002, 2003; Loges und Menzel 2004; Mair 2000, 2004; Spanger 2005). Seit gut einem Jahrzehnt beschäftigt sich auch die Entwicklungspolitik mit dem Thema und sucht nach Strategien, wie Entwicklungszusammenarbeit unter Bedingungen fragiler Staatlichkeit betrieben werden kann (Debiel et al. 2007; Gisselquist 2014; Hout 2010; Manning und Trzeciak-Duval 2010; Zulueta-Fülscher 2014). Nicht zuletzt aufgrund der Nachfrage aus der politischen Praxis nach Lösungsoptionen hat die einschlägige Forschung oft einen politikberatenden, problemlösenden Ansatz, der teils bis zur Ausarbeitung konkreter Politiken und Reformpakete verfolgt wird (vgl. exemplarisch Heilbrunn 2006; Herbst 2004; Klemp und Poeschke 2005; Krasner und Pascual 2005). Konkret führte dies unter anderem zu einer umfangreichen Literatur zum Aufbau von Staatlichkeit (state-building, vgl. dazu exemplarisch Fukuyama 2004; Paris 2004; Schneckener 2006a).

Darüber hinaus existiert eine Vielzahl an Beiträgen, die sich kritisch mit den Begriffen und Implikationen der Debatte befassen. Das Forschungsfeld zu fragiler Staatlichkeit erhielt einen massiven Auftrieb durch die Versicherheitlichung von ‚failed states‘ nach dem 11. September 2001 (Sabaratnam 2011, S. 23). Dies bedeutet, dass die Schwäche von Staaten nicht nur als Hindernis für die Entwicklung und das friedliche Zusammenleben von Gesellschaften, sondern als Bedrohung für die globale Sicherheit wahrgenommen wurde. Dieser Lesart liegt die Überzeugung zugrunde, dass die Institution des Staates die politische Ordnung darstellt, welche die Befriedigung menschlicher Bedürfnisse, aber auch den Frieden in und zwischen politischen Gemeinschaften am besten gewährleistet. Die „problem-solvers" (Bliesemann de Guevara 2012, S. 2) der internationalen Politik führten daher ‚statebuilding‘ als Ansatz zur Schaffung von Frieden ein. Die Forschung zu fragiler Staatlichkeit entwickelte sich somit innerhalb des Forschungsfelds zu internationaler Konfliktregelung.

Der Forschungsstrang selbst sowie internationale Interventionen mit dem ambitionierten Ziel des ‚statebuilding‘ riefen Kritik auf unterschiedlichen Ebenen hervor. Zunächst wurde nach den Auswirkungen von ‚statebuilding‘-Interventionen auf die Interventionsgesellschaften gefragt. Die Ausweitung der Agenda von Interventionen, die auf den Aufbau staatlicher Institutionen und die Realisierung „guter Regierungsführung" abzielt, erforderte eine Aufstockung des Instrumentariums von Interventionen. Dies beinhaltete zum Beispiel, dass externe Agenturen dem Staat zugeschriebene Aufgaben übernehmen oder in formelle Entscheidungsprozesse eingreifen. Damit wurde staatliche Herrschaft internationalisiert (Hill 2009; Veit 2011; Wulf 2007). Das Potential des Staates, durch Leistung und durch seine Beziehung zu den Herrschaftsobjekten bzw. den Staatsbürgern Legitimität zu generieren, wurde dadurch hingegen beeinträchtigt. Wilén (2012) bringt dieses

Paradox zeitgenössischer internationaler Interventionen auf den Punkt: Ihr Ziel ist die Stärkung des Staates, aber ihr Weg führt über die Verletzung staatlicher Souveränität.

Eine parallele Kritik zielt unmittelbarer auf den Diskurs um fragile Staaten, der laut Hameiri (2007) zu einer Depolitisierung des nicht-westlichen Staates führt. Die Depolitisierung resultiert wiederum aus verschiedenen Mechanismen des Diskurses: Der nicht-westliche Staat wird als pathologischer Fall, eben als ‚failed‘, ‚quasi‘ oder ‚collapsed‘ dargestellt (Hill 2005; Manjikian 2008). Außerdem werde die afrikanische Welt in eurozentrischen Denktraditionen aus dem Verlauf der Geschichte ausgeschlossen, da sich hier binäre Trennungen wie die von Staat und Zivilgesellschaft nicht realisierten (Sidaway 2003). Gesellschaftsmodelle, die nicht den liberalen Ordnungsvorstellungen entsprächen, würden als „homogenous and disorderly Other" (Richmond 2009) wahrgenommen. Die depolitisierende Wirkung des Diskurses ist problematisch, da sie seine Nutzung als Rechtfertigung für Interventionen durch internationale Organisationen oder „westliche" Staaten ermöglicht.

Darüber hinaus wird auch die mangelnde Reflexivität des Forschungsmainstreams kritisiert, der sich der inhärenten Normativität seiner Perspektive auf den Forschungsgegenstand nicht bewusst sei. Die Kritik setzt an der Verwendung von Idealtypen an, die auf Grundlage der europäischen Erfahrung im Spätmittelalter und der Neuzeit entstanden. Im Vergleich dazu ist die Dynamik von Macht und Herrschaft in „nicht-westlichen" Staaten in andere endogene und exogene Strukturen eingebettet. Der Staat ist zwar global die dominante Idee politischer Ordnung, auf der Ebene von Gesellschaften konkurriert er hingegen mit anderen Regelungsmechanismen (Migdal 1988, 2001). Regionalwissenschaftliche Studien zu „nicht-westlichen" Regionen und Beiträge der Entwicklungsforschung versuchen die Logik alternativer Ordnungsmodelle und Herrschaftsmechanismen mit Konzepten wie Neopatrimonialismus, Klientelismus, „Para-Staatlichkeit" (von Trotha 2000), „twilight institutions" (Lund 2007) oder „soziale Ordnungen" (Mielke et al. 2011) zu erklären. Der Begriff der „hybriden politischen Ordnung" (Boege et al. 2009; Clements 2009) fängt die Gleichzeitigkeit von Formalität – den Institutionen moderner Staatlichkeit – und Informalität – traditionelle, nicht-staatliche, soziale Institutionen – ein. Vor diesem Hintergrund kommt Schlichte (2005b) zu dem Ergebnis, dass der Begriff des Staatsversagens bloß aus der Dynamik des oben beschriebenen Diskurses resultiere, aber kein greifbares empirisches Phänomen bezeichne.

Die Kritiker der unausgesprochenen Normativität der Fragilitätsforschung greifen verstärkt auf soziologische und anthropologische Forschungsansätze zurück. Eine soziologische Perspektive auf Staatlichkeit rückt die Historizität von Staaten und die Auseinandersetzungen zwischen gesellschaftlichen Gruppen um die Institutionalisierung von Herrschaft in den Vordergrund (Bilgin und Morton 2004; Hagmann und Péclard 2010; Schlichte 2005a; Wai 2012). Die Anthropologie des Staates betrachtet Staatlichkeit durch die Linse individueller Kognitionen (Bourne 2011; Hansen und Stepputat 2001b; Olivier de Sardan 2008): Welche Vorstellungen vom Staat liegen den individuellen Erwartungen an Staaten zugrunde? Welchen Stellenwert hat der Staat als globale Norm im Verhältnis zu anderen Formen von sozio-politischer Organisation? Wie wird der Staat in der konkreten Lebenspraxis reproduziert? Diese Mikro-Perspektive auf den Staat zeigt nun, dass der Webersche Idealtyp des Staates derzeit global als „most powerful idea of political order" fortbesteht (Hansen und Stepputat 2001a).

Aus dem Überblick über die normative Debatte wird deutlich, dass das Konzept von Staatskollaps, welches im Mittelpunkt der in diesem Buch vorgestellten Forschung steht, umstritten ist. Die Kritik an diesem konzeptionellen Ansatz schmälert hingegen nicht den potentiellen wissenschaftlichen Beitrag zur Erklärung von Ursachen für eine bestimmte historische Situation. Die 17 Perioden, die wir als Fälle von Staatskollaps identifizieren, haben gemein, dass sie als häufig gewaltsame, politische, soziale und wirtschaftliche Krisen beschrieben werden können. Wir gehen davon aus, dass die Unterschiede zwischen diesen extremen Krisensituationen und anderen Perioden politischer Instabilität oder sozio-ökonomischer Schwierigkeiten in der Institution des Staates zu suchen sind. Indem wir den Staat als zentralen Gegenstand politischer Auseinandersetzungen und Machtkämpfe zwischen sozialen Akteuren verstehen, weisen wir auch den Vorwurf einer Depolitisierung des Staates zurück.

Zudem ist es in einem vergleichenden Forschungsdesign nicht möglich, der Forderung nach einem konzeptionellen Zugang, der die spezifischen Staatsentstehungsprozesse und Dynamiken von Staatlichkeit erfasst, gerecht zu werden. Komparative Forschung benötigt einen gemeinsamen Referenzpunkt. Die Entscheidung für einen Weberschen Staatsbegriff ist mit der globalen Verbreitung dieses Idealtyps gut zu begründen.

2.2 Warum Staatskollaps statt fragile Staatlichkeit?

Der Begriff der fragilen Staatlichkeit ist ein Sammelbegriff für eine Bandbreite an Konzepten, die auf die Erfassung von institutionellen oder funktionellen Defiziten von Staaten abzielen. Den Konzepten liegen unterschiedliche theoretische Annahmen über die Ontologie des Staates zugrunde. Dies bedeutet, dass Urteile über die Fragilität von Staatlichkeit von unterschiedlichen Standpunkten aus getroffen werden. Der gemeinsame Nenner besteht darin, dass Staatlichkeit als Kontinuum aufgefasst wird. Aufgrund der enormen Diversität an theoretischen und methodischen Ansätzen, die dem Terminus der fragilen Staatlichkeit zugeordnet werden können, eignet sich dieser zur Bezeichnung eines Forschungsfelds. Hingegen ist unklar, welches empirische Phänomen mit diesem Begriff erfasst wird. Dadurch büßt er sein Potential als analytisches Instrument zur Erforschung von Problemen, die auf die Dysfunktionalität von Staaten zurückgeführt werden, ein. Aufgrund der mangelnden Präzision und Trennschärfe des Fragilitätsbegriffs kann die Gruppe der fragilen Staaten nicht von einer Gruppe der nicht-fragilen Staaten unterschieden werden. Die spezifischen Defizite und Problemlagen von Staaten, die als fragil bezeichnet werden, sind außerdem zu divers als dass von einem gemeinsamen Phänomen ausgegangen werden kann.

Vor diesem Hintergrund fordern Call (2008) und Ulfelder (2012), „fragile Staatlichkeit" als analytisches Konzept fallenzulassen. Stattdessen setzen sie sich dafür ein, dass sich Forschung zur Funktionsunfähigkeit von Staaten auf extreme Fälle des Versagens konzentrieren solle. Diese Fälle bezeichnen sie in Anlehnung an Zartman (1995) als kollabierte Staaten. Call (2008, S. 1501) stellt sich unter dem Phänomen des Staatskollapses das vollständige Versagen von staatlichen Institutionen vor, eine konkrete Leistung hervorzubringen. Ein Staatskollaps liege jedoch nicht vor, wenn einzelne Ministerien nicht in der Lage seien, ihre Aufgaben effektiv zu erfüllen oder die Reichweite des Staates in einigen Regionen an Grenzen stoße. Der Terminus beschreibe stattdessen einen Zustand des vollständigen Zusammenbruchs eines Nationalstaates. Dies bedeute, dass sämtliche noch existente öffentliche Dienste von nicht-staatlichen Akteuren übernommen würden und der Apparat des Staates jegliche Tätigkeit wie die Einziehung von Steuern oder die Ausstellung von Identitätsdokumenten eingestellt habe. Dieser Zustand des Kollapses müsse zudem für den Zeitraum von mehreren Monaten anhalten.

Für Ulfelder (2012) besteht ein Staatskollaps darin, dass ein souveräner Staat über einen Zeitraum von mindestens 30 Tagen die Aufrechterhaltung der öffentlichen Ordnung in der Hauptstadt oder der Hälfte seines Territoriums nicht gewährleisten kann. Als Indikatoren für die mangelnde Staatskapazität zieht er zwei Indikatoren heran, die allein oder in Kombination auftreten können: 1. Die staatliche Kontrolle über ein Gebiet – die Hauptstadt oder eine Hälfte des Landes – wird durch organisierte, nicht-staatliche Akteure wie eine Rebellengruppe oder eine regionale Parallelregierung ersetzt. 2. In einem Gebiet können Recht und Gesetz nicht effektiv durchgesetzt werden; Gesetzeslosigkeit ist allgegenwärtig. Anders als bei Call ist für ihn Staatskollaps nicht erst dann gegeben, wenn alle Institutionen und das gesamte Gebiet des Staates betroffen sind. Seine Konzeptbildung baut damit auf der Logik der Familienähnlichkeit auf. Dies bedeutet, dass eine Gruppe von Fällen dem gleichen Phänomen zugeordnet werden kann, wenn bestimmte Mindestkriterien erfüllt sind.

Der Vorteil des Begriffs des Kollapses gegenüber dem der Fragilität besteht darin, dass er nicht darauf abzielt, das Kontinuum von Staatlichkeit abzubilden. Dadurch wird ein relativ gut abgrenzbares Konzept geschaffen, welches einen analytischen Zugang zum Phänomen der Funktionsunfähigkeit der Institution des Staates ermöglicht.

2.3   Der Staat

Eine Definition von Staatskollaps kann nur auf Grundlage einer Theorie des Staates erfolgen. Hay und Lister (2006) haben eine Genealogie des Staatsbegriffs dargelegt, in der ein Webersches Verständnis im Zentrum eines Mainstreams steht, der darüber hinaus von einer großen Spannbreite an Denktraditionen wie marxistischen oder gramscianischen Theorien beeinflusst wurde. Diese vorherrschende Auffassung des Staates wurde in den letzten Jahrzehnten zunehmend durch feministische und poststrukturalistische, insbesondere durch die Arbeiten Michel Foucaults inspirierte Ansätze herausgefordert. Diese kritischen Theorien gehen davon aus, dass es den Staat *per se* nicht gibt, sondern dass man ihn als *Effekt* von Machtverhältnissen verstehen muss. Dementsprechend kritisieren sie andere Theorien für die Vergegenständlichung des Staates als Akteur (vgl. exemplarisch Bevir und Rhodes 2010; Lemke 2007; Mitchell 1991; Passoth und Rowland 2010).

Wir folgen Barrows Einschätzung, dass der Staat ein *essentially contested concept* ist. Daher folgert Barrow: „specific concepts of the state are linked to particular methodological assumptions" (Barrow 1993, S. 11). Auf der Grundlage einer positivistischen Epistemologie treffen wir unsere Theoriewahl anhand von zwei pragmatischen Überlegungen: Erstens, da unser Hauptziel die Verbesserung der empirischen Erforschung von Staatskollaps ist, brauchen wir einen Staatsbegriff, der sich für vergleichende Forschung eignet. Und um zweitens den Dialog mit der vorhandenen Literatur zu erleichtern, sind solche Konzepte vorzuziehen, die bereits in der entsprechenden Forschung verwendet werden.

Daher entscheiden wir uns für eine idealtypische Definition des Staates, der den (manchmal impliziten) Standard in der einschlägigen Literatur darstellt. Methodisch bedeutet dies, dass Fälle anhand ihres Abstands vom Idealtyp eingeordnet werden. Der umgekehrte Ansatz wäre eine Identifikation von Realtypen aus dem Vergleich der Fälle. Wir entscheiden uns für den deduktiven idealtypischen Ansatz, da es bereits eine große Menge an Theorien über den Staat und Staatskollaps gibt. Dies steht einer späteren Typologisierung oder Taxonomisierung von Staatskollaps nach einer eingehenden empirischen Analyse nicht im Wege.

Nach Eriksen (2011) werden in der Literatur zu fragilen Staaten zwei unterschiedliche Idealtypen verwendet. Der erste stellt den Staat als Governance-Dienstleister dar. Danach ist der Zweck des Staates die Bereitstellung öffentlicher Güter wie Sicherheit, Gerechtigkeit oder den Schutz von Eigentumsrechten und der öffentlichen Gesundheit. Je nach der genauen Definition können auch Wohlfahrtsfunktionen wie der Zugang zu Bildung, Sozialleistungen, Partizipationsmöglichkeiten und Rechtsstaatlichkeit zu den Kernfunktionen des Staates gerechnet werden.

Der zweite Idealtyp betrachtet den Staat als Instanz zur Ausübung territorialer Kontrolle und zur Monopolisierung der Gewaltmittel. Dieser Ansatz steht in der Tradition Max Webers, dessen Definition die Instrumente des Staates in den Mittelpunkt rückt. Der Webersche Staat verfügt über ein legitimes Monopol über physische Zwangsmittel, mit dem er die Entscheidung seiner politischen Führung und seiner Bürokratie innerhalb eines gegebenen Staatsgebietes durchsetzt. Weber wendet sich scharf gegen jeden Versuch, Staaten anhand ihrer Funktionen von anderen politischen Organisationsformen zu unterscheiden: „Es ist nicht möglich, einen politischen Verband – auch nicht: den ‚Staat‘ – durch Angaben des Zweckes seines Verbandshandelns zu definieren. Von der Nahrungsfürsorge bis zur Kunstprotektion hat es keinen Zweck gegeben, den politische Verbände nicht gelegentlich, von der persönlichen Sicherheitsgarantie bis zur Rechtsprechung keinen, den alle politischen Verbände verfolgt hätten" (Weber 1972, S. 31).

Eriksen weist selbst darauf hin, dass der erste, auf den politischen Output fokussierte Ansatz mehrere Schwachpunkte hat. Erstens beinhalten derartige Staatskonzepte notwendigerweise normative Positionen, welche Aufgaben ein Staat zu erfüllen habe. Dabei orientieren sich viele Definitionen am OECD-Modell von Staatlichkeit, das von den Realitäten im Globalen Süden noch weiter entfernt ist, als der oft kritisierte Webersche Idealtyp. Weiterhin werden auch Staaten als fragil eingestuft, die bestimmte öffentliche Güter aufgrund einer bewussten politischen Entscheidung nicht produzieren oder unterproduzieren. Umgekehrt sehen andere Staaten, in denen nicht-staatliche Akteure die Schwäche des Staates kompensieren, indem sie die Bereitstellung öffentlicher Güter übernehmen, stärker aus als sie sind. Nicht zuletzt weisen diese Ansätze meist einen starken Demokratie-*bias* auf, indem sie Rechtsstaatlichkeit und Partizipation zu Definitionselementen von Staatlichkeit machen. Aus diesen Gründen bevorzugen wir einen Weberschen Idealtyp und konzentrieren uns auf die institutionelle Kapazität des Staates (ähnlich Holt und Manning 2014).

Webers bekannte Definition des Staates lautet wie folgt: „Staat soll ein politischer Anstaltsbetrieb heißen, wenn und insoweit sein Verwaltungsstab erfolgreich das

Monopol legitimen physischen Zwanges für die Durchführung der Ordnungen in Anspruch nimmt" (Weber 1972, S. 29). Der Staat unterscheidet sich von anderen politischen Verbänden durch die Monopolisierung der physischen Zwangsmittel sowie in der Souveränität des Staates, d.h. in der Ablehnung jeglicher höherer Autorität. Darüber hinaus ist der Staat durch eine hierarchische Struktur, einen Verwaltungsapparat und interne Herrschaftsbeziehungen charakterisiert.

Webers Ansatz ermöglicht ein Verständnis des Staates als Variable, da der Staat, wie alle Sozialbeziehungen, nur die Möglichkeit eines spezifischen Handelns darstellt: „Die soziale Beziehung besteht, auch wenn es sich um sogenannte ‚soziale Gebilde' [...] handelt, ausschließlich und lediglich in der Chance, daß ein seinem Sinngehalt nach in angebbarer Art aufeinander eingestelltes Handeln stattfand, stattfindet oder stattfinden wird" (Weber 1972, S. 13). Alle von Weber betrachteten Institutionen und Beziehungen – Verbände, Herrschaft, politische Verbände, das Gewaltmonopol, Macht, usw. – bestehen zu dem Grad, in dem Menschen nach den Maßgaben ihrer Ordnungen handeln. Die „empirische Pointe", so Andreas Anter, ist folgende: „Wenn der Staat in einer Chance besteht und die Chance quantifizierbar ist, liegt der Schluß nahe, daß es auch verschiedene Grade von ‚Staat' geben muß, die darüber hinaus empirisch meßbar sein könnten, etwa in einer Skala von Existenz bis Nichtexistenz" (Anter 1996, S. 107)

Weber selbst bekräftigt dies: „Es macht der Soziologie keine Schwierigkeiten, das Nebeneinandergelten verschiedener, einander widersprechender Ordnungen innerhalb des gleichen Menschenkreises anzuerkennen. Denn sogar der Einzelne kann sein Handeln an einander widersprechenden Ordnungen orientieren. [...] Zwischen Geltung und Nichtgeltung einer bestimmten Ordnung besteht also für die Soziologie nicht [...] absolute Alternative. Sondern es bestehen flüssige Uebergänge zwischen beiden Fällen, und es können, wie bemerkt, einander widersprechende Ordnungen nebeneinander ‚gelten', jede – heißt dies dann – in dem Umfang, als die Chance besteht, daß das Handeln tatsächlich an ihr orientiert wird" (Weber 1972, S. 16-17).

Allerdings muss die Rolle von Legitimität in Webers Staatskonzept kritisch betrachtet werden. Weber hat ein empirisches Legitimitätsverständnis, das nach den handlungsleitenden Auswirkungen eines Legitimitätsglaubens auf das Verhalten von Individuen fragt. Legitimität besteht deshalb aus zwei Komponenten: Erstens dem Befolgen von Befehlen einer Autorität und zweitens die intellektuelle oder affektuelle Anerkennung dieser Autorität und ihrer Befehle als rechtens und gerechtfertigt (Weber 1972, S. 31). Diese zweite Komponente ist notwendig, damit konformistisches Verhalten, das durch Zwang oder reines Selbstinteresse hervorgerufen wurde, nicht für einen Legitimationsakt gehalten wird.

Wir schließen Legitimität jedoch aus unserer Definition des Staates aus. Erstens ist Legitimität extrem schwierig zu messen, so dass jede Codierungseinschätzung dem Risiko einer Rationalisierung *post hoc* unterliegt. Indem wir Legitimität aus der Staatsdefinition heraushalten, ersparen wir uns die kaum lösbaren Probleme der Operationalisierung und Messung (Marquez 2015). Zweitens ist Webers Legitimitätsbegriff sehr anspruchsvoll. Nimmt man die beiden Komponenten von Legitimität ernst, dürfte die große Mehrzahl aktueller Staaten große Schwierigkeiten haben, insbesondere das zweite Kriterium zu erfüllen. Dies ist nur schwer mit der alltäglichen Verwendung des Begriffes „Staat" in Einklang zu bringen, zumal es viele Beispiele von Staaten gibt, deren öffentliche Legitimität stark in Zweifel gezogen wird, die aber dennoch weiterbestehen.

Aus diesen Gründen definieren wir den Idealtyp des Staates als eine Institution, die innerhalb eines bestimmten Territoriums und über die dort lebende Bevölkerung die Monopole der Rechtsetzung, Gewaltkontrolle und Besteuerung ausübt. Ein Verwaltungsapparat und politische Organe zur kollektiven Entscheidungsfindung sind der organisationale Ausdruck dieser Institution. Sie wird durch Symbole und soziale Praktiken repräsentiert, die die Identifikation der Bürger mit der politischen Ordnung und die Handlungsorientierung daran bedingen.

Das *Monopol der Rechtsetzung* ist im Staat inhärent, wenn man ihn als eine Institution versteht, die verbindliche Entscheidungen über die Allokation von Werten versteht, um es in den Worten von Easton (1965) auszudrücken. Dieses Monopol ist der Kern staatlicher Souveränität. Aus dem Anspruch eines Staates auf das Monopol der Rechtsetzung folgt, dass keine andere Instanz das Recht besitzt, verbindliche Entscheidungen für das soziale Leben zu treffen, sofern ihr der Staat nicht die entsprechende Autorität dazu delegiert hat.

Das *Monopol der Gewaltkontrolle* hängt logisch mit dem Monopol der Rechtsetzung zusammen, das auch immer notwendigerweise das Monopol der Rechts*durchsetzung* beinhaltet. Damit die vom Staat getroffenen Entscheidungen Wirkung haben, muss der Staat fähig sein, sie auch gegen Widerstand durchzusetzen. Dazu ist zwar nur selten der Einsatz von Gewalt nötig, viel wichtiger ist aber, dass der Staat niemals Gewaltmittel in den Händen derer tolerieren kann, die sich ihm widersetzen. Gleichwohl ist mancher privater Besitz von Gewaltmitteln akzeptabel, aber nur insoweit dies durch den Staat autorisiert ist.

Das *Monopol der Besteuerung* ist für die Aufrechterhaltung der ersten beiden Monopole notwendig. Um Recht zu setzen und durchzusetzen und um die Kontrolle über die Gewaltmittel zu garantieren, benötigt ein Staat adäquate finanzielle Ressourcen. Um die zunehmende Zentralisierung der Gewaltmittel zu finanzieren, begann der europäische Staat in der Frühen Neuzeit, auch die Einziehung von Steuern, Abgaben und Zöllen zu monopolisieren. Elias (1939) und Tilly (1990) verweisen beide darauf, dass sich die Herausbildung des Steuermonopols und die Monopolisierung der Gewaltmittel gegenseitig unterstützten. Genau wie bei den anderen Monopolen ist eine private Steuererhebung verboten, sofern Akteure nicht explizit damit beauftragt worden sind.

Wie oben diskutiert variiert die Fähigkeit eines Staates, die „Dreieinigkeit" dieser Monopole zu erreichen, durchzusetzen und zu verteidigen. Das bedeutet, dass Staaten auf unterschiedliche Weise fragil sein können, z. B. mit geringer Kapazität zur Steuererhebung aber relativ effektiven Sicherheitskräften, die jede bewaffnete Herausforderung abwehren oder abschrecken können. Man kann die Variation von Staatlichkeit als dreidimensionalen Raum darstellen (s. Abb. 2.2). Theoretisch kann ein Staat jeden Punkt innerhalb dieses Raums einnehmen, allerdings sind einige der Extrempunkte empirisch wohl kaum zu beobachten. Daher würden wir die Hypothese aufstellen, dass Defizite in einer Dimension stark mit Defiziten in den anderen beiden korrelieren; dies ist aber letztlich eine empirische Frage (vgl. dazu auch Grävingholt et al. 2012).

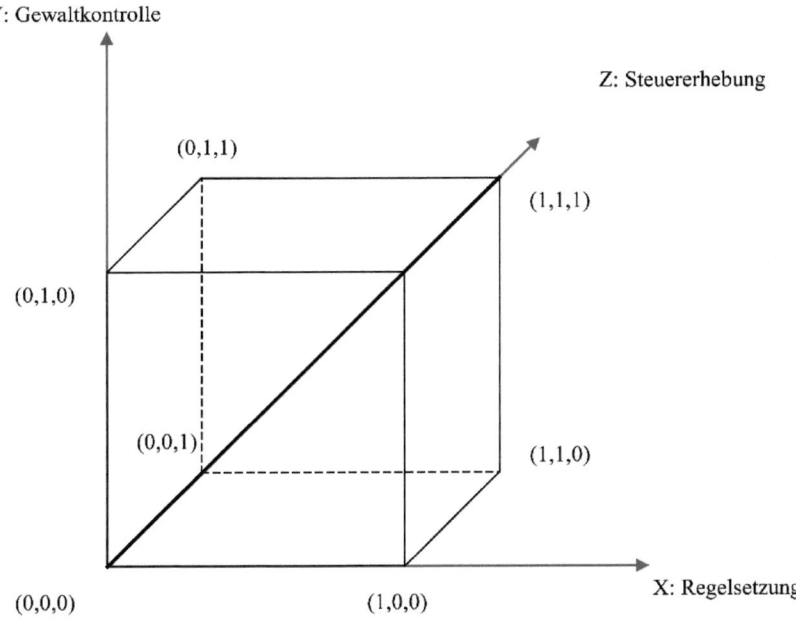

Abb. 2.2 Drei Dimensionen von Staatlichkeit
Quelle: Lambach (2008, S. 55)

Staatskollaps bezeichnet die (0, 0, 0)-Position in unserem Diagramm und dessen unmittelbare Umgebung. In unserer Arbeit konzentrieren wir uns also auf die Extremfälle, in denen ein Staat in allen drei Dimensionen handlungsunfähig ist.

Literatur

Andersen, L., Möller, B., & Stepputat, F. (Hrsg.). (2007). *Fragile States and Insecure People? Violence, Security, and Statehood in the Twenty-First Century.* Houndmills, New York: Palgrave Macmillan.

Anter, A. (1996). *Max Webers Theorie des modernen Staates: Herkunft, Struktur und Bedeutung, 2. Auflage.* Berlin: Duncker & Humblot.

Barrow, C. W. (1993). *Critical Theories of the State: Marxist, Neomarxist, Postmarxist.* Madison.

Bertocchi, G., & Guerzoni, A. (2010). *The Fragile Definition of State Fragility* (Bd. 43). Modena: RECent Center for Economic Research.

Bevir, M., & Rhodes, R. A. W. (2010). *The State as Cultural Practice.* Oxford: Clarendon.

Bilgin, P., & Morton, A. D. (2002). Historicising Representations of "Failed States": Beyond the Cold-War Annexation of the Social Sciences? *Third World Quarterly, 23*(1), 55-80.

Bilgin, P., & Morton, A. D. (2004). From "Rogue" to "Failed" States? The Fallacy of Short-Termism. *Politics, 24*(3), 169-180.

Bliesemann de Guevara, B. (2012). Introduction: Statebuilding and state-formation. In B. Bliesemann de Guevara (Hrsg.), *Statebuilding and State-Formation: The Political Sociology of Intervention* (S. 1–19). Abingdon: Routledge.

Boege, V., Brown, M. A., & Clements, K. P. (2009). Hybrid Political Orders, Not Fragile States. *Peace Review, 21*(1), 13–21.

Bourne, M. (2011). Netwar Geopolitics: Security, Failed States and Illicit Flows. *The British Journal of Politics & International Relations, 13*(4), 490-513.

Bussmann, M. (2009). Peitsche oder Zuckerbrot? Staatskapazität und Bürgerkriege. In M. Bussmann, A. Hasenclever, & G. Schneider (Hrsg.), *Identität, Institutionen und Ökonomie: Ursachen innenpolitischer Gewalt. Sonderheft 43/2009 der Politischen Vierteljahresschrift* (S. 258-282). Wiesbaden: VS.

Büttner, A. (2004). *Staatszerfall als neues Phänomen der internationalen Politik: Theoretische Kategorisierung und empirische Überprüfung.* Marburg: Tectum.

Call, C. T. (2008). The Fallacy of the "Failed State". *Third World Quarterly, 29*(8), 1491-1507.

Chauvet, L., & Collier, P. (2008). What are the Preconditions for Turnarounds in Failing States? *Conflict Management and Peace Science, 25*(4), 332-348.

Chojnacki, S. (2007). (Un-)Sicherheit und Governance - theoretische Herausforderungen für die Sicherheitsforschung. In M. Beisheim & G. F. Schuppert (Hrsg.), *Staatszerfall und Governance* (S. 236-262). Baden-Baden: Nomos.

Clements, K. P. (2009). Internal Dynamics and External Interventions. *Peace Review, 21*(1), 1–12.

Clements, K. P., Boege, V., Brown, A., Foley, W., & Nolan, A. (2007). State Building Reconsidered: The Role of Hybridity in the Formation of Political Order. *Political Science, 59*(1), 45-56.

Crocker, C. A. (2003). Engaging Failed States. *Foreign Affairs, 82*(5), 32-44.

Debiel, T., Lambach, D., & Reinhardt, D. (2007). *„Stay Engaged" statt „Let Them Fail": Ein Literaturbericht über entwicklungspolitische Debatten in Zeiten fragiler Staatlichkeit.* INEF-Report 90/2007. Duisburg: Institut für Entwicklung und Frieden.

Debiel, T., & Reinhardt, D. (2004). Staatsverfall und Weltordnungspolitik: Analytische Zugänge und politische Strategien zu Beginn des 21. Jahrhunderts. *Nord-Süd-Aktuell, 18*(3), 525-538.

Delbrück, J. (2001). „Failed states" - eine neue Aufgabe für den UN-Treuhandrat? In J. Ipsen & E. Schmidt-Jorzig (Hrsg.), *Recht-Staat-Gemeinwohl: Festschrift für Dietrich Rauschning* (S. 427-439). Köln: Heymanns.

Department for International Development [DFID]. (2005). *Why We Need to Work More Effectively in Fragile States.* London: U.K. Department for International Development.

Easton, D. (1965). *A framework for political analysis.* Englewood Cliffs: Prentice-Hall.

Ehrhart, H.-G. (2004). Bedrohung Staatszerfall – Antwort Nation-building? In C. Weller et al. (Hrsg.), *Friedensgutachten 2004* (S. 52-60). Münster: Lit.

Elias, N. (1939). *Über den Prozess der Zivilisation: Soziogenetische und psychogenetische Unternehmungen, Band 2: Wandlungen der Gesellschaft: Entwurf einer Theorie der Zivilisation.* Basel: Haus zum Falken.

Englehart, N. A. (2009). State Capacity, State Failure, and Human Rights. *Journal of Peace Research, 46*(2), 163-180.

Erdmann, G. (2003). Apokalyptische Trias: Staatsversagen, Staatsverfall und Staatszerfall - strukturelle Probleme der Demokratie in Afrika. In P. Bendel, A. Croissant, & F. W. Rüb (Hrsg.), *Demokratie und Staatlichkeit: Systemwechsel zwischen Staatsreform und Staatskollaps* (S. 267-292). Opladen: Leske + Budrich.

Eriksen, S. S. (2011). 'State failure' in theory and practice: the idea of the state and the contradictions of state formation. *Review of International Studies, 37*, 229-247.

Fearon, J. D., & Laitin, D. D. (2003). Ethnicity, Insurgency and Civil War. *American Political Science Review, 97*(1), 75-90.

Forrest, J. B. (1998). State Inversion and Nonstate Politics. In L. A. Villalón & P. A. Huxtable (Hrsg.), *The African State at a Critical Juncture: Between Disintegration and Reconfiguration* (S. 45-56). Boulder: Lynne Rienner.

Fukuyama, F. (2004). *Staaten bauen: Die neue Herausforderung internationaler Politik.* Berlin: Propyläen.

Geiss, R. (2005). *„Failed States": Die normative Erfassung gescheiterter Staaten.* Berlin: Duncker & Humblot.

Gisselquist, R. M. (2014). Aid and Institution-Building in Fragile States: What Do We Know? What Can Comparative Analysis Add? *The ANNALS of the American Academy of Political and Social Science, 656*(1), 6-21.

Grävingholt, J., Ziaja, S., & Kreibaum, M. (2012). *State Fragility: Towards a Multi-Dimensional Empirical Typology.* Discussion Paper Nr. 3/2012. Bonn: Deutsches Institut für Entwicklungspolitik.

Gros, J.-G. (1996). Towards a Taxonomy of Failed States in the New World Order: Decaying Somalia, Liberia, Rwanda and Haiti. *Third World Quarterly, 17*(3), 455-471.

Gros, J.-G. (2003). Trouble in Paradise: Crime and Collapsed States in the Age of Globaliz-
    ation. *British Journal of Criminology, 43*(1), 63-80.
Hagmann, T., & Péclard, D. (2010). Negotiating Statehood: Dynamics of Power and Domi-
    nation in Africa. *Development and Change, 41*(4), 539-562.
Hameiri, S. (2007). Failed States or a Failed Paradigm? State Capacity and Limits of Institu-
    tionalism. *Journal of International Relations and Development, 10*, 122-149.
Hansen, T. B., & Stepputat, F. (2001a). Introduction: States of Imagination. In T. B. Hansen &
    F. Stepputat (Hrsg.), *States of Imagination: Ethnographic Explorations of the Postcolonial
    State* (S. 1-38). Durham: Duke University Press.
Hansen, T. B., & Stepputat, F. (Hrsg.). (2001b). *States of Imagination: Ethnographic Explora-
    tions of the Postcolonial State*. Durham; London: Duke University Press.
Hastings, J. V. (2009). Geographies of state failure and sophistication in maritime piracy
    hijackings. *Political Geography, 28*(4), 213-223.
Hay, C., & Lister, M. (2006). Introduction: Theories of the State. In C. Hay, M. Lister, & D.
    Marsh (Hrsg.), *The State: Theories and Issues* (S. 1-20). Houndmills: Palgrave Macmillan.
Hegre, H., Ellingsen, T., Gates, S., & Gleditsch, N. P. (2001). Toward a Democratic Civil
    Peace? Democracy, Political Change, and Civil War, 1816-1992. *American Political
    Science Review, 95*(1), 33-48.
Heilbrunn, J. R. (2006). Paying the Price of Failure: Reconstructing Failed and Collapsed
    States in Africa and Central Asia. *Perspectives on Politics, 4*(1), 135-150.
Helman, G. B., & Ratner, S. B. (1992). Saving Failed States. *Foreign Policy*(89), 3-20.
Hendrix, C. S., & Young, J. K. (2014). State Capacity and Terrorism: A Two-Dimensional
    Approach. *Security Studies, 23*(2), 329-363.
Herbst, J. (1996). Responding to State Failure in Africa. *International Security, 21*(3), 120-144.
Herbst, J. (2004). Let Them Fail: State Failure in Theory and Practice. In R. I. Rotberg
    (Hrsg.), *When States Fail: Causes and Consequences* (S. 302-318). Princeton: Princeton
    University Press.
Herdegen, M. (1995). Der Wegfall effektiver Staatsgewalt: „The failed state". In M. Herdegen,
    D. Thürer, & G. Hohloch (Hrsg.), *Der Wegfall effektiver Staatsgewalt: „The failed state"*
    (S. 49-85). Heidelberg: C.F. Müller.
Hill, J. (2005). Beyond the Other? A Postcolonial Critique of the Failed State Thesis. *African
    Identities, 3*(2), 139-154.
Hill, J. (2009). Challenging the Failed State Thesis: IMF and World Bank Intervention and
    the Algerian Civil War. *Civil Wars, 11*(1), 39-56.
Holt, J., & Manning, N. (2014). Fukuyama Is Right about Measuring State Quality: Now
    What? *Governance, 27*(4), 717-728.
Hout, W. (2010). Between Development and Security: The European Union, Governance
    and Fragile States. *Third World Quarterly, 31*(1), 141-157.
Ignatieff, M. (2002). Intervention and State Failure. *Dissent, 49*(1), 115-123.
Ignatieff, M. (2003). State Failure and Nation-Building. In J. L. Holzgrefe & R. O. Keohane
    (Hrsg.), *Humanitarian Intervention: Ethical, Legal, and Political Dilemmas* (S. 299-321).
    Cambridge: Cambridge University Press.
Jackson, R. (2001). The State and Internal Conflict. *Australian Journal of International
    Affairs, 55*(1), 65-81.
James, M. (2012). The Other Civil Society: Organised Crime in Fragile and Failing States.
    Defence Studies, 12(2), 218-256.

Jones, B. G. (2008). The Global Political Economy of Social Crisis: Towards a Critique of the "Failed State" Ideology. *Review of International Political Economy, 15*(2), 180-205.

Klemp, L., & Poeschke, R. (2005). Good Governance gegen Armut und Staatsversagen. *Aus Politik und Zeitgeschichte*(28-29/2005), 18-25.

Krasner, S. D., & Pascual, C. (2005). Addressing State Failure. *Foreign Affairs, 84*(4), 153-163.

Kreijen, G. (2004). *State Failure, Sovereignty and Effectiveness: Legal Lessons from the Decolonization of Sub-Saharan Africa*. Leiden, Boston: Martinus Nijhoff.

Kurtulus, E. N. (2012). Exploring the Paradoxical Consequences of State Collapse: the cases of Somalia 1991-2006 and Lebanon 1975-82. *Third World Quarterly, 33*(7), 1285-1303.

Lambach, D. (2008). *Staatszerfall und regionale Sicherheit*. Baden-Baden: Nomos.

Lambach, D. (i.E.). Fragile Staaten in der Vergleichenden Politikwissenschaft. In H.-J. Lauth, M. Kneuer, G. Pickel, & G. Erdmann (Hrsg.), *Handbuch Vergleichende Politikwissenschaft*. Wiesbaden: Springer VS.

Lambach, D., & Bethke, F. S. (2012). *Ursachen von Staatskollaps und fragiler Staatlichkeit: Eine Übersicht über den Forschungsstand*. INEF-Report 106/2012. Duisburg: Institut für Entwicklung und Frieden.

Lemke, T. (2007). An Indigestible Meal? Foucault, Governmentality and State Theory. *Distinktion*(15), 43-65.

Loges, B., & Menzel, U. (2004). Staatszerfall und humanitäre Intervention. *E+Z*(4/2004).

Lund, C. (Hrsg.). (2007). *Twilight Institutions: Public Authority and Local Politics in Africa*. Malden: Blackwell.

Mair, S. (1999). *Staatszerfall und Interventionismus: Determinanten grenzüberschreitender politischer Neuordnung in Afrika*. Ebenhausen: Stiftung Wissenschaft und Politik.

Mair, S. (2000). Staatszerfall und Interventionismus als Determinanten der Entwicklung des afrikanischen Kontinents. In J. van Scherpenberg & P. Schmidt (Hrsg.), *Stabilität und Kooperation: Aufgaben internationaler Ordnungspolitik* (S. 161-175). Baden-Baden: Nomos.

Mair, S. (2004). Intervention und „State Failure": Sind schwache Staaten noch zu retten? *Internationale Politik und Gesellschaft*(3/2004), 82-98.

Manjikian, M. (2008). Diagnosis, Intervention, and Cure: The Illness Narrative in the Discourse of the Failed State. *Alternatives, 33*(3), 335-357.

Manning, R., & Trzeciak-Duval, A. (2010). Situations of fragility and conflict: aid policies and beyond. *Conflict, Security & Development, 10*(1), 103-131.

Marquez, X. (2015). The Irrelevance of Legitimacy. *Political Studies, Online First*.

Meagher, K. (2012). The Strength of Weak States? Non-State Security Forces and Hybrid Governance in Africa. *Development and Change, 43*(5), 1073-1101.

Menkhaus, K., & Shapiro, J. N. (2010). Non-state Actors and Failed States: Lessons from Al-Qa'ida's Experiences in the Horn of Africa. In A. L. Clunan & H. A. Trinkunas (Hrsg.), *Ungoverned Spaces: Alternatives to State Authority in an Era of Softened Sovereignty* (S. 77-94). Stanford: Stanford University Press.

Mielke, K., Schetter, C., & Wilde, A. (2011). *Dimensions of Social Order: Empirical Fact, Analytical Framework and Boundary Concept*. ZEF Discussion Paper Nr. 78. Bonn: Zentrum für Entwicklungsforschung.

Migdal, J. S. (1988). *Strong Societies and Weak States: State-Society Relations and State Capabilities in the Third World*. Princeton: Princeton University Press.

Migdal, J. S. (2001). *State in Society: Studying how States and Societies Transform and Constitute One Another*. Cambridge: Cambridge University Press.

Migdal, J. S., & Schlichte, K. (2005). Rethinking the State. In K. Schlichte (Hrsg.), *The Dynamics of States: The Formation and Crises of State Domination* (S. 1-40). Aldershot, Burlington: Ashgate.

Mitchell, T. (1991). The Limits of the State: Beyond Statist Approaches and their Critics. *American Political Science Review, 85*(1), 77-96.

Newman, E. (2007). Weak States, State Failure, and Terrorism. *Terrorism and Political Violence, 19*(4), 463-488.

Notshulwana, M. (2011). State fragility in Africa: Methods chasing problems or problems chasing methods in political discourse? *International Journal of African Renaissance Studies, 6*(2), 81-99.

Olivier de Sardan, J.-P. (2008). Researching the Practical Norms of Real Governance in Africa. *APPP Discussion Paper*. London: Overseas Development Institute.

Paris, R. (2004). *At War's End: Building Peace After Civil Conflict*. Cambridge: Cambridge University Press.

Passoth, J.-H., & Rowland, N. J. (2010). Actor-Network State: Integrating Actor-Network Theory and State Theory. *International Sociology, 25*(6), 818-841.

Patrick, S. (2006). Weak States and Global Threats: Fact or Fiction? *Washington Quarterly, 29*(2), 27-53.

Patrick, S. (2007). "Failed" States and Global Security: Empirical Questions and Policy Dilemmas. *International Studies Review, 9*(4), 644-662.

Piazza, J. A. (2007). Draining the Swamp: Democracy Promotion, State Failure, and Terrorism in 19 Middle Eastern Countries. *Studies in Conflict & Terrorism, 30*(6), 521-539.

Piazza, J. A. (2008). Incubators of Terror: Do Failed and Failing States Promote Transnational Terrorism? *International Studies Quarterly, 52*(3), 469-488.

Raeymaekers, T., Menkhaus, K., & Vlassenroot, K. (2008). State and Non-State Regulation in African Protracted Crises: Governance without Government? *Africa Focus, 21*(2), 7-21.

Reno, W. (2004). Order and Commerce in Turbulent Areas: 19th Century Lessons, 21st Century Practice. *Third World Quarterly, 25*(4), 607-625.

Richmond, O. P. (2009). Becoming Liberal, Unbecoming Liberalism: Liberal-Local Hybridity via the Everyday as a Response to the Paradoxes of Liberal Peacebuilding. *Journal of Intervention and Statebuilding, 3*(3), 324–344.

Risse, T. (2012). *Governance Configurations in Areas of Limited Statehood: Actors, Modes, Institutions, and Resources*. SFB-Governance Working Paper 32. Berlin: DFG-Sonderforschungsbereich 700.

Risse, T., & Lehmkuhl, U. (Hrsg.). (2007). *Regieren ohne Staat? Governance in Räumen begrenzter Staatlichkeit*. Baden-Baden: Nomos.

Rondos, A. (1994). The Collapsing State and International Security. In J. E. Nolan (Hrsg.), *Global Engagement: Cooperation and Security in the 21st Century* (S. 481-503). Washington: Brookings Institution.

Rotberg, R. I. (2004). The Failure and Collapse of Nation-States: Breakdown, Prevention, and Repair. In R. I. Rotberg (Hrsg.), *When States Fail: Causes and Consequences* (S. 1–49). Princeton: Princeton University Press.

Rüb, F. W. (2003). Staatlichkeit, Staatsbildung und Staatszerfall: Dimensionen und Perspektiven der politikwissenschaftlichen Debatte. In F. W. Rüb, P. Bendel, & A. Croissant (Hrsg.), *Demokratie und Staatlichkeit: Systemwechsel zwischen Staatsreform und Staatskollaps* (S. 57-80). Opladen: Leske + Budrich.

Sabaratnam, M. (2011). The Liberal Peace? An Intellectual History of International Conflict Management, 1990-2010. In S. Campbell, D. Chandler, & M. Sabaratnam (Hrsg.), *A liberal peace? The problems and practices of peacebuilding* (S. 13-30). London: Zed.

Saikal, A. (2000). Dimensions of State Disruption and International Responses. *Third World Quarterly, 21*(1), 39-49.

Schlichte, K. (2005a). *Der Staat in der Weltgesellschaft: Politische Herrschaft in Asien, Afrika und Lateinamerika.* Frankfurt: Campus.

Schlichte, K. (2005b). Gibt es überhaupt „Staatszerfall"? Anmerkungen zu einer ausufernden Debatte. *Berliner Debatte Initial, 16*(4), 74-84.

Schlichte, K. (2006). Staatsbildung oder Staatszerfall? Zum Formwandel kriegerischer Gewalt in der Weltgesellschaft. *Politische Vierteljahresschrift, 47*(4), 547-570.

Schlichte, K. (2008). „Staatszerfall" und die Dilemmata der intervenierenden Demokratie. In A. Brodocz, M. Llanque, & G. Schaal (Hrsg.), *Bedrohungen der Demokratie* (S. 136-151). Wiesbaden: VS.

Schneckener, U. (2003). Staatszerfall als globale Bedrohung: Fragile Staaten und transnationaler Terrorismus. *Internationale Politik, 58*(11), 11-19.

Schneckener, U. (2006a). Internationales Statebuilding: Dilemmata, Herausforderungen und Strategien für externe Akteure. In U. Schneckener (Hrsg.), *Fragile Staatlichkeit: „States at Risk" zwischen Stabilität und Scheitern* (S. 367-382). Baden-Baden: Nomos.

Schneckener, U. (2006b). States at Risk: Zur Analyse fragiler Staatlichkeit. In U. Schneckener (Hrsg.), *Fragile Staatlichkeit: „States at Risk" zwischen Stabilität und Scheitern* (S. 9-40). Baden-Baden: Nomos.

Sidaway, J. D. (2003). Sovereign Excesses? Portraying Postcolonial Sovereigntyscapes. *Political Geography, 22*(2), 157-178.

Simons, A., & Tucker, D. (2007). The Misleading Problem of Failed States: A "Socio-Geography" of Terrorism in the Post-9/11 Era. *Third World Quarterly, 28*(2), 387-401.

Spanger, H.-J. (2002). *Die Wiederkehr des Staates: Staatszerfall als wissenschaftliches und entwicklungspolitisches Problem* (Bd. 1/2002). Frankfurt: Hessische Stiftung für Friedens- und Konfliktforschung.

Spanger, H.-J. (2005). Die ordnungspolitische Herausforderung des Staatszerfalls. In E. Jahn, S. Fischer, & A. Sahm (Hrsg.), *Die Zukunft des Friedens, Band 2: Die Friedens- und Konfliktforschung aus der Perspektive der jüngeren Generationen* (S. 213-233). Wiesbaden: VS.

Tetzlaff, R. (1993). Sicherheitspolitik in Afrika zwischen Bürgerkriegen, Staatszerfall und Demokratisierungsbemühungen. In C. e. a. Daase (Hrsg.), *Regionalisierung der Sicherheitspolitik: Tendenzen in den internationalen Beziehungen nach dem Ost-West-Konflikt* (S. 127-150). Baden-Baden: Nomos.

Tetzlaff, R. (2000). „Failing states" in Afrika: Kunstprodukte aus der Kolonialzeit und europäische Verantwortung. *Internationale Politik, 55*(7), 8-16.

Thürer, D. (1999). Der „zerfallene Staat" und das Völkerrecht. *Friedens-Warte, 74*(3), 275-306.

Tilly, C. (1990). *Coercion, Capital, and European States, AD 990-1990.* Cambridge: Blackwell.

Trefon, T. (Hrsg.). (2004). *Reinventing Order in the Congo: How People Respond to State Failure in Kinshasa.* London: Zed.

Ulfelder, J. (2012). "State Failure" Has Failed. How About Giving "State Collapse" a Whirl?, from http://dartthrowingchimp.wordpress.com/2012/07/05/state-failure-has-failed-howabout-giving-state-collapse-a-whirl/.

Veit, A. (2011). Social movements, contestation and direct international rule: Theoretical approaches. *Stichproben – Wiener Zeitschrift für kritische Afrikastudien*(20), 17–43.

von Trotha, T. (2000). Die Zukunft liegt in Afrika: Vom Zerfall des Staates, von der Vorherr-schaft der konzentrischen Ordnung und vom Aufstieg der Parastaatlichkeit. *Leviathan, 28*(2), 253-279.

Wai, Z. (2012). Neo-patrimonialism and the discourse of state failure in Africa. *Review of African Political Economy, 39*(131), 27-43.

Weber, M. (1972). *Wirtschaft und Gesellschaft: Grundriss der verstehenden Soziologie* (5th Aufl.). Tübingen: Mohr Siebeck.

Widner, J. A. (1995). States and Statelessness in Late Twentieth-Century Africa. *Daedalus, 124*(3), 129-153.

Wilén, N. (2012). *Justifying Intervention in Africa: (De)Stabilizing Sovereignty in Liberia, Burundi and the Congo.* Basingstoke: Palgrave Macmillan.

World Bank. (2014). Harmonized List of Fragile Situations, FY14, from http://siteresources.worldbank.org/EXTLICUS/Resources/511777-1269623894864/Harmonizedlistoffragilestates FY14.pdf

World Bank Independent Evaluation Group. (2006). *Engaging with Fragile States: An IEG Review of World Bank Support to Low-Income Countries Under Stress.* Washington D.C.: World Bank.

Wulf, H. (2007). *Challenging the Weberian Concept of the State: The Future of the Monopoly of Violence.* Brisbane.

Zartman, I. W. (Hrsg.). (1995). *Collapsed States: The Disintegration and Restoration of Legitimate Authority.* Boulder: Lynne Rienner.

Zulueta-Fülscher, K. (2014). Democracy-Support Effectiveness in "Fragile States": A Review. *International Studies Review, 16*(1), 29-49.

Methodischer Stand der Ursachenforschung und Forschungsdesign 3

Zusammenfassung

Die Forschung zu den Ursachen von Staatskollaps verwendet entweder quantitative oder qualitative Methoden. Dieses Kapitel identifiziert die Schwachpunkte bisheriger Forschungsdesigns und stellt den Mehrmethodenansatz des Projekts dar. Dieses verwendet eine *nested analysis*, um QCA und Process-Tracing miteinander zu kombinieren. Diese Verbindung hilft insbesondere dabei, die Komplexität von Staatskollaps adäquat zu studieren und die zugrundeliegenden Kausalprozesse zu identifizieren.

Keywords

Hypothesen, QCA, Mehrmethodendesign, Process-Tracing, Nested Analysis

Von Einzelarbeiten abgesehen, gibt es erst seit kurzem Ansätze einer systematischen Erforschung der Ursachen fragiler, zerfallender oder kollabierter Staatlichkeit (Bates 2008b; Carment et al. 2008; Englehart 2007; Iqbal und Starr 2007; Schneckener 2006b). Diese Beiträge beleuchten teils unterschiedliche Ausschnitte des Fragilitätsspektrums. So konzentrieren sich z. B. Englehart (2007) auf kollabierte Staaten, Iqbal und Starr (2007) dagegen auf zerfallene Staaten, während der von Schneckener herausgegebene Sammelband (2006c) einen klaren Fokus auf schwache Staaten aufweist. Es ist jedoch sinnvoll, diese Ansätze als Teil desselben Forschungsfeldes zu behandeln, da alle von der (momentan noch unbewiesenen) Annahme ausgehen, dass die verschieden starken Ausprägungen staatlicher Fragilität lediglich Punkte auf demselben Kontinuum (vgl. Abb. 2.1) sind und dass sich ihre Erkenntnisse deshalb auch auf mehr oder weniger extreme Varianten von Fragilität übertragen lassen. Eine allzu feine Ausdifferenzierung ist auch deshalb nicht anzuraten, weil sich dann die wenigen Beiträge kaum noch in Beziehung zueinander bringen lassen würden.

3.1   Forschungsdesigns

Eine systematische empirische Überprüfung bestehender Theorien findet bislang nur in Ansätzen statt. So existiert eine Vielzahl von Einzelfallstudien, deren Ergebnisse jedoch nicht zu einem kohärenten Forschungsprogramm beigetragen haben. Die Heterogenität der studierten Fälle verdeutlicht, dass es für Staatszerfall keine monokausalen Erklärungen gibt, und legt den Verdacht nahe, dass es mehrere Kombinationen kausaler Variablen gibt, die zu staatlicher Fragilität führen. Diese Annahme einer „Äquifinalität" (Bennett 2004, S. 38-40; Mahoney und Goertz 2006), d.h. dass ein Endresultat auf mehrere unabhängige Weisen zustande kommen kann, wird von verschiedenen ForscherInnen vertreten (Englehart 2007; Goldstone 2008) und konnte auch empirisch bereits untermauert werden. So konnte Lambach (2009) in einem Vergleich von Libanon, Tadschikistan und Somalia zeigen, dass es mindestens zwei hinreichende, aber nicht notwendige Kausalkombinationen gibt, die in diesen Fällen zum Staatskollaps geführt hatten (vgl. auch Lambach und Gamberger 2008; Schneckener 2006a; Schubert 2005). Unterstützt wird diese Sichtweise auch von Grävingholt, Ziaja und Kreibaum (2012) sowie Call (2011), die das Fragilitätskonzept desaggregieren und dadurch Cluster ähnlicher Fälle identifizieren, die alle auf jeweils eigene Weise fragil sind.

3.1.1   Qualitative und vergleichende Verfahren

Jenseits der Einzelfallstudien gibt es verschiedene Studien mit geringer Fallzahl. Diese Small-N-Untersuchungen sind von unterschiedlicher methodischer Güte – mehrere einschlägige Sammelbände (Rotberg 2003; Straßner und Klein 2007; Zartman 1995) umfassen jeweils acht bis elf Einzelfallstudien ohne einen systematischen Vergleich der Fälle. Es gibt in diesen Publikationen keine explizit formulierten Hypothesen, die Fallauswahl wird nicht näher begründet, und es gibt keine Kontrollfälle. Das empirische Material dient bestenfalls dazu, bestimmte Schlussfolgerungen zu illustrieren, deren Reichweite unklar bleibt.

Systematischer gehen Schneckener (2006c), Schubert (2005) und Büttner (2004) vor. Im States-at-Risk-Projekt (Schneckener 2006c) wurden zwölf Fälle verglichen, die sich eher in der Mitte des Spektrums zwischen konsolidierter und kollabierter Staatlichkeit befanden, und den Einfluss von Struktur-, Prozess- und Auslösefaktoren auf substaatlicher, nationaler und internationaler/regionaler Ebene untersuchten. Das Projekt produzierte interessante Erkenntnisse über die Ähnlichkeiten und Unterschiede der zwölf Fälle, jedoch hatte das Forschungsdesign gewisse Grenzen: Erstens standen den 12 Fallstudien 43 hypothetische Kausalvariablen gegenüber, wodurch das Modell überdeterminiert war. Zweitens wurden keine Kontrollfälle in die Untersuchung einbezogen, was die Erklärungskraft der Ergebnisse schmälert. Drittens wurden keine expliziten Hypothesen formuliert; die Auswertung der Fallstudien wirkt eher illustrativ als systematisch.

Schubert (2005) unternimmt einen strukturierten, fokussierten Vergleich (George 1979) von Liberia, Tadschikistan und Kolumbien und begründet diese Auswahl anhand mehrerer Kriterien. Auf der Grundlage dieser Fälle untersucht er den Einfluss von fünf Variablen, die jedoch sehr breit definiert und nur unzureichend operationalisiert werden. Die Defizite dieses Designs ähneln denen des States-at-Risk-Projekts: ein überdeterminiertes Modell, fehlende Kontrollfälle sowie keine Aussagen zur Repräsentativität der Stichprobe. Die beiden letzten Kritikpunkte treffen auch auf Büttner (2004) zu, die sechs Länder (Somalia, DR Kongo, Guatemala, Kolumbien, Afghanistan, Indonesien) vergleicht. Problematisch sind in dieser Studie außerdem die unzureichende Begründung der Fallauswahl sowie die fehlende Rezeption der vorhandenen Literatur.

Alle drei Vergleiche leiden also unter dem Verzicht auf Kontrollfälle sowie am „many variables, small N"-Problem (Lijphart 1971). Lediglich im Design von Büttner sind weniger Variablen als Fälle vorhanden, dies geschieht jedoch zu dem Preis, dass die Variablen sehr breit definiert sind (ähnlich bei Schubert). In allen drei Beispielen wird die Fallauswahl nicht völlig ausreichend begründet, was nur wenige Rückschlüsse über die Reichweite der gewonnenen Aussagen zulässt. Zwar wären einige dieser Defizite durchaus korrigierbar, das Problem der Überdeterminiertheit ist jedoch durch die Natur von Small-N-Vergleichen vorgegeben.

Diese und andere Studien hatten durchaus einen Wert für die Entwicklung und Konsolidierung von Hypothesen und Theorien. Nicht zuletzt unterstützen insbesondere die Ergebnisse von Schneckener und Schubert die Annahme einer kausalen Äquifinalität. Gerade dieser Aspekt stellt jedoch in der Ursachenforschung ein besonderes Problem für Vergleichsdesigns mit niedriger Fallzahl dar, da hier für jeden Subtyp eigene Kausalstrukturen vorhanden sind, was die Zahl der zu berücksichtigenden Variablen erhöht, und für jeden Subtyp auch eigene Kontrollfälle ausgewählt werden müssten.

Eine der wenigen Arbeiten mit kleiner Fallzahl, die die angesprochenen Probleme der Überdeterminiertheit und fehlender Kontrollfälle vermeidet, ist die Studie von Clement (2004) zu Libanon, Somalia und dem ehemaligen Jugoslawien. Clement entwickelt durch intensive Fall- und Feldforschung vier ursächliche Faktoren für das Auftreten von Staatskollaps: (1) Strukturelle Veränderungen des externen Umfelds; (2) eine starke Veränderung der Wirtschaftsleistung eines Staates; (3) Machtkämpfe gesellschaftlicher Gruppen und (4) mangelnde Integration gesellschaftlicher Eliten. Eine Varianz auf der abhängigen Variablen stellt sie durch unterschiedliche Beobachtungszeitpunkte her. Die drei untersuchten Staaten werden jeweils in Perioden von Stabilität, Krise und Kollaps betrachtet, um mit Hilfe von Qualitative Comparative Analysis (QCA) (Ragin 1987) Kombinationen von Bedingungen zu identifizieren, die zu Staatskollaps führen.

3.1.2 Quantitative Verfahren

In der quantitativen Erforschung der Ursachen fragiler Staatlichkeit sind insbesondere in der jüngsten Vergangenheit einige Fortschritte erzielt worden. Erste Bemühungen gab es bereits während der 1990er Jahre; diese waren jedoch weniger an einer dezidierten Ursachenforschung denn an Frühwarnung und Krisenprävention interessiert und versuchten sich an der Entwicklung von Vorhersagemodellen zur Unterstützung politischer Entscheidungsprozesse (z. B. Baker und Ausink 1996; Baker und Weller 1998; Norton und Miskel 1997). Dabei wurde Staatszerfall nicht trennscharf von Bürgerkriegen oder ethnischen Konflikten abgegrenzt, so dass die Indikatoren eher allgemeine Risiken politischer Instabilität abbildeten.

Das größte derartige Projekt ist die seit 1994 tätige Political Instability Task Force (PITF, bis 2003 unter dem Namen State Failure Task Force, SFTF). Während der Arbeit an ihrem „globalen Modell" konnte die SFTF/PITF dessen Genauigkeit schrittweise verbessern: Konnte dieses in seiner ersten Version Krisenfälle mit einer Genauigkeit von 60 % vorhersagen (Esty et al. 1995), war dies 2005 bereits auf 80 % angestiegen (Goldstone et al. 2005). Die inzwischen erzielte Genauigkeit des Modells ist für die Frühwarnung von großer Bedeutung; für die Ursachenforschung von fragiler Staatlichkeit ist sie dagegen weniger relevant. Dies liegt nicht nur an der sehr breiten Definition der abhängigen Variable durch die SFTF/PITF, sondern auch an deren Zielsetzung, nicht die *Ursachen*, sondern die *Begleiterscheinungen* von politischer Instabilität zu identifizieren (Bates 2008a, S. 2-3).

Das Fehlen entsprechender Daten zur direkten Messung von Staatlichkeit (wie es sie z. B. in der Demokratieforschung gibt, vgl. Munck und Verkuilen 2002) stellte lange Zeit die wichtigste Hürde für die Entwicklung einer quantitativen

Ursachenforschung dar. Gleich mehrere Projekte versuchen diese Lücke zu füllen: der Fragile States Index (früher Failed States Index, FSI) (Baker 2006; Baker und Weller 1998; Fund for Peace 2005), der Index of State Fragility (ISF) (Carment et al. 2006; Carment et al. 2008), der State Fragility Index (SFI) (Marshall und Cole 2008; Marshall und Goldstone 2007) sowie der Index of State Weakness (ISW) (Rice und Patrick 2008). Der FSI und der ISF haben einen expliziten Frühwarnanspruch, weshalb sie eine sehr breite Definition von fragiler Staatlichkeit verwenden, doch auch die anderen Indizes stellen das Ziel der Politikberatung in den Vordergrund (kritisch zur Wirksamkeit Margolis 2012). Für die Ursachenforschung wird bislang lediglich der ISF verwendet (Carment et al. 2008). Bei den meisten Indizes liegen die Daten nur für wenige Jahrgänge vor (ab 2005 oder später), was den Nutzwert für die Ursachenforschung noch erheblich einschränkt.

Als Indikatoren verwenden die Indizes zumeist Aggregatdaten und Indizes anderer Forschungseinrichtungen, die ein weites thematisches Spektrum von der Säuglingssterblichkeit über die Entwaldungsrate bis hin zum Bruttoinlandsprodukt (BIP) abdecken. Diese enorme Bandbreite der Indikatoren führt bei allen vier Indizes zu einer mangelhaften Konzept-Indikator-Validität, d. h. dass diese nicht das Phänomen messen, das sie eigentlich zu messen vorgeben. Eine seriöse Ursachenforschung wird dadurch de facto unmöglich, da viele potenzielle unabhängige Variablen bereits Teil der Indizes sind. Problematisch sind ferner die faktische Gleichgewichtung der Indikatoren sowie die in vielen Fällen unzureichende Transparenz der Projekte (Bethke 2012). Vereinzelte Ansätze versuchen diesen Problemen zu begegnen, stecken jedoch noch in den Kinderschuhen (Grävingholt et al. 2012).

Aufgrund dieser Schwächen der neuen Indizes nutzen die meisten quantitativen Forschungsdesigns andere Variablen zur Operationalisierung von fragiler Staatlichkeit. Beispielsweise verwenden Iqbal und Starr (2007) den *standardized authority code* „-77" aus dem Polity-IV-Datensatz, der auf eine Periode des Interregnum hinweist, was als kompletter Zusammenbruch politischer Autorität definiert ist (Marshall und Jaggers 2005). Die Autoren identifizieren 25 Fälle mit insgesamt 93 Land-Jahren, in denen dieser Fall auftrat, als zerfallene Staaten und wenden ein Cox-Regressionsmodell auf 162 Staaten im Zeitraum 1946-2000 an. Dieser Ansatz identifiziert ein Hybridregime, einen laufenden Bürgerkrieg, die Verwicklung in internationale Konflikte, politische Unruhen und andere Instabilitätsphänomene, ein niedriges BIP sowie die Phase nach dem Ende des Ost-West-Konflikts als signifikante Risikofaktoren.

Insgesamt weist die quantitative Ursachenforschung einige grundsätzliche Schwachpunkte auf: Erstens besteht ein Problem der Datenqualität: Sowohl die neueren Indizes als auch die meisten verwendeten Stellvertreter (Proxies) weisen keine ausreichende Konzept-Indikator-Validität auf. Durch die Vermengung unterschiedlicher Dimensionen zu einem Konstrukt „fragile Staatlichkeit", messen die verfügbaren Indizes eine beliebig erscheinende Mischung aus Konfliktpotenzial, Entwicklungsstand und Good Governance. Häufig verwendete Proxies wie BIP/Kopf oder mittlere Werte auf der Polity-Skala (Fearon und Laitin 2003) sind dagegen äußerst mehrdeutig. Daher fordern mehrere Forscher die Entwicklung bzw. Einbeziehung neuer Daten für die Ursachenforschung. So spricht sich Bates (2008a, S. 10) für die Verwendung von räumlich differenzierten Daten zu z. B. wirtschaftlicher Ungleichheit, politischer Polarisierung oder religiösen Differenzen aus, da durch die Aggregation auf nationaler Ebene entscheidende Informationen verloren gingen (ähnlich Englehart und Simon 2009; Fukuyama 2013). Auch im Bereich der unabhängigen Variablen gibt es ein Datenproblem: So ist das Fehlen von Daten keineswegs zufällig verteilt, sondern kann das Resultat mangelnder statistischer Kapazitäten sein; daher ist gerade in fragilen Staaten ein höherer Anteil von *missing data* zu erwarten (Bates 2008b). Zwar können diese Lücken durch verschiedene Imputationsverfahren jenseits von listenweisem Fallausschluss geschlossen werden, allerdings sind auch dies nur zweitbeste Lösungen.

Zweitens haben quantitative Ansätze Probleme im Umgang mit Äquifinalität, da ihr Erkenntnisinteresse in der Ermittlung des Einflusses einzelner Variablen auf das Ergebnis, nicht in der Erklärung eines bestimmten Ergebnisses liegt (Mahoney und Goertz 2006). Wenn jedoch verschiedene Subtypen von Fällen unterschiedliche Ursachenbündel haben, werden einzelne Variablen von Fall zu Fall andere kausale Effekte haben.

Drittens hat die bisherige Forschung nur einen Teilbereich der theoretisch fundierten Hypothesen einbezogen. So testen Carment, Prest und Samy (2008) sowie Iqbal und Starr (2007) lediglich Hypothesen zum Einfluss des Regimetyps, der ethno-religiösen Diversität, der weltwirtschaftlichen Integration und des Wandels des internationalen Systems. Andere Hypothesen, z. B. zum Einfluss schlechter Regierungsführung, der Entwicklung der Staatseinnahmen, regionalen Einflüssen o. ä., werden nicht einbezogen. Dabei verwenden die Autoren ausschließlich Daten, die bereits für andere Zwecke erhoben wurden wie z. B. BIP-Zahlen.

Viertens entsteht aus dieser Abhängigkeit von „off-the-shelf"-Daten auch eine übermäßige Betonung von strukturellen Variablen, für die schlicht häufiger Daten vorliegen als für dynamische Faktoren. Es gibt jedoch eine Vielzahl von Autoren, auch aus der quantitativen Forschung, die gerade dynamische politische Variablen für besonders erklärungsmächtig halten (z. B. Bates 2008a; Goldstone et al. 2005; Rotberg 2004, S. 25-26; Tetzlaff 2002, S. 6). Angesichts fehlender Daten ist eine quantitative Überprüfung dieser Annahme bislang jedoch nicht möglich gewesen, was die Vermutung nahelegt, dass entsprechende Studien einem *omitted variable bias* (hierzu vgl. King et al. 1994, S. 168-181) unterliegen.

3.2 Anforderungen an eine Ursachenforschung von Staatskollaps

Die Erforschung der verschiedenen Formen fragiler Staatlichkeit hat in zwei Jahrzehnten deutliche Fortschritte gemacht und insbesondere auf theoretisch-konzeptioneller Ebene viele interessante Entwicklungen erlebt. Die empirische Grundlegung dieser Beiträge ist jedoch bislang eher unterentwickelt. Dies gilt für verschiedene Fragestellungen, aber in besonderer Weise für die Ursachenforschung, wo sowohl die qualitative als auch die quantitative Forschung mehrere Defizite aufweisen. Die qualitative Ursachenforschung hat viel zur Entwicklung von Theorien und Hypothesen beigetragen, jedoch sind die bisher überwiegend angewandten Small-N-Vergleiche nur wenig zu deren systematischer Überprüfung geeignet. Quantitative Ansätze leiden demgegenüber unter Datenproblemen, betrachten lediglich einen Ausschnitt der vorhandenen Theorien und versprechen nur geringe Erkenntnisfortschritte angesichts der Äquifinalität der kausalen Prozesse.

Um diese Defizite zu überwinden, muss ein Forschungsdesign zur Ursachenforschung von fragiler Staatlichkeit und Staatskollaps folgende Anforderungen erfüllen: Erstens sollten die gewonnenen Aussagen eine möglichst große Reichweite besitzen und sich nicht auf einzelne Fälle beschränken. Dazu ist eine klare Konzeptdefinition unerlässlich, die eine möglichst exakte Definition der Fallpopulation ermöglicht. Bei einer Begrenzung auf Staatskollaps sollten komparative Studien möglichst die gesamte Population von Kollapsfällen erfassen und mit einer hinreichenden Anzahl von Kontrollfällen vergleichen. Für quantitative Ansätze bedeutet dies jedoch auch eine intensive Beschäftigung mit dem Verhältnis von Kollaps- und Kontrollfällen, auf deren Grundlage kausale Zusammenhänge identifiziert werden sollen. Bei seltenen Phänomenen wie Staatskollaps kann es leicht zu verzerrten Schätzungen kommen, da aufgrund der Verteilung der Werte der abhängigen Variablen (viele Nullen, d.h. kein Ereignis, gegenüber wenigen Einsen, d.h. eingetretenen Ereignissen), die Wahrscheinlichkeit eines Ereignisses systematisch unterschätzt wird.

Zweitens muss die kausale Äquifinalität von Staatskollaps erfasst werden können. Hier bieten sich Medium-N-Verfahren wie QCA an, denen aufgrund ihrer mengentheoretischen Fundierung zugesprochen wird, dass sie äquifinale Prozesse besonders gut bestimmen können (Bennett 2004, S. 38-40). Statistische Modelle können hilfreich sein, um Interaktionseffekte zu analysieren. Allerdings sind die

Möglichkeiten hierzu eindeutig begrenzt, da ab einer Interaktion von mehr als zwei Variablen die Ergebnisse nur noch schwer zu interpretieren sind. Allerdings können sich statistische und Medium-N-Verfahren wie QCA trotz oder gerade wegen ihrer unterschiedlichen Kausalitätsannahmen (probabilistische vs. deterministische Kausalität) auch ergänzen, indem sie unterschiedliche Blickwinkel auf einen kausalen Zusammenhang ermöglichen und als gegenseitige Robustheitstests fungieren.

Drittens muss angesichts der komplexen Kausalstruktur von Staatszerfall ein *omitted variable bias* vermieden werden. Daher sollten möglichst viele relevanten Faktoren einbezogen werden. Da insbesondere politische Dynamiken und Prozesse als ursächliche Faktoren innerhalb der Forschung diskutiert werden, darf sich ein Design nicht auf strukturelle Erklärungsfaktoren beschränken. Zudem darf es sich nicht auf Proxy-Variablen mit zweifelhafter Validität verlassen, wenn keine passenden Daten vorliegen (Bates 2008a, S. 10; Englehart und Simon 2009, S. 116). Wenn notwendig, sollten entsprechende Daten neu erhoben bzw. kodiert werden.

3.3   Darlegung des Mehrmethodenansatzes

Die Defizite bisheriger Ansätze resultieren zu einem guten Teil aus der exklusiven Anwendung von entweder Large-N- oder Small-N-Forschungsdesigns. Anstelle eines Kompromisses, der die Nachteile einer dieser Varianten bewusst hinnimmt, verwendet dieses Projekt ein Mehrmethodendesign, das systematische Medium-N-Vergleiche mit Einzelfallstudien kombiniert. Dies erlaubt die Einbeziehung aller relevanten Faktoren und senkt das Risiko eines *omitted variable bias*. Durch die Untersuchung der gesamten Population von Kollapsfällen nach 1960 sind die Ergebnisse für diese Gruppe aussagekräftig. Der Ansatz des Medium-N-Vergleichs ist außerdem besonders gut geeignet, um äquifinale Prozesse zu erfassen (Bennett 2004, S. 38-40; Leuffen 2007, S. 206). Nicht zuletzt ermöglicht die Erhebung qualitativer Daten auch die Einbeziehung von Variablen, die politische Mikrodynamiken und Regimestrukturen abbilden.

Dass die Erhebung neuer Daten für 15 Kollaps- und insgesamt 28 Kontrollfälle bereits sehr aufwändig ist, bestärkt unsere Entscheidung für eine enge Definition der abhängigen Variablen. Mit einer weiter gesteckten Definition hätten wir die Fallzahl auch ausweiten können, um Large-N-Untersuchungen zu ermöglichen; dies hätte aber auch den Aufwand bei der Datenerhebung proportional vergrößert. Indem wir die Untersuchung auf Fälle von Staatskollaps beschränken, halten wir einerseits den Aufwand der Datensammlung in beherrschbaren Grenzen, erhalten aber andererseits eine ausreichende Fallzahl zur Überprüfung des Einflusses unterschiedlicher Faktoren.

Medium-N- und Small-N-Analysen wurden analog zur Methode der „Nested Analysis" (Lieberman 2005) kombiniert, welche ein iteratives Wechselspiel unterschiedlicher Methoden zur Modellbildung und -überprüfung vorsieht. Im ersten Schritt haben wir zwei Medium-N-Analysen mit der Methode der Qualitative Comparative Analysis (QCA) und unterschiedlichen Kontrollgruppen durchgeführt, um auf diese Weise alle bisher formulierten Annahmen über Kausalfaktoren einzubeziehen (Lieberman 2005, S. 438) und möglichst sparsame Kombinationen erklärender Variablen für das Zustandekommen von Staatskollaps zu identifizieren. Anschließend haben wir vergleichende Prozessanalysen der Kollapsfälle vorgenommen, um die Befunde über potentielle Risikofaktoren um ein Verständnis der kausalen Zusammenhänge zu erweitern und schlussendlich ein kausales Modell von Staatskollaps zu entwickeln.

Untersucht wurden 15 der 17 identifizierten Beispiele für Staatskollaps.[1] Ein Fall besteht aus der Phase, die dem Einsetzen der Kollapsperiode in einem Land vorausgeht.[2] Zusätzlich zu dieser Gruppe der Positivfälle (Outcome = 1) wurden zwei Kontrollgruppen gebildet, mit denen die erste Gruppe nacheinander verglichen wurde. Die erste Kontrollgruppe bestand aus ähnlichen Staaten zum selben Zeitpunkt wie die Kollapsfälle, die jedoch keinen Kollaps erlebten. Die Auswahl dieser Fälle folgte einer Logik des „Most Similar, Different Outcome" (MSDO) (Berg-Schlosser 2003; Rihoux 2006). Diese Fallgruppe wurde in einem horizontalen bzw. synchronen Vergleich verwendet. Um einige Kontextvariablen konstant zu halten, bestand diese Gruppe aus instabilen Staaten aus denselben Weltregionen wie die Gruppe der Positivfälle, die außerdem eine ähnliche Größe und einen vergleichbaren Entwicklungsstand aufwiesen (vgl. Kap. 5.3). Die zweite Kontrollgruppe wurde für einen vertikalen bzw. diachronen Vergleich verwendet. Sie bestand aus denselben Ländern, die in der Gruppe der Positivfälle sind, betrachtete diese jedoch zu anderen Zeitpunkten. Auch hier wurden Perioden der Instabilität betrachtet, die allerdings nicht zum Kollaps des Staates führten.

Der synchrone Vergleich sollte der Identifikation struktureller Unterschiede zwischen Positiv- und Negativfällen dienen, während der diachrone Vergleich insbesondere die dynamischen Unterschiede zwischen den Fallgruppen hervorheben und daher Rückschlüsse darüber erlauben sollte, warum einzelne Staaten

---

1   Zwei Fälle, Irak 2003 und Afghanistan 2001, wurden nicht mit einbezogen, da diese Kollapsfälle durch externe Invasionen hervorgerufen wurden.

2   Bei Faktoren, die aus der Umkodierung bestehender Daten entstehen, wurden die Beobachtungszeiträume standardisiert. Bei qualitativen Daten, die sich beispielsweise auf bestimmte Regimepraktiken beziehen, orientierten sich die Beobachtungszeiträume an den Spezifika des jeweiligen Falles, wie dem Beginn der Herrschaft eines Regimes.

zu bestimmten Zeitpunkten kollabierten. Darüber hinaus hatte der diachrone Vergleich noch weitere Vorteile: Erstens war hier ein Höchstmaß an „unit homogeneity" (King et al. 1994) und damit an Vergleichbarkeit gegeben. Zweitens ist ein diachroner Vergleich ein *hard case* für die theoretischen Annahmen, da die Unterschiede zwischen positiven und negativen Fällen geringer sind als in einem synchronen Vergleich verschiedener Länder. Drittens stellte die Kodierung dieser Fälle nur einen geringen Mehraufwand dar, da wir uns für die entsprechenden Länder bereits während der Codierung der Kollapsfälle ein gewisses Hintergrundwissen angeeignet hatten.

Unsere Ausgangshypothesen für den Vergleich basierten auf den Annahmen von Äquifinalität (mehrere Wege zum selben Ziel) und konjunktureller Kausalität (Zusammenwirken von Bedingungen):

H1:   Kein Risikofaktor und keine Kombination von Risikofaktoren ist eine notwendige Bedingung von Staatskollaps.

H2:   Bestimmte Kombinationen von Risikofaktoren sind hinreichende Bedingungen von Staatskollaps.

H2 repräsentiert eine Kombination von INUS-Bedingungen. INUS steht für „Insufficient but Nonredundant part of an Unnecessary but Sufficient condition" (Mackie 1965). Mahoney beschreibt INUS-Bedingungen als „parts of larger combinations of factors that are jointly sufficient for outcomes. Thus, while an INUS condition is itself neither necessary nor sufficient for an outcome, it is part of a larger combination of factors that is sufficient for an outcome" (Mahoney 2010, S. 131, Fn. 22).

Wir behandelten mögliche Erklärungen als (Kombinationen von) Risikofaktoren, die in die obigen Hypothesen „eingesetzt" werden können. Im Hinblick auf mögliche Risikofaktoren ergab die Literaturschau eine große Zahl von Annahmen, Hypothesen und vorläufigen Resultaten über die Ursachen von Staatskollaps (vgl. Kap. 4). Manche Bedingungen wurden zwar von mehreren Autorinnen und Autoren genannt, aber keine einzelne Theorie konnte von sich behaupten, den Konsens des Feldes hinter sich zu haben. Während einige Beiträge (Englehart 2007; Lambach 2009) durch konjunkturelle Hypothesen hervorstachen, benannten die meisten lediglich einzelne Faktoren. Überdies kursierten in Bezug auf dieselben Faktoren mitunter widersprüchliche Hypothesen über deren Effekte, z. B. ob ein hoher oder niedriger Grad internationalen Handels den Kollaps wahrscheinlicher macht.

Die auf die QCA folgenden Fallstudien der Kollapsfälle stellen einen integralen Bestandteil unseres Forschungsdesigns dar. In Liebermans Modell der *nested analysis* sind sie der Schritt der Modellüberprüfung (*model-testing*) bzw. Modellbildung (*model-building*). Sie sind für den Gesamtzusammenhang absolut unerlässlich, da sich durch Fallstudien bessere Erkenntnisse über Kausalprozesse gewinnen lassen, als es durch QCA oder andere Medium-N-/Large-N-Methoden möglich ist. QCA, ebenso wie statistische Methoden, kann in seinen Ergebnisse letztlich nur Assoziationen zwischen Bedingungen und dem Outcome herstellen; ob dazwischen auch kausale Verbindungen bestehen, kann mit QCA nicht ermittelt werden. Fallstudien ermöglichen eine tiefergehende Rekonstruktion von Kausalprozessen durch Process-Tracing (Prozessanalyse).

Ein zusätzlicher Vorteil von Fallstudien im Rahmen einer *nested analysis* ist ihre Flexibilität. Im ursprünglichen Plan waren modelltestende Studien repräsentativer Fälle vorgesehen, um die Plausibilität der Ergebnisse der beiden QCA-Vergleiche zu überprüfen. Da diese Ergebnisse jedoch kein kohärentes Modell ergaben (vgl. Kap. 4), konnten wir – entsprechend den Maßgaben der *nested analysis* – stattdessen modellbildende Studien aller Kollapsfälle vornehmen, um unsere theoretischen Annahmen neu zu formulieren, Bedingungen neu zu operationalisieren und übersehene Faktoren zu identifizieren.

3.4   QCA

Als Methode zur Medium-N-Analyse haben wir QCA verwendet. Dieses Verfahren wurde erstmals von Ragin (1987) beschrieben und hat sich seitdem schrittweise im Methodenkanon der Politikwissenschaft etabliert. In den letzten Jahren ist die Verwendung von QCA in vergleichenden Studien stark angestiegen, während die Methode selbst kontinuierlich weiterentwickelt wird (Marx et al. 2013, S. 11; Rihoux 2013, S. 235).

QCA ist ein Mittel zum systematischen Vergleich von Fällen. Es kombiniert Elemente qualitativer und quantitativer Ansätze, entstammt aber einer eher qualitativ inspirierten Tradition, weswegen es auch großen Wert auf die detaillierte Kenntnis der einzelnen Fälle legt. QCA liegt der Gedanke zu Grunde, dass soziale Phänomene eine komplexe Kausalstruktur haben. Komplexität bedeutet, dass ein Phänomen mehr als eine Ursache haben kann, dass diese Ursachen miteinander interagieren und dass verschiedene Beispiele desselben Phänomens unterschiedliche Ursachen haben können. QCA verwendet die Regeln der Booleschen Algebra, um Kombinationen hinreichender und notwendiger Bedingungen für ein bestimmtes Ergebnis (*outcome*) zu identifizieren. Die Kausalität wird dabei als deterministisch verstanden, d. h. dass eine bestimmte Kombination von Bedingungen immer zum selben Outcome führt. Dies unterscheidet sich von der probabilistischen Logik statistischer Ansätze, die den durchschnittlichen kausalen Effekt unabhängiger Variablen auf eine abhängige Variable zu messen versuchen.

In klassischer „crisp-set QCA" (csQCA) werden sowohl die Bedingungen als auch das Outcome als binärer Wert, d.h. als 0 oder 1 codiert. Um ordinal oder metrisch skalierte Daten den Werten „0" oder „1" zuzuordnen, werden Schwellenwerte gesetzt. Wenn beispielsweise eine Bedingung „Bevölkerung" mit einem Schwellenwert bei 20 Millionen Einwohnern versehen wird; könnte jeder Fall als 0 (Land hat weniger als 20 Millionen Einwohner, Bedingung nicht gegeben) oder 1 (Land hat mindestens 20 Millionen Einwohner, Bedingung gegeben) codiert werden. Die dichotomen Werte können außerdem durch die Umkodierung bereits codierter Variablen aus bestehenden Datensätzen generiert werden. Schließlich erfolgt die Zuordnung zu einer der beiden Kategorien bei Faktoren, die aus einer eigenen qualitativen Analyse resultieren, durch die Einschätzung des Codierers. Die Werte werden in eine Wahrheitstabelle eingegeben, aus der mittels spezifischer Algorithmen reduzierte Lösungsterme berechnet werden.

Durch die dichotome Codierung entsteht ein deutlicher Verlust von Informationen über einzelne Fälle und Bedingungen. Abhängig von der Streuung der Rohwerte kann dies auch dazu führen, dass sehr unterschiedliche Fälle auf derselben Seite des Schwellenwertes liegen, z.B. wären im obigen Beispiel sowohl Chile als auch Nauru als Länder mit niedriger Bevölkerungszahl codiert. Um hier mehr Nuancen zu ermöglichen, stehen inzwischen mit fuzzy-set QCA (fsQCA, Ragin 2000) und Multi-Value QCA (MVQCA, Cronqvist 2007; Cronqvist und Berg-Schlosser 2009) zwei komplexere Varianten zur Verfügung. Beide Methoden folgen im Wesentlichen derselben Logik wie csQCA, erlauben aber Bedingungen mit mehr als zwei Ausprägungen. Während fsQCA überdies auch ein mehrwertiges Outcome zulässt, verwendet MVQCA weiterhin ein dichotomes Outcome.

In QCA erfordern zwei Probleme besondere Aufmerksamkeit: widerspüchliche Fälle (*contradictions*) und hypothetische Fälle (*logical remainders*).[3] Contradictions entstehen, wenn Fälle mit der gleichen Ausprägung von Bedingungen unterschiedliche Outcomes aufweisen. Grundsätzlich gibt es verschiedene Strategien, wie man mit Contradictions umgehen soll. Allgemein gilt aber, diese soweit wie möglich zu vermeiden (Rihoux und De Meur 2009, S. 48), da ansonsten einige oder alle widersprüchlichen Fälle aus der Analyse ausgeschlossen werden müssen.

Remainders sind Kombinationen von Bedingungen, denen kein bestimmtes Outcome zugeordnet werden kann, da es keinen empirischen Fall mit dieser spezifischen Ausprägung gab (das „Problem begrenzter Vielfalt", Schneider und Wagemann 2012,

---

3 Wir folgen hier der Konvention der deutschsprachigen QCA-Gemeinde und verwenden im Folgenden die englischsprachigen Begriffe.

S. 151-177). Es ist zulässig, vereinfachende Annahmen (*simplifying assumptions*) darüber zu treffen, welche Outcomes diese Kombinationen gehabt hätten, wenn es entsprechende Fälle gegeben hätte, um auf diese Weise sparsamere Lösungsterme zu erhalten. Allerdings muss man hier Vorsicht walten lassen, dass keine unrealistischen Annahmen getroffen werden, nur um das Resultat zu optimieren.

Wie haben uns für die Anwendung von QCA entschieden, weil die Literatur starke Anzeichen dafür lieferte, dass die Kausalität von Staatskollaps komplex ist (vgl. Kap. 3.2): Die bisherige Forschung hatte mehrere kausale Pfade identifiziert, die zum Kollaps führen (Äquifinalität), und überdies gezeigt, dass es keine einzelne notwendige oder hinreichende Bedingung für Staatskollaps gibt, sondern dass Bedingungen nur im Kombination miteinander eine kausale Wirkung entfalten (konjunkturelle Kausalität) (Wagemann und Schneider 2010, S. 378). Darüber hinaus hätte die geringe Fallzahl die Erklärungsreichweite statistischer Methoden erheblich eingeschränkt.

Zu Beginn war das Projekt als MVQCA angelegt. Dafür gab es zwei Gründe: Erstens hatten wir fsQCA ausgeschlossen, weil die Kalibrierung der Bedingungen sehr schwierig gewesen wäre. Viele unserer Bedingungen beruhen auf einer qualitativen Einschätzung von Sekundärliteratur, so dass wir nur selten mehr als zwei oder drei verschiedene Ausprägungen einer Bedingung rechtfertigen konnten – zusätzliche Optionen würden die Codierentscheidung zu subjektiv machen und die Reliabilität der Daten verringern. Zweitens erschien uns die Möglichkeit interessant, mehr als zwei Werte für eine Bedingung zu verwenden, da dies hilfreich ist, um die Zahl der Contradictions in einer Wahrheitstabelle zu reduzieren (Herrmann und Cronqvist 2009). Dabei orientierten wir uns an der Maßgabe, mehrwertige Bedingungen sparsam einzusetzen, um die Zahl möglicher Konfigurationen nicht grundlos zu erhöhen. Dennoch hatten wir mehrere Bedingungen (z. B. REGIME oder POLITY, vgl. Kap. 5) die nominal skaliert waren und mehr als zwei Werte hatten. Diese Variablen in ein binäres Crisp Set-Design umzusetzen ist relativ ineffizient, weil eine Bedingung wie REGIME (mit den Ausprägungen 0 = Demokratie, 1 = Hybridregime und 2 = Autokratie) dann in zwei Dummy-Bedingungen (Demokratie ja/nein und Autokratie ja/nein; Hybridregime wären dann durch ein „nein" in beiden Dummies angezeigt) ausgedrückt werden müsste. Ungefähr die Hälfte der Bedingungen, die wir im folgenden Kapitel darstellen, waren eingangs mehrwertig, wobei sich die meisten davon auf drei Werte beschränkten.

Entsprechend unseres auch mehrwertige Bedingungen umfassenden Datensatzes entsprachen die ersten theorietestenden Analysen einer MVQCA. Mit dem schrittweisen Wechsel zu einer theorieentwickelnden, induktiven Herangehensweise stellten wir jedoch fest, dass die zusätzlichen Ausprägungen vieler Bedingungen zumeist nur wenig zusätzliche Erklärungskraft mit sich brachten. Daher reduzierten wir die Zahl der Werte pro Bedingung nach und nach (z. B. für REPRESSION oder

POLITY). Mit den am Ende in die Analyse eingehenden Bedingungen hatten wir letztlich *de facto* eine csQCA vorgenommen, da alle nur noch zwei Werte aufwiesen (zum Forschungsprozess vgl. Kap. 6).

3.5   Process-Tracing

Process-Tracing (zu deutsch: Prozessanalyse) ist eine Methode, die darauf abzielt, kausale Mechanismen zu verfolgen (Beach und Pedersen 2013, S. 2). Lauth, Pickel und Pickel beschreiben ihre Intention wie folgt: „Ziel ist es, die Verbindungen zwischen abhängigen und unabhängigen Variablen mithilfe einer Kausalkette bzw. kausalen Sequenz zu identifizieren" (Lauth et al. 2009, S. 66).

Die Prominenz des Process-Tracing in der qualitativen Forschung hat in der jüngeren Vergangenheit rapide zugenommen. Dies ist Teil einer breiteren Bewegung in den Sozialwissenschaften, die den Fokus weg von Kausalfaktoren hin zu Kausalmechanismen verlagert (z. B. Bennett 2013; Falleti und Lynch 2009; kritisch Gerring 2010). Mayntz erläutert den Unterschied zwischen diesen Herangehensweisen wie folgt: „Der Hauptunterschied zwischen einem Erklärungsansatz, der mit Mechanismen, und einem, der mit ‚covering laws' arbeitet, besteht nicht darin, dass Aussagen über Mechanismen weniger allgemein sind als die Aussagen in einer nomologisch-deduktiven Erklärung, sondern darin, dass ‚Gesetze' allgemeine Aussagen über Kovariationen darstellen: ‚Gesetze' benennen kausale Faktoren, aber keine Prozesse" (Mayntz 2009, S. 100). Die Popularität der mechanismuszentrierten Ansätze des Process-Tracing geht in der Forschungspraxis mit einer Pluralität von epistemologischen und ontologischen Grundannahmen über diese Methode einher. Beach und Pedersen (2013, S. 9ff.) schlagen angesichts dieser Vielfalt eine Unterscheidung in die drei Varianten der Theorie testenden (theory-testing), Theorie bildenden (theory-building) und der ein bestimmtes historisches Ereignis erklärenden (explaining-outcome) Arbeiten vor.

Process-Tracing lässt sich sehr gut im Rahmen von Mehrmethodendesigns mit QCA verbinden. Der Hauptgrund dafür ist, dass QCA – im Unterschied zu Regressionsanalysen – ein tiefgehendes Wissen über jeden einzelnen Fall verlangt. Eine genauere Betrachtung der Fälle ist im typischen Vorgehen einer QCA ohnehin explizit vorgesehen. Nach Rihoux und de Meur ist die Interpretation der minimalen Lösungsterme der letzte Analyseschritt einer QCA. Sie erläutern: „Obviously this requires a ‚return to the cases' using the minimal formula(s) that is (are) considered most relevant. [...] To sum up: csQCA minimal formulas allow the researcher to ask more focused ‚causal' questions about ingredients and mechanisms producing (or not) an outcome of interest, with an eye on both within-case narratives and cross-case patterns" (Rihoux und De Meur 2009, S. 65-66). Schneider und Wagemann (2010, S. 400-401) ergänzen, dass eine Ergänzung von QCA mit Process-Tracing die Möglichkeit eröffnet, valide Schlussfolgerungen über kausale Mechanismen zu ziehen. Die Implikationen einer solchen Methodenkombination besprechen Schneider und Rohlfing (2013) ebenso wie Beach und Pedersen (2013, S. 144-161), insbesondere im Hinblick auf Strategien zur Fallauswahl.

Die Verwendung von Process-Tracing hat sich für unser Projekt als besonders günstig erwiesen. Dies lag einerseits an QCA innewohnenden Einschränkungen, andererseits an Entscheidungen, die wir beim Entwurf unseres Forschungsdesigns getroffen hatten und die Auswirkungen auf die QCA-Ergebnisse hatten. Als vergleichende Methode kann QCA lediglich unsere Sicherheit über einen Kausalzusammenhang zwischen den Bedingungen X und Y erhöhen oder verringern. Der QCA zugrundeliegende Kausalitätsbegriff beschränkt sich hingegen auf die Kovarianz, also das systematische gleichzeitige Auftreten der Bedingung X und des Outcomes Y über Fälle hinweg. QCA liefert hingegen keine Erklärung für diese Kovarianz und erlaubt damit keinen Einblick in die kausalen Mechanismen, die den Prozess von X nach Y ausmachen. Mit anderen Worten: Eine QCA-Analyse gibt keinen Aufschluss darüber, ob und wie Bedingung X im Einzelfall zum Staatskollaps beiträgt. Diese Einschränkung für eine Theoriebildung zur Ursachenforschung konnten wir durch den zusätzlichen Einsatz von Process-Tracing überwinden.

Unser Forschungsdesign schränkte die Erklärungskraft von QCA durch zwei Aspekte weiter ein. Erstens waren auch unsere Bedingungen zu stark in struktureller statt in dynamischer Weise operationalisiert, was aus unserer Orientierung an bestehenden Hypothesen und Risikofaktoren resultierte. Eine konsequentere Konzeptualisierung von dynamischen Faktoren, die deren Prozesscharakter erhält, hätte hier eventuell bessere Ergebnisse zutage gefördert. Zweitens war die Entscheidung für zwei Vergleiche mit unterschiedlichen Kontrollgruppen zwar angesichts des Erkenntnisinteresses theoretisch nachvollziehbar, brachte aber einige praktische Probleme. Unglücklicherweise ergaben sich keine leicht identifizierbare „Typen" von Kollapspfaden. Mit anderen Worten: Es gab nur sehr kleine Gruppen von Fällen, die in beiden Vergleichen von denselben Lösungstermen abgedeckt wurden. Das Vorhandensein der unterschiedlichen Terme ergab also kein kohärentes Modell, dass wir im Sinne der *nested analysis* mittels modellüberprüfender Fallstudien hätten testen können. Daher setzten wir ein vergleichendes Process-Tracing der 15 Kollapsfälle zur Modellbildung ein.

Die QCA war dafür – trotz der schwer zu interpretierenden Ergebnisse – eine sinnvolle Vorstufe. Im Prozess der QCA war es uns gelungen, eine große Zahl möglicher Erklärungsfaktoren auszuschließen. Die Lösungen der beiden QCA legten uns Annahmen über die empirische Relevanz bestimmter Kombinationen von Risikofaktoren nahe, die sehr hilfreich waren, um die vergleichenden Fallstudien zu strukturieren. Process-Tracing diente uns dann dafür, näher zu überprüfen, inwiefern diese Kombinationen von Bedingungen im Einzelfall tatsächlich Ursachen waren oder ob es sich dabei lediglich um Epiphänomene oder „Scheinkorrelationen" von Staatskollaps handelt. Dabei konnten wir außerdem studieren, *wie* diese Faktoren ihre Wirkung entfalten und mit anderen Bedingungen zusammenhängen. Die Ergebnisse des Process-Tracing ermöglichten uns die Bildung eines Kausalmodells von Staatskollaps, dessen Inhalt deutlich über das hinausgeht was uns die QCA-Ergebnisse nahelegten.

In der Anwendung haben wir uns an Beach und Pedersens Verständnis von Process-Tracing orientiert, konkret an der Variante der „X-Y-zentrierten Theoriebildung" (Beach und Pedersen 2013, S. 154), bei der ein kausaler Faktor und das Ergebnis bekannt sind und man den Mechanismus verstehen möchte, der diese beiden Ereignisse miteinander verbindet (vgl. Abb. 3.1).

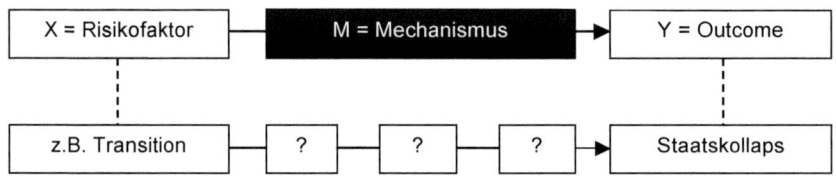

Abb. 3.1   Die Logik des Process-Tracing
Quelle: Basierend auf Beach und Pedersen (2013, S. 34).

Unser Mehrmethodendesign und Erkenntnisinteresse verhinderte jedoch die idealtypische Anwendung dieser Methode. Erstens begannen wir unsere Fallstudien auf der Grundlage der QCA-Ergebnisse. Die QCA lieferte uns Anzeichen, dass bestimmte Risikofaktoren bzw. deren Kombinationen in mehreren Einzelfällen eine besondere empirische Relevanz für das Outcome hatten. Praktisch bedeutete dies, dass unsere Fallstudien nicht nur die Mechanismen eines einzelnen „X" untersuchten, sondern von mehreren Bedingungen. Jeder Fall war mit mehreren Lösungstermen verbunden, jeweils mindestens einem aus dem synchronen und dem horizontalen Vergleich,[4] von denen die meisten aus mehr als einem X bestan-

---

4   Die Lösungsformel des synchronen Vergleichs zeigte zehn einzigartige (*unique*) Fälle, die des diachronen Vergleichs neun, d. h. solche Fälle die nur durch einen einzigen

den. Die Analysen der Einzelfälle berücksichtigten daher alle Bedingungen, die mindestens in einem der Lösungsterme, denen der Fall zugeordnet war, vorkamen. Hierbei lag im Sinne der Annahme einer komplexen Kausalität unser Augenmerk auf dem Zusammenwirken von Faktoren, insbesondere wenn das QCA-Ergebnis eine Kombination von Bedingungen nahelegte.

Zweitens beschränkte sich das Erkenntnisinteresse unseres Projekt nicht darauf, Erklärungen und Schlussfolgerungen für Einzelfälle zu generieren, wie dies bei Process-Tracing sonst üblich ist (Beach und Pedersen 2013, S. 75). Stattdessen sollte dies zur Theoriebildung über die Ursachen von Staatskollaps beitragen. Im Unterschied zu den meisten Anwendungen von Process-Tracing nahmen wir Analysen der gesamten Population unserer Fälle vor, um hinterher vergleichende Aussagen über Mechanismen über die Fälle hinweg treffen zu können. Ein direkter Vergleich von Mechanismen war jedoch nicht möglich, da die Fallstudien – ausgehend von den QCA-Ergebnissen – jeweils unterschiedliche Faktoren einschlossen.

Dabei orientierten wir uns an Leitfragen von Jackson, der Kausalanalyse als einen Prozess kontrafaktischen Denkens darstellt. Dabei unterscheidet er drei Arten von Wirkungen, die ein Faktor haben kann – ist der Faktor „1. adequately causal (part of an ideal-typically specified causal configuration without which we cannot imagine the outcome having occurred)? 2. coincidentally causal (we cannot imagine the outcome having occurred without it, but it is not part of a systematic ideal-type)? 3. not causal, or incidental (we can imagine the outcome having occurred regardless of whether the factor was involved)" (Jackson 2011, S. 150)? Mittels dieser Unterscheidung bewerteten wir, ob (Kombinationen von) Bedingungen einen systematischen oder fallspezifischen kausalen Effekt hatten.

Grundlage der Analyse war eine Vielzahl an Quellen, angefangen bei sozialwissenschaftlicher Fachliteratur zum Thema Staatskollaps und fragile Staatlichkeit über zeithistorische Sekundärliteratur bis zu Primärquellen wie Augenzeugenberichten und Autobiographien oder historischen Zeitungsartikeln. Die Quantität und Qualität der für die Fallstudien zur Verfügung stehenden Quellen variierte dabei sehr stark. Während für idealtypische Fälle wie Somalia, Liberia und Sierra Leone in den 1990er Jahren eine große Anzahl an Fachliteratur in Form von Fallstudien existierte und quantitative Daten relativ einfach zugänglich waren, stellten speziell die früheren Fälle zu Beginn der 1960er Jahre (Laos, Kongo-Kinshasa) diesbezüglich eine Herausforderung dar. Hinzu kam, dass viele dieser frühen Fälle nicht in

---

Lösungsterm abgedeckt sind. Sechs Fälle (Afghanistan, Bosnien-Herzegowina, Georgien, Guinea-Bissau, Libanon und Liberia) sind in beiden Vergleichen einzigartig. Demgegenüber war Sierra Leone ein außerordentlich komplexer Fall, da es in beiden Vergleichen und allen Lösungstermen vertreten war.

Datensätzen wie der Political Terror Scale, Polity IV oder Ethnic Power Relations abgebildet waren. In diesen Fällen musste eine Einschätzung in Anlehnung an die Kodierrichtlinien des jeweiligen Datensatzes getroffen werden und diese anschließend analog zu den eigenen Kodierrichtlinien umkodiert werden.

Literaturverzeichnis

Baker, P. H. (2006). *The Conflict Assessment System Tool (CAST): An Analytical Model for Early Warning and Risk Assessment of Weak and Failing States*. Washington D.C.: Fund for Peace.

Baker, P. H., & Ausink, J. A. (1996). State Collapse and Ethnic Violence: Toward a Predictive Model. *Parameters, 26*(1), 19-31.

Baker, P. H., & Weller, A. E. (1998). *An Analytical Model of Internal Conflict and State Collapse: Manual for Practitioners*. Washington D.C.: Fund for Peace.

Bates, R. H. (2008a). State Failure. *Annual Review of Political Science, 11*, 1-12.

Bates, R. H. (2008b). *When Things Fell Apart: State Failure in Late-Century Africa*. Cambridge: Cambridge University Press.

Beach, D., & Pedersen, R. B. (2013). *Process-Tracing Methods: Foundations and Guidelines*. Ann Arbor: University of Michigan Press.

Bennett, A. (2004). Case Study Methods: Design, Use, and Comparative Advantages. In D. Sprinz & Y. Wolinsky-Namias (Hrsg.), *Models, Numbers, and Cases: Methods for Studying International Relations* (S. 19-55). Ann Arbor: University of Michigan Press.

Bennett, A. (2013). The mother of all isms: Causal mechanisms and structured pluralism in International Relations theory. *European Journal of International Relations, 19*(3), 459-481.

Berg-Schlosser, D. (2003). Makro-qualitative vergleichende Methoden. In D. Berg-Schlosser & F. Müller-Rommel (Hrsg.), *Vergleichende Politikwissenschaft: Ein einführendes Studienhandbuch* (4 Aufl., S. 103-125). Wiesbaden: VS.

Bethke, F. S. (2012). Zuverlässig invalide - Indizes zur Messung fragiler Staatlichkeit. *Zeitschrift für Vergleichende Politikwissenschaft, 6*(1), 19-37.

Büttner, A. (2004). *Staatszerfall als neues Phänomen der internationalen Politik: Theoretische Kategorisierung und empirische Überprüfung*. Marburg: Tectum.

Call, C. T. (2011). Beyond the "Failed State": Toward Conceptual Alternatives. *European Journal of International Relations, 17*(2), 303-326.

Carment, D., Prest, S., Gazo, J. J., El-Achkar, S., & Samy, Y. (2006). *Failed and Fragile States 2006: A Briefing Note for the Canadian Government*. Country Indicators for Foreign Policy Project, Carleton University.

Carment, D., Samy, Y., & Prest, S. (2008). State Fragility and Implications for Aid Allocation: An Empirical Analysis. *Conflict Management and Peace Science, 25*(4), 349-373.

Clement, C. (2004). *State Collapse: A Common Causal Pattern? A comparative analysis of Lebanon, Somalia, and the Former-Yugoslavia*. Louvain: Department of Political and Social Sciences, Catholic University of Louvain.

Cronqvist, L. (2007). Konfigurationelle Analyse mit Multi-Value QCA als Methode der Vergleichenden Politikwissenschaft mit einem Fallbeispiel aus der Vergleichenden Parteienforschung (Erfolg Grüner Parteien in den achtziger Jahren). Dissertation zum Dr. rer. pol., Philipps-Universität Marburg, from http://archiv.ub.uni-marburg.de/diss/ z2007/0620/.

Cronqvist, L., & Berg-Schlosser, D. (2009). Multi-Value QCA (mvQCA). In B. Rihoux & C. C. Ragin (Hrsg.), *Configurational Comparative Methods: Qualitative Comparative Analysis (QCA) and Related Techniques* (S. 69-86). Los Angeles: Sage.

Englehart, N. A. (2007). Governments Against States: The Logic of Self-Destructive Despotism. *International Political Science Review, 28*(2), 133-153.

Englehart, N. A., & Simon, M. V. (2009). Failing States and Failing Regimes: The Prediction and Simulation of State Failure. In H. Starr (Hrsg.), *Dealing with Failed States: Crossing Analytic Boundaries* (S. 108-127). London: Routledge.

Esty, D. C., Goldstone, J. A., Gurr, T. R., Surko, P. T., & Unger, A. N. (1995). *State Failure Task Force Report*. McLean: Science Applications International Corporation.

Falleti, T. G., & Lynch, J. F. (2009). Context and Causal Mechanisms in Political Analysis. *Comparative Political Studies, 42*(9), 1143-1166.

Fearon, J. D., & Laitin, D. D. (2003). Ethnicity, Insurgency and Civil War. *American Political Science Review, 97*(1), 75-90.

Fukuyama, F. (2013). *What is Governance?* (Bd. 314). Washington D.C.: Center for Global Development.

Fund for Peace. (2005). The Failed States Index 2005. *Foreign Policy*(149), 56-65.

George, A. L. (1979). Case Studies and Theory Development: The Method of Structured, Focused Comparison. In P. G. Lauren (Hrsg.), *Diplomacy: New approaches in History, Theory, and Policy* (S. 43-68). New York: Free Press.

Gerring, J. (2010). Causal Mechanisms: Yes, But... *Comparative Political Studies, 43*(11), 1499-1526.

Goldstone, J. A. (2008). Pathways to State Failure. *Conflict Management and Peace Science, 25*(4), 285-296.

Goldstone, J. A., Bates, R. H., Gurr, T. R., Lustik, M., Marshall, M. G., Ulfelder, J., & Woodward, M. (2005). *A Global Forecasting Model of Political Instability*. Paper presented at the Annual Meeting of the American Political Science Association, Washington D.C.

Grävingholt, J., Ziaja, S., & Kreibaum, M. (2012). *State Fragility: Towards a Multi-Dimensional Empirical Typology*. Discussion Paper Nr. 3/2012. Bonn: Deutsches Institut für Entwicklungspolitik.

Herrmann, A. M., & Cronqvist, L. (2009). When dichotomisation becomes a problem for the analysis of middle-sized datasets. *International Journal of Social Research Methodology, 12*(1), 33-50.

Iqbal, Z., & Starr, H. (2007). *State Failure: Conceptualization and Determinants*. Paper presented at the Annual Meeting of the Interational Studies Association, Chicago, 28. Februar – 2. März 2007.

Jackson, P. T. (2011). *The Conduct of Inquiry in International Relations: Philosophy of Science and Its Implications for the Study of World Politics*. London: Routledge.

King, G., Keohane, R. O., & Verba, S. (1994). *Designing Social Inquiry: Scientific Inference in Qualitative Research*. Princeton: Princeton University Press.

Lambach, D. (2009). Warum kollabieren Staaten? In M. Bussmann, A. Hasenclever, & G. Schneider (Hrsg.), *Identität, Institutionen und Ökonomie: Ursachen innenpolitischer Gewalt. Sonderheft 43/2009 der Politischen Vierteljahresschrift* (S. 235-257). Wiesbaden: VS.

Lambach, D., & Gamberger, D. (2008). A Temporal Analysis of Political Instability Through Subgroup Discovery. *Conflict Management and Peace Science, 25*(1), 19-32.

Lauth, H.-J., Pickel, G., & Pickel, S. (2009). *Methoden der vergleichenden Politikwissenschaft: Eine Einführung.* Wiesbaden: VS.

Leuffen, D. (2007). Fallauswahl in der qualitativen Sozialforschung. In T. Gschwend & F. Schimmelfennig (Hrsg.), *Forschungsdesign in der Politikwissenschaft. Probleme – Strategien – Anwendungen* (S. 201-222). Frankfurt: Campus.

Lieberman, E. S. (2005). Nested Analysis as a Mixed-Method Strategy for Comparative Research. *American Political Science Review, 99*(3), 435-452.

Lijphart, A. (1971). Comparative Politics and the Comparative Method. *American Political Science Review, 65*(3), 682-693.

Mackie, J. L. (1965). Causes and Conditions. *American Philosophical Quarterly, 2*(4), 245-255.

Mahoney, J. (2010). After KKV: The New Methodology of Qualitative Research. *World Politics, 62*(1), 120-147.

Mahoney, J., & Goertz, G. (2006). A Tale of Two Cultures: Contrasting Quantitative and Qualitative Research. *Political Analysis, 14*(3), 227-249.

Margolis, J. E. (2012). Estimating State Instability. *Studies in Intelligence, 56*(1), 13-24.

Marshall, M. G., & Cole, B. R. (2008). Global Report on Conflict, Governance, and State Fragility 2008. *Foreign Policy Bulletin, 18*(1), 3-21.

Marshall, M. G., & Goldstone, J. (2007). Global Report on Conflict, Governance, and State Fragility 2007: Gauging System Performance and Fragility in the Globalization Era. *Foreign Policy Bulletin, 17*(1), 3-21.

Marshall, M. G., & Jaggers, K. (2005). *Polity IV Project: Political Regime Characteristics and Transitions, 1800-2004 - Dataset Users' Manual.* Arlington: George Mason University, Polity IV Project.

Marx, A., Rihoux, B., & Ragin, C. (2013). The origins, development, and application of Qualitative Comparative Analysis: the first 25 years. *European Political Science Review, FirstView*, 1-28.

Mayntz, R. (2009). *Sozialwissenschaftliches Erklären: Probleme der Theoriebildung.* Frankfurt am Main: Campus Verlag.

Munck, G. L., & Verkuilen, J. (2002). Conceptualizing and Measuring Democracy. *Comparative Political Studies, 35*(1), 5-34.

Norton, R. J., & Miskel, J. F. (1997). Spotting Trouble: Identifying Faltering and Failing States. *Naval War College Review, 50*(2), 79-91.

Ragin, C. C. (1987). *The Comparative Method: Moving Beyond Qualitative and Quantitative Strategies.* Berkeley: University of California Press.

Ragin, C. C. (2000). *Fuzzy-Set Social Science.* Chicago: Chicago University Press.

Rice, S. E., & Patrick, S. (2008). *Index of State Weakness in the Developing World.* Washington D.C.: Brookings Institution.

Rihoux, B. (2006). Qualitative Comparative Analysis (QCA) and Related Systematic Comparative Methods: Recent Advances and Remaining Challenges for Social Science Research. *International Sociology, 21*(5), 679-706.

Rihoux, B. (2013). Qualitative Comparative Analysis (QCA), Anno 2013: Reframing The Comparative Method's Seminal Statements. *Swiss Political Science Review, 19*(2), 233-245.

Rihoux, B., & De Meur, G. (2009). Crisp-Set Qualitative Comparative Analysis (csQCA). In B. Rihoux & C. C. Ragin (Hrsg.), *Configurational Comparative Methods: Qualitative Comparative Analysis (QCA) and Related Techniques* (S. 33-68). Los Angeles: Sage.

Rotberg, R. I. (2004). The Failure and Collapse of Nation-States: Breakdown, Prevention, and Repair. In R. I. Rotberg (Hrsg.), *When States Fail: Causes and Consequences* (S. 1-49). Princeton: Princeton University Press.

Rotberg, R. I. (Hrsg.). (2003). *State Failure and State Weakness in a Time of Terror*. Washington: Brookings Institution Press.

Schneckener, U. (2006a). Charakteristika und Dynamiken fragiler Staatlichkeit – Zur Auswertung der Fallstudien. In U. Schneckener (Hrsg.), *Fragile Staatlichkeit: „States at Risk" zwischen Stabilität und Scheitern* (S. 347-366). Baden-Baden: Nomos.

Schneckener, U. (2006b). States at Risk: Zur Analyse fragiler Staatlichkeit. In U. Schneckener (Hrsg.), *Fragile Staatlichkeit: „States at Risk" zwischen Stabilität und Scheitern* (S. 9-40). Baden-Baden: Nomos.

Schneckener, U. (Hrsg.). (2006c). *Fragile Staatlichkeit: „States at Risk" zwischen Stabilität und Scheitern*. Baden-Baden: Nomos.

Schneider, C. Q., & Rohlfing, I. (2013). Combining QCA and Process Tracing in Set-Theoretic Multi-Method Research. *Sociological Methods & Research*.

Schneider, C. Q., & Wagemann, C. (2010). Standards of Good Practice in Qualitative Comparative Analysis (QCA) and Fuzzy-Sets. *Comparative Sociology, 9*(3), 397-418.

Schneider, C. Q., & Wagemann, C. (2012). *Set-Theoretic Methods for the Social Sciences: A Guide to Qualitative Comparative Analysis*. Cambridge: Cambridge University Press.

Schubert, U.-M. (2005). *Staatszerfall als Problem des internationalen Systems*. Marburg: Tectum.

Straßner, A., & Klein, M. (Hrsg.). (2007). *Wenn Staaten scheitern: Theorie und Empirie des Staatszerfalls*. Wiesbaden: VS.

Tetzlaff, R. (2002). Die Staaten Afrikas zwischen demokratischer Konsolidierung und Staatszerfall. *Aus Politik und Zeitgeschichte*(13-14/2002), 3-6.

Wagemann, C., & Schneider, C. Q. (2010). Qualitative Comparative Analysis (QCA) and Fuzzy-Sets: Agenda for a Research Approach and a Data Analysis Technique. *Comparative Sociology, 9*(3), 376-396.

Zartman, I. W. (Hrsg.). (1995). *Collapsed States: The Disintegration and Restoration of Legitimate Authority*. Boulder: Lynne Rienner.

Erklärungsfaktoren von Staatskollaps[5]

4

Zusammenfassung

Die einschlägige Literatur benennt eine Vielzahl von möglichen Ursachen von Staatskollaps. In diesem Kapitel wird der Forschungsstand zusammengefasst und daraus ein Satz von möglichen kausalen Bedingungen extrahiert. Wir identifizieren insgesamt 25 kausale Behauptungen, die wir als Risikofaktoren für unser vergleichendes Forschungsdesign formulieren.

Keywords

Staatskollaps, fragile Staatlichkeit, Ursachen, Risikofaktoren, Ursachenforschung, Literaturschau

In der Literatur gibt es eine breite Spanne von Hypothesen und Annahmen über die Ursachen von Staatskollaps und fragiler Staatlichkeit. Grob zusammengefasst lassen sich diese wie folgt gruppieren:

1. Politische Faktoren: Neopatrimoniale, klientelistische und korrupte Praktiken des Regimes, kurz: schlechte Regierungsführung, höhlen den Staat von innen

---

5 Dieses Kapitel ist unter Mitwirkung von Felix S. Bethke entstanden. Einzelne Abschnitte wurden bereits in einer früheren Version 2012 unter dem Titel „Ursachen von Staatskollaps und fragiler Staatlichkeit: Eine Übersicht über den Forschungsstand" als INEF-Report Nr. 106 veröffentlicht (Duisburg: Institut für Entwicklung und Frieden).

aus (Büttner 2004a; Erdmann 2003; Rotberg 2004; Schneckener 2006b; Tetzlaff 2000a). Dabei kann die Schwächung staatlicher Institutionen durchaus das Ziel des Regimes darstellen (Englehart 2007; Koehler und Zürcher 2004; Randeria 2003; Zürcher 2005). Eine Variante dieser These ist Renos Konzept des „Schattenstaats" (Reno 1998, 2000). Es ist umstritten, in welchen Regimetypen derartige Praktiken besonders häufig vorkommen. Manche Beiträge vertreten die These, dass sich bestimmte autoritäre Regimeformen (insbesondere personalistische Regime) sehr zerstörerisch auf Staatlichkeit auswirken (Allen 1995; Englehart 2007; Gros 1996; Howard 2008; Kraxberger 2007). Andere gehen eher davon aus, dass hybride Regime tendenziell fragiler sind als andere Regimetypen (Carment et al. 2008; Iqbal und Starr 2007). Goldstone et al. (2005) sehen die Kombination von identitätsbasierter, partikularistischer Politik (Faktionalismus) und einem relativ offenen politischen Wettbewerb für besonders risikoreich. Dies bestätigt die Beobachtung von Lambach (2009) wonach die Eskalation von Machtkämpfen ebenfalls zu einem Kollaps des Staates führen kann.

2. Wirtschaftliche Faktoren: Geringere Staatseinnahmen z. B. durch nachlassende Exporteinnahmen verringern die Handlungsmöglichkeiten des Staates. Insbesondere in Regimen, die sich durch schlechte Regierungsführung auszeichnen, führt dies zu einem Konkurrenzkampf um die verbleibenden Renten (Allen 1999; Büttner 2004a; Schneckener 2006a). Eine alternative Erklärung baut auf Theorien des „Ressourcenfluchs" auf: Danach fehlen politischen Eliten aufgrund des einfachen Zugangs zu Renten die Anreize, staatliche Kapazitäten zur Erhebung von Steuern und Zöllen auszubauen (Bates 2005; Bates 2008b). Derartige Staaten sind sehr verwundbar gegenüber Schwankungen der Weltmarktpreise (Debiel et al. 2005). Dies schließt an die umfangreiche Literatur zum Rentierstaat an (Beblawi und Luciani 1987; Beck 2007; DiJohn 2002; Pérez Niño und Le Billon 2014).

3. Sozialstrukturelle und kulturelle Faktoren: Multiethnische Gesellschaften sind tendenziell schwieriger in einem gemeinsamen Staat zu integrieren. Das Risiko steigt insbesondere dann, wenn der Staatsapparat von einer ethnischen Minderheit kontrolliert wird (Bates 2008b; Hentz 2004; Schneckener 2006a). Auch ein hoher Anteil Jugendlicher an der Gesamtbevölkerung (Schneckener 2006a) und eine hohe Bevölkerungsdichte (Goldstone et al. 2000) erhöhen das Risiko innergesellschaftlicher Konflikte und damit eines Staatszerfalls. Weiterhin gibt es die These, dass viele Staaten unter ihrem kolonialen bzw. imperialen Erbe leiden, da es in ihren Gesellschaften keine einheitliche „Idee des Staates" (Buzan 1991) gibt. Aus demselben Grund sind auch oft die staatlichen Institutionen nicht in der Gesellschaft verankert (Englebert 1997; Hyden 1983) und können

sich daher nicht gegen nicht-staatliche Autoritäten durchsetzen (Akude 2006; Clapham 2004a; Spanger 2002; Tetzlaff 2000a; von Trotha 2000).

4. Internationale und regionale Faktoren: Da klientelistische Regime von einem kontinuierlichen Zustrom von Renten abhängig sind, gerieten sie mit dem Ende des Ost-West-Konflikts in schweres Fahrwasser, als die Supermächte ihre Zahlungen drastisch reduzierten (Clapham 2002; Crocker 2003; Doornbos 2002; Menzel 2001). Ein systemisches Argument lautet, dass das Nachlassen internationaler Bedrohungen Herrscher aus der Verantwortung entlässt, die institutionellen Kapazitäten ihres Staates weiter auszubauen (Desch 1996; Lektzian und Prins 2008). Weiterhin sollen schwache Staaten durch die Globalisierung an Steuerungsfähigkeit verlieren (Clapham 1998; Doornbos 2002; Woodward 1999). Im Gegensatz dazu behaupten jedoch andere Studien, dass eine größere volkswirtschaftliche Integration in die Weltwirtschaft das Zerfallsrisiko senkt (Bates et al. 2003; Goldstone et al. 2005). Dennoch wird den in den 1980er Jahren von IWF und Weltbank verlangten Strukturanpassungsprogrammen oft vorgeworfen, sie hätten letztlich zu einer weiteren Schwächung fragiler Staaten geführt (Clapham 2002; Hippler 2005; Ruf 2003; Spanger 2007; van de Walle 2004). Eine Erklärung für diese unterschiedlichen Annahmen könnte sein, dass Handelsoffenheit per se stabilisierend wirkt, jedoch die Verlierer von Liberalisierungsprozessen sehr unzufrieden mit den Auswirkungen der Globalisierung sein können (Bussmann und Schneider 2007; Bussmann et al. 2005). Nicht zuletzt können auch Konflikte und fragile Staatlichkeit in Nachbarstaaten durch Diffusions- und Ansteckungsprozesse das Zerfallsrisiko erhöhen (Hentz 2004; Howard 2008; Lambach 2008; Schneckener 2006a; Wolff 2011).

Im weiteren Verlauf des Kapitels werden wir diese Theorien genauer darlegen. Dabei wird jeweils am Ende eines Abschnitts hervorgehoben, welche Risikofaktoren wir in unseren QCA-Vergleichen verwenden und wie diese in (Kombinationen von) Bedingungen im QCA-Datensatz abgebildet werden. Die Risikofaktoren werden mit einem Kürzel (P = politisch, W = Wirtschaftlich, S = Sozialstrukturell/kulturell, I = International/Regional) und einer fortlaufenden Nummer gekennzeichnet. Eine vollständige Übersicht befindet sich am Ende des Kapitels.

Das empirische Fundament der von uns identifizierten Kausalannahmen ist unterschiedlich solide. Zu den besser begründeten gehört beispielsweise Engleharts (2007) Modell eines „selbstzerstörerischen Despotismus", also der gezielten Demontage staatlicher Institutionen durch Regime-Insider. Er entwickelt dieses Modell anhand von Fallstudien zum Barre-Regime in Somalia (1969-1991) sowie zu den verschiedenen afghanischen Regierungen zwischen 1978 und 1992. In diesen Fällen unterminierten Regierungen die Bürokratie und die staatlichen Sicherheitskräfte, um Einschränkungen ihrer Kompetenzen zu beseitigen und Machtbasen potenzieller Rivalen zu schwächen. Dies geschieht zum Beispiel durch die Besetzung von Führungspositionen durch Günstlinge des Regimes oder durch den Entzug von Ressourcen, der Beamte zur Korruption zwingt, um ihren Lebensunterhalt zu sichern. Diese Perspektive wird durch andere Beiträge unterstützt, die das produktive Potenzial von Unordnung für die Machthaber hervorheben (Bayart et al. 1999; Chabal und Daloz 1999). Auch Lambachs (2009) Modell einer Fragmentierung des politischen Systems beruht auf einer soliden empirischen Grundlage und wurde mit Fallstudien zu Tadschikistan und dem Libanon illustriert.

Demgegenüber gibt es mehrere Hypothesen, deren unmittelbare Stichhaltigkeit zweifelhaft erscheint. Insbesondere strukturelle Variablen wie Bevölkerungsdichte, Jugendanteil, die Handelsoffenheit oder die Wirtschaftsstruktur haben – wenn überhaupt – höchstens einen mittelbaren Einfluss auf das Zustandekommen von Staatskollaps. Entscheidender erscheint uns die Frage, wie diese Rahmenbedingungen und das darin enthaltene Konfliktpotenzial politisch behandelt werden. Exemplarisch kann man dies für den Anteil der Jugendlichen an der Gesamtbevölkerung verdeutlichen: Kein Staat kollabiert, bloß weil seine Bevölkerung einen hohen Anteil von Jugendlichen aufweist. Ergänzt man diese Ausgangsbedingung um mangelnde Bildungs-, Erwerbs- und Aufstiegschancen kann sich soziale Unzufriedenheit herausbilden. Wenn politische Akteure eine kollektive Identität stiften und Organisationsstrukturen schaffen, kann dieses Unzufriedenheitspotenzial zu einer Gefahr für Stabilität werden. Je nachdem, in welchem politischen System und in welcher Akteurskonstellation dies geschieht, können Jugendliche zu einer Keimzelle der Opposition werden, sich bewaffneten Gruppen anschließen oder sogar vom Regime selbst instrumentalisiert werden. Aber selbst wenn sich die Jugendlichen gegen das Regime stellen, ist es von dort immer noch ein weiter Weg bis zu einem Staatskollaps.

Dieses Beispiel verdeutlicht, dass strukturelle Variablen nur einen höchst indirekten Einfluss haben und immer nur dann wirkmächtig werden, wenn eine Reihe weiterer, begünstigender Einflussfaktoren vorhanden sind. Naheliegender und vielversprechender sind diejenigen Faktoren, die den politischen Umgang mit derartigen Strukturen beschreiben, z. B. ob eine Regierung unzufriedene Jugendliche in inoffizielle Streitkräfte rekrutiert und so die Effizienz ihrer eigenen Sicherheitsorgane untergräbt sowie zu einer Militarisierung der Politik beiträgt. Ein gutes Beispiel sind die *Jeunes Patriotes*, die das ivorische Regime Laurent Gbagbos nach dem gescheiterten Militärputsch 2002 aufstellte. Dabei handelte es sich um wenig mehr als Jugendbanden, die durch liberianische und sierraleonische Kriegsveteranen verstärkt waren. Sie standen der Regierungspartei nahe und dienten dem Regime als Mittel zur Einschüchterung von Oppositionellen und zur Durchführung von

Hetzkampagnen. Nachdem das Regime infolge des Putsches nur noch geringes Vertrauen in das verbliebene Militär hatte, stützte sich Gbagbos Herrschaft in den Folgejahren zunehmend auf die *Jeunes Patriotes*, was zu einer deutlichen Deinstitutionalisierung des ohnehin geschwächten ivorischen Staates beitrug.

4.1 Politische Faktoren

Viele Beiträge suchen die Kernursachen für Staatskollaps in innerstaatlichen Faktoren. Neben strukturellen Bedingungen, wie der Existenz leicht auszubeutender Ressourcen oder demographischer Faktoren, werden in der Forschung insbesondere spezifische Formen politischer Steuerung als mögliche Ursachen diskutiert.

4.1.1 Neopatrimonialismus, Klientelismus, Korruption

Die Faktoren Neopatrimonialismus, Klientelismus und Korruption beschreiben einen bestimmten Politikstil bzw. eine Form der politischen Steuerung, welche von vielen Forschern als ursächlich für Staatszerfall interpretiert wird. Den Faktoren ist gemein, dass sie zu einem Legitimationsverlust der herrschenden Eliten und der staatlichen Organe führen und so deren Funktionsfähigkeit aushöhlen (Erdmann 2003, S. 272; Rotberg 2002, S. 128).

Der Begriff des Neopatrimonialismus geht auf den von Max Weber geprägten Begriff des Patrimonialismus zurück (Weber 1972, S. 133-136). Im Patrimonialismus sind im Gegensatz zur rational-bürokratischen Herrschaft alle politischen und administrativen Herrschaftsbeziehungen persönliche Beziehungen. Patrimoniale Herrschaft ist bestimmt durch informelle, personenbezogene Handlungsabläufe und Mittelzuweisungen. Es fehlt eine Differenzierung zwischen privater und öffentlicher Sphäre. Neopatrimonialismus meint dagegen eine Mischform aus rationaler und personenbezogener Herrschaft und bedeutet, „dass die Machtausübung des Herrschers durch alle gesellschaftlichen Ebenen hindurch personalisiert und der Zugang zu ihr monopolisiert ist" (Tetzlaff 2000b, S. 13-14). Der öffentliche Bereich wird in informeller Privatisierung zur Akkumulation privaten Reichtums genutzt. Formal wird zwar zwischen Privatem und Öffentlichem unterschieden, allerdings existieren in der Praxis informelle Praktiken wobei die formale, öffentliche Sphäre langfristig durch patrimoniale Praktiken deformiert wird.

Wesentliche Elemente neopatrimonialer Herrschaft sind Korruption und Klientelismus. Korruption meint eine Form der Selbstbereicherung durch Verwaltungsbeamte und politische Eliten, indem die formelle öffentliche Stellung durch das informelle Gewähren von Vergünstigungen zum eigenen Profit eingesetzt wird. Korruption schwächt die Funktionsweise des staatlichen Apparates und widerlegt das Bild des Staates als neutrale Instanz. Dadurch schwindet die Legitimation der politischen Führung in der Bevölkerung, der Widerstand wächst und der Staat zerfällt (Büttner 2004a, S. 63, 65, 233-234; Englehart 2007, S. 145).

Als Klientelismus wird ein System asymmetrischer Abhängigkeitsbeziehungen zwischen einflussreichen Patronen und ihren Klienten bezeichnet. Die Beziehung zwischen Patron und Klient besteht im Tausch von Vergünstigungen zur Befriedigung beiderseitiger Interessen. Der Patron gewährt dabei dem Klienten Schutz oder Vergünstigungen und der Klient liefert im Gegenzug (politische) Unterstützung bzw. Gefolgschaft. Klientelismus ist dabei als Folge der Willkür und Unsicherheit zu verstehen, die in neopatrimonialen Regimen vorherrscht. Gleichzeitig trägt Klientelismus jedoch auch zur Reproduktion dieser Unsicherheit bei (Hicken 2011).

Korruption unterscheidet sich von Klientelismus durch die Richtung der Tauschbeziehung. Im Klientelismus leistet der Klient politische Unterstützung und wird dafür vom Patron entlohnt, während bei Korruption der Bürokrat das Bestechungsgeld empfängt und dafür Vergünstigungen gewährt. Korruption dient vornehmlich der Selbstbereicherung, Klientelismus dagegen dem Erhalt von Macht.

Prinzipiell ließen sich für jeden dieser Faktoren (Neopatrimonialismus, Korruption, Klientelismus) eigene kausale Aussagen aufstellen. Die einzelnen Konzepte überlappen sich in der Praxis jedoch stark und sind überdies nur schwer zu beobachten bzw. zu messen, weshalb auch kaum geeignete Daten vorliegen. Daher untersuchen wir die Erklärungskraft dieses Theorienbündels durch den Fokus auf zwei spezifische Theorien, die konkrete und (zumindest in Teilen) beobachtbare Kausalannahmen formulieren: die gezielte Demontage staatlicher Institutionen durch Regimeinsider sowie die Verlagerung staatlicher Ressourcen und Autorität in parallele, „schattenstaatliche" Institutionen.

4.1.2   Gezielte Demontage staatlicher Institutionen

Englehart (2007) formuliert das Modell eines Staatskollapses, den politische Eliten durch die gezielte Demontage staatlicher Institutionen herbeiführen. Im Zentrum seines Modells steht eine Regierung, die über keine ausreichende Basis in der Bevölkerung verfügt und daher nach anderen Möglichkeiten zur Absicherung ihrer Macht strebt. Dazu versucht diese Regierung, alternative Machtzentren wie die Armee, die Polizei oder die Verwaltung entweder zu kontrollieren oder zu zerstören (Englehart 2007, S. 148; vgl. auch Migdal 1988). Dies geschieht auf zwei unterschiedlichen, wenn auch miteinander verbundenen Wegen: durch die Zerstörung der legal-rationalen bürokratischen Infrastruktur sowie durch die Erosion des Gewaltmonopols. Wenn die Regierung die Bürokratie als ein Hindernis für ihr politisches Überleben ansieht, weil diese z. B. patrimoniale Praktiken des Regimes blockiert, kann sie die Beamtengehälter kürzen bzw. deren Zahlung aussetzen: „Often these regimes aggressively purge the civil service, eliminating competent, experienced bureaucrats to deprive them of an institutional base from which to oppose or hamper government policy. These governments frequently secure control over the civil service by appointing loyalists to key positions, in a strategy similar to the nomenklatura system of socialist governments. As with the nomenklatura system, these appointees are frequently not qualified technically for the jobs to which they are appointed, and further reduce the efficiency of the organization by hampering free communication between its members" (Englehart 2007, S. 145).

Das Gewaltmonopol kann auf verschiedene Weisen geschwächt werden. Eine offensichtliche Möglichkeit ist die Korrumpierung und Politisierung der Sicherheitskräfte, um sie unter die Kontrolle der Regierung zu bringen. Oft stellen autoritäre Herrscher außerdem paramilitärische Kräfte außerhalb des formellen Staatsapparats auf, um ein zusätzliches und verlässliches Gewaltpotenzial zu schaffen, auf das sie persönlich zurückgreifen können (Frisch 2002). Manche Regierungen geben sogar Waffen an oppositionelle Gruppen aus, um dadurch die Gegenseite zu spalten und Fraktionskämpfe zu schüren (Englehart 2007, S. 147-148).

Die Zerstörung staatlicher Institutionen geschieht also durch eine Reihe von Praktiken, die auch als Indikatoren für Engleharts Modell verwendet werden können: 1. die Aushöhlung der Verwaltung, z. B. durch die Nichtzahlung von Beamtengehältern, 2. die Schwächung des Gewaltmonopols, z. B. durch die Aufstellung paramilitärischer Einheiten, 3. die Zweckentfremdung oder Aneignung staatlicher Ressourcen durch die Elite, 4. die Personalisierung staatlicher Ämter sowie 5. die Zerstörung alternativer Machtzentren. Dabei verweist Englehart zurecht darauf, dass selbst ein auf diese Weisen geschwächter Staat noch lange erhalten bleiben kann: „As with attacks on the civil service, the erosion of the control of violence may be stable under some circumstances, but under certain conditions it can trigger a downward spiral into collapse" (Englehart 2007, S. 147).

P1: Systematische Behinderung der Verwaltung durch die herrschende Elite (BUR_OBSTR)
P2: Systematische Behinderung des Gewaltmonopols durch die herrschende Elite (SEC_OBSTR * UNOFF_MILITIA)

4.1.3   Der Schattenstaat

Neben Englehart heben auch weitere Beiträge die Zerstörung staatlicher Institutionen durch Mitglieder des herrschenden Regimes hervor. So beschreibt das Konzept des Schattenstaates (*shadow state*) von Reno (2000) eine personenbezogene, klientelistische Politikformation, die außerhalb des formalen Staatsapparates steht. Sie ist in Form einer Pyramide organisiert, an deren Spitze das Staatsoberhaupt und dessen engste Vertraute stehen. Unterhalb der Spitze existieren mehrere, breiter werdende Ebenen: Die Träger staatlicher Ämter, Politiker und gesellschaftliche Autoritäten stehen im oberen Bereich, kleine Geschäftsleute, Funktionäre und einfache Bürger im unteren Bereich. Zwischen den Ebenen existieren quasi-feudale Beziehungen zwischen Patronen und Klienten.

Der Schattenstaat dient der Produktion politischer Loyalität: Der Patron erkauft sich die Gefolgschaft des Klienten durch seine Protektion und Gunst, d.h. indem er ihm wirtschaftliche, politische oder soziale Vorteile verschafft. Um das gesamte, sich immer weiter verzweigende Netzwerk mit den notwendigen Ressourcen auszustatten, werden zunehmend Mittel aus dem formellen Staatsapparat abgezogen und zum Unterhalt des Schattenstaates verwendet.

Am Ende dieser Entwicklung steht einem voll ausgebildeten Schattenstaat ein ausgehöhlter formeller Staat gegenüber, der nur noch als Fassade für die tatsächlichen informellen Machtstrukturen dient. Die Aufrechterhaltung juristischer Staatlichkeit ist jedoch für die Funktionsweise des Schattenstaates essenziell. Durch sie erhält der Staat internationale Hilfszahlungen und kann auf den Weltmärkten Rohstoffe verkaufen und Abbaukonzessionen vergeben. Die aus diesen Aktivitäten erzielten Renten stellen die zentrale Einnahmequelle für den Schattenstaat dar, da sie direkt an die politische Zentrale gezahlt werden, von wo sie in den Schattenstaat fließen. Auf diesem Wege führt die Ausweitung des Schattenstaates zu einem Rückgang formalstaatlicher Leistungen und dadurch zu einem Verlust an staatlicher Legitimität, was wiederum den Staat als Ganzes untergräbt.

Die Stabilität des Schattenstaats hängt von einem stetigen Zufluss an Renten ab, um die in der Struktur verbundenen Interessen zusammenzuhalten. Können diese nicht mehr ausreichend bedient werden, entstehen politische Fliehkräfte, die den Schattenstaat zerreißen und das Regime seiner letzten Institution berauben, über die es noch politische Herrschaft durchsetzen konnte. Dem Zerfall des Staates folgt also nach einer gewissen Zeitspanne (die unter Umständen auch sehr lang sein kann, vgl. Reno 2000, S. 47) der Zerfall der schattenstaatlichen Struktur, die sich hinter der formalstaatlichen Fassade verbarg, was wiederum mit gewalttätigen Konflikten einhergeht.

Ein Schattenstaat ist aufgrund seiner verborgenen Natur empirisch nur schwer festzustellen, weist jedoch gewisse Begleiterscheinungen auf. Zu diesen gehören eine auf persönlichen Bindungen basierende Rekrutierung von staatlichem Personal (aus Familie, Clan oder Ethnie), die Verwendung staatlicher Ressourcen für privat-politische Ziele (in Form von Zahlungen an politische Klienten zur Produktion von Loyalität), Korruption, Veruntreuung und Unterschlagung staatlicher Mittel, ein sinkendes staatliches Angebot öffentlicher Güter sowie eine schlechte Bezahlung staatlicher Angestellter (Lehrer, Polizisten, Verwaltungsbeamte). Schattenstaatlichkeit führt außerdem zu einer Rentenabhängigkeit des politischen Systems und geht oft mit einer lang andauernden Stabilität autoritärer Systeme bzw. einer langen Regierungszeit einzelner Personen sowie einer gewaltsamen Repression der Opposition einher.

Reno hat das Konzept des Schattenstaates anhand seiner Beobachtung verschiedener Regime in Westafrika entwickelt. Ein typisches Beispiel ist das Regime von Siaka Stevens, der zwischen 1967 und 1985 in Sierra Leone herrschte. Zunächst demokratisch gewählt, installierte Stevens während der 1970er Jahre ein Einparteiensystem, in dem ihm nahezu unbegrenzte Kompetenzen zufielen. Das widerspenstige Militär brachte er unter seine Kontrolle, indem er Führungspositionen systematisch mit Parteiloyalisten aus seiner Heimatregion besetzte. Politische Gegner wurden ins Parlament berufen, um sie ins Patronagenetzwerk des Regimes einzubeziehen und somit gefügig und erpressbar zu machen. Stevens stilisierte sich als „Pa Siakie", den Vater der Nation. Finanziert wurde seine Herrschaft durch den Diamantenabbau. Stevens hatte einem Netzwerk libanesischer Händler geholfen, die Kontrolle über diesen Abbau zu gewinnen, und erhielt dafür die notwendigen Ressourcen, um seine Herrschaft abzusichern. Angesichts einer sich verschlimmernden Wirtschaftskrise übergab Stevens 1985 die Amtsgeschäfte eines weitgehend handlungsunfähigen Staatswesens an Joseph Momoh, seinen Armeechef, behielt jedoch die Kontrolle über das Diamantengeschäft für sich. Momoh versuchte daraufhin gleichzeitig, Stevens' Schattenstaat durch einen eigenen zu ersetzen und den Staatsapparat durch eine IWF-verordnete Austeritätspolitik wieder handlungsfähig zu machen, ohne dabei seine eigenen Privilegien zu gefährden. Dieser Drahtseilakt scheiterte, was eine der Hauptursachen für die dramatische Entwicklung des sierraleonischen Bürgerkrieges (1991-2001) und den späteren Staatskollaps war.

P3:	Starke informelle politische Strukturen (INFORMAL)
P4:	Ein personalistisches Regime (PERSONAL_RULE)

4.1.4 Regimetyp

Einige Forscher weisen auf einen möglichen Zusammenhang zwischen autokratischer Herrschaft und Staatszerfall hin (Gros 1996). Demnach existieren in Autokratien häufiger als in Demokratien neopatrimoniale Herrschaftspraktiken. Diktatoren würden durch einen personenbezogenen Herrschaftsstil formelle staatliche Strukturen zerstören oder behindern. Diese Prozesse würden einen Legitimationsverlust bewirken, dem der Staat bzw. der Diktator zunehmend mit Repressionen begegnen muss. Die Dynamik der daraus entstehenden Konflikte führt zu Staatszerfall. Dazu passt auch die Beobachtung, dass keiner der 15 afrikanischen Staaten, die im Failed States Index am schlechtesten abschneiden, von Freedom House als „frei" eingestuft wird (Kraxberger 2007, S. 1059). So argumentiert Mehler, „dass die Fundamente der Staatlichkeit während jahrelanger autokratischer Herrschaftsausübung erodieren" (Mehler 1996, S. 205). Darüber hinaus beinhalten eine Reihe von Studien die implizite Annahme, dass demokratische Staaten stabiler sind als Autokratien. Beispielsweise definieren die Studien von Rotberg (2003, 2004) und Schneckener (2004, 2006a) demokratische Partizipation als notwendige Bedingung von Staatlichkeit oder zumindest als stabilisierenden Faktor.

Im Gegensatz dazu gehen einige Forscher davon aus, dass vielmehr hybride Regime (Anokratien, Partialdemokratien) Staatszerfall befördern bzw. Regimetransformation eine Ursache für Staatszerfall darstellt. Mit dieser These hat sich insbesondere die State Failure Task Force bzw. Political Instability Task Force (SFTF/PITF) hervorgetan. Diese Arbeitsgruppe versucht seit 1994, „Begleiterscheinungen" (Esty et al. 1995, S. iii) von Staatszerfall zu identifizieren, um dadurch eine Frühwarnung mit bis zu zwei Jahren Vorlauf zu ermöglichen. Die SFTF konnte jedoch für den Zeitraum 1954-1994 weniger als 20 Fälle von Staatszerfall im engeren Sinne identifizieren, was keine ausreichende Grundlage für die avisierten quantitativen Methoden darstellte. Daher wurde das Konzept des Staatszerfalls ausgeweitet, um vier verschiedene Krisentypen zu umfassen: revolutionäre Kriege, ethnische Kriege, umkämpfte Regimewechsel sowie Genozide bzw. Politizide (Esty et al. 1995, S. 1). Dieser inhaltlichen Ausweitung trug die SFTF 2003 Rechnung, indem sie sich in Political Instability Task Force umbenannte (Bates et al. 2003), wobei sie die weite Definition ihrer abhängigen Variable beibehielt.

Über die Jahre hat die SFTF/PITF vier große Berichte sowie Bestandteile eines fünften Reports veröffentlicht, worin sie ihre Fortschritte in der Vorhersage politischer Instabilität dokumentiert (Bates et al. 2003; Esty et al. 1998; Esty et al. 1995; Goldstone et al. 2010; Goldstone et al. 2005; Goldstone et al. 2000). Die Zusammensetzung des „globalen Modells" der Task Force variierte von Stadium zu Stadium leicht, wobei u. a. die Kindersterblichkeitsrate, laufende Gewaltkonflikte in Nachbarländern sowie die staatliche Diskriminierung einzelner Gemeinschaften zu den aussagekräftigsten Variablen gehörten. Lange Zeit waren auch hybride Regime ein wichtiger Bestandteil dieses globalen Modells, also Staaten, die sowohl demokratische als auch autokratische Eigenschaften aufweisen (Esty et al. 1998, S. 9; Goldstone et al. 2005, S. 35). Eine genauere Spezifikation der Variablen führte zu der überarbeiteten Hypothese, dass Staaten, die sich in einem Transformationsprozess des politischen Systems befinden, eher vom Phänomen Staatszerfall betroffen sind als Demokratien und Autokratien (Goldstone et al. 2005, S. 35). Diese Annahme wird durch empirische Arbeiten aus dem Bereich der Kriegsursachenforschung bestätigt. Die Beziehung zwischen Demokratisierungsgrad eines Staates und dessen Konfliktpotenzial kann als invertierte U-Kurve veranschaulicht werden. Jegliche Form des Regimewechsels erhöht zunächst das Konfliktpotenzial einer Gesellschaft. Erst wenn es gelingt, demokratische Strukturen zu konsolidieren, nimmt das Konfliktpotenzial wieder ab (Hegre et al. 2001; kritisch Vreeland 2008).

Die SFTF/PITF hat in ihrer letzten Phase außerdem Fortschritte erzielt, indem sie Variablen in ihre Teilkonzepte desaggregierte, was genauere Aussagen über die angenommene Kausalität ermöglicht. Dabei stellte sie fest, dass partielle Demokratien, in denen die Politik durch auf partikularistischen Identitäten basierende Gruppen geprägt ist (Faktionalismus), ein besonders hohes Instabilitätsrisiko aufweisen. In diesen politischen Systemen agieren stark polarisierte politische Akteure in einem relativ offenen politischen Wettbewerb: „In short, by far the worst situation in terms of risks of instability were for a political landscape that combined deeply polarized or factionalized competition with open contestation. The combination of a winner-take-all, parochial approach to politics with opportunities to compete for control of central state authority represents a power keg for political crisis" (Goldstone et al. 2005, S. 20).

> P5a: Autokratisches Regime (REGIME)
> P5b: Hybrides Regime (REGIME)
> P5c: Hybrides Regime mit Faktionalismus (REGIME * FACTIONAL)

4.1.5 Fragmentierung des politischen Systems durch Eskalation von Machtkämpfen

Ein alternatives Erklärungsmodell von Lambach (2009) führt Staatskollaps auf die Eskalation von Machtkämpfen und die daraus resultierende Fragmentierung des politischen Systems zurück. Mit dem Begriff des Machtkampfes sind Konflikte zwischen politischen Kräften gemeint, die sich um die Frage der Verteilung bzw.

des Zugangs zu staatlicher Macht drehen, entweder im Rahmen eines bestehenden Regimes oder im Versuch, das herrschende Regime durch ein anderes zu ersetzen. Die Dynamik dieser Machtkämpfe ist jedoch in der Hinsicht besonders, dass sich keine Partei bzw. keine stabile Koalition von Parteien durchsetzen und die Kontrolle über den Staat erringen kann.

Die Fragmentierung des politischen Systems hat drei notwendige Elemente. Das erste dieser Elemente ist die Polarisierung der politisch aktiven Gruppen. Polarisierung bedeutet eine Verschärfung der Gegensätze und eine Minimierung der Gemeinsamkeiten zwischen den Gruppen, sodass sich verfeindete Lager bilden. Das zweite Element, eine relativ gleiche Verteilung der Machtressourcen zwischen diesen Lagern, sorgt für eine politische Pattsituation. Eine derartige Situation ist inhärent instabil, da bei einer Gleichverteilung von Ressourcen schnell eine Partei ihre Position überschätzt, was sie zur Eskalation des Konflikts ermutigt. Das dritte und letzte Element ist die Militarisierung der Gruppen, die einen gewalttätigen Konflikt erst ermöglicht.

P6:   Fragmentierung des politischen Systems (POLAR * MILIT * POWER_PROP)

4.1.6   Transition

Jenseits der Theorien über die Wirkung des Regime*typs* verweisen manche Beiträge auch auf die Risiken, die von Regime*wandel* ausgehen können. Dies ist in der Bürgerkriegsforschung bereits seit langem Konsens (Cederman et al. 2010), eine ähnliche Logik lässt sich auch für Staatskollaps konstruieren (Zulueta-Fülscher 2014). So argumentiert Bates (2008a, S. 8-9), dass sich autoritäre Herrscher durch Demokratisierungsforderungen bedroht fühlen und repressive und zerstörerische Taktiken einsetzen, um die Opposition zu behindern. Dies verhärtet den Widerstand gegen das Regime und drängt Dissidenten zum bewaffneten Kampf. Ähnlich warnt Collier vor den Risiken einer Demokratisierung: „[Democratization] might at best be a two-edged sword, introducing the possibility of accountability but at the price of a greater risk of large-scale political violence" (Collier 2009, S. 233). Es ist außerdem möglich, dass Transitionen in fragilen Staaten anders ablaufen als in nicht-fragilen Umgebungen: So argumentiert Lambach (2013) am Beispiel von Ägypten und Libyen, dass das Scheitern von Demokratisierungsprozessen in konsolidierten Staaten zum Wiedererstarken der Autokratie, in fragilen Staaten aber zu Bürgerkrieg und Staatskollaps führt.

> P7: Ein Wandel des politischen Systems (TRANSITION)

4.1.7 Repressive Ethnokratie

Laut Bates (2008a, S. 6) ist die repressive Herrschaft durch eine ethnische Minderheit ein Risikofaktor. Er argumentiert, dass die Minderheitsregierung aufgrund der strukturellen Mehrheit ihrer Opposition in einer verwundbaren Position ist. Wenn das Regime Repression einsetzt, wird dies die gesellschaftliche Spaltung vertiefen und Unzufriedenheit unter den anderen, von der Macht ausgeschlossenen Ethnien schüren, was diese letztlich zur Mobilisierung gegen den Staat motivieren kann.

> P8: Sehr repressive Herrschaft einer ethnischen Minderheit (ETH_MIN_RULE * REPRESSION)

4.2 Wirtschaftliche Faktoren

In Ulrich Schneckeners Modell der „Dynamik wirtschaftlicher Krisen" erfolgt die Erosion staatlicher Strukturen vornehmlich aufgrund von sozioökonomischen Problemen, wie Ressourcenmangel, Rentenökonomie, fehlender Modernisierung, Misswirtschaft oder externen wirtschaftlichen Schocks. Die Folge ist eine ungleiche Einkommens- und Vermögensentwicklung, steigende Arbeitslosigkeit, Verarmung der Bevölkerung, Zunahme der Schattenwirtschaft und eine Perspektivlosigkeit insbesondere bei jungen Menschen (Schneckener 2006a, S. 359). Aus dieser Dynamik heraus entstehen Verteilungskämpfe um Ressourcen, die zum Kollaps des Staates führen. Büttner beschreibt diesen Prozess wie folgt: „Wenn eine soziale Gruppe erfolgreich versucht, die wichtigsten Ressourcen (d. h. vor allem Rohstoffe) des Staates unter eigene Kontrolle zu bringen und hierdurch andere Teile der Bevölkerung soweit ausschließt, dass sie in ihrer Existenz bedroht werden (wie z. B. in Somalia nach 1990), gerät das fragile Gleichgewicht vieler Entwicklungsländer aus der Balance. Gehen Kämpfe um Ressourcen bzw. deren Monopolisierung über das akzeptierte Maß materieller Vorteilnahme hinaus, wird der sozio-ökonomische Status Quo in einem Staat oft gesprengt. Benachteiligte Gruppen sehen angesichts einer solchen Entwicklung keine andere Wahl als sich (häufig mit Waffengewalt) zur Wehr zu setzen" (Büttner 2004b, S. 2-3).

Diese Art von Theorien sind weit verbreitet und eng mit Theorien über Neo-patrimonialismus und Klientelismus verbunden (vgl. Kap. 4.1.1). Allerdings sind auch Annahmen über *Rent-Seeking* nur schwer überprüfbar. Daher greifen wir bei den wirtschaftlichen Risikofaktoren, ähnlich wie bei den politischen Faktoren, spezifischere Theorien auf, die konkretere Aussagen über Kollapsursachen treffen.

Beispielsweise beschreibt Allen (1999) eine Spirale der „terminal spoils", wonach auf Renten basierte Systeme durch den Rückgang von Einnahmen in eine tiefe Krise geraten. Hier fehlen der Regierung die notwendigen Mittel, um sich weiterhin die Loyalität einflussreicher Verbündeter zu erkaufen, was letztlich zur Zersplitterung der Regimekoalition führt.

W1: Rückgang der Staatseinnahmen in einem Rentierstaat (GOV_REV * PER-SONAL_RULE * INFORMAL)

Über den Einfluss von Ressourceneinnahmen auf die Stabilität eines politischen Systems gibt es entgegengesetzte Erwartungen. Einerseits besagt das Argument des Ressourcenfluchs, dass ressourcenreiche Staaten schlechtere Entwicklungserfolge und höhere Gewaltrisiken aufweisen als weniger reichhaltig ausgestattete Gesell-schaften. Andererseits verweisen Basedau und Lay (2009) zurecht darauf, dass dieser Zusammenhang lediglich in ärmeren Ländern wie Angola, Nigeria oder Venezuela zu existieren scheint – Ölstaaten mit einem hohen Pro-Kopf-Einkom-men wie Norwegen, Kuwait, Saudi-Arabien und Brunei sind dagegen sehr stabil.

Ein weiteres Argument der Rentierstaatstheorie lautet, dass Regierungen in ressourcenreichen Ländern keinen Anreiz haben, ein funktionierendes Staatswesen aufzubauen, da sie keine staatliche Verwaltung zur Mobilisierung von Ressourcen (z. B. ein Steuerwesen) benötigen (Bates 2008b). Des Weiteren sind einseitig auf Primärgüterexporte ausgerichtete Ökonomien anfällig gegenüber Preisschwan-kungen auf dem Weltmarkt, insbesondere wenn es sich dabei um Rentierstaaten handelt (Debiel 2005, S. 2).

W2a: Hoher Anteil von Primärgüterexporten relativ zum BIP (PRIM_COMM_EXP)

W2b: Hoher Anteil von Primärgüterexporten relativ zum BIP und niedriges Pro-Kopf-Einkommen (PRIM_COMM_EXP * INCOME)

4.3   Sozialstrukturelle und kulturelle Faktoren

4.3.1   Demografische Faktoren

Spezifische demographische Konstellationen werden in der Forschung als Ursachen von Staatszerfall diskutiert. Im Phase III-Bericht der SFTF wurde etwa eine Korrelation zwischen Staatszerfall und hoher Bevölkerungsdichte festgestellt: „This analysis also found that total population and population density had a moderate relationship to state failure. Countries with larger populations and higher population density had 30-percent and 40-percent greater odds of state failure, respectively" (Goldstone et al. 2000, S. vi).

S1:   Hohe Bevölkerungsdichte (POP_DENSITY)

Einen ähnlichen Befund liefert auch Schneckener, der zudem noch die Gefahren eines hohen Anteils von Jugendlichen an der Gesamtbevölkerung (youth bulge) thematisiert: „Gleichzeitig sind in einigen Fällen demographische Entwicklungen wie hohe Geburtenraten, ein wachsender Anteil von Jugendlichen [...] absehbar oder schon akut, die das politische und ökonomische System vor erhebliche Herausforderungen stellen oder stellen werden" (Schneckener 2006a, S. 357). Dies äußert sich in mangelnden Bildungs- und Arbeitsmarktchancen für Jugendliche, was zu sozialen Spannungen und mittelbar zu politischer Instabilität beiträgt.

S2:   Hoher Anteil von Jugendlichen an der Gesamtbevölkerung („youth bulge") (YOUTH)

Viele Forscher gehen auch davon aus, dass die multiethnische Zusammensetzung einer Gesellschaft das Konfliktrisiko erhöht und die Steuerungskapazitäten schwacher Staaten überfordert (Schneckener 2006a, S. 356-357). Dies wird i. d. R. als Folge des Kolonialismus gesehen, der durch die zum Teil willkürliche Grenzziehung die Existenz von Staaten mit multiplen Ethnien erst verursacht hatte (Hentz 2004, S. 145). Nach Bates (2008a, S. 8) führt die multiethnische Zusammensetzung einer Gesellschaft nicht per se zu einem höheren Risiko von Staatszerfall, stattdessen geht er davon aus, dass die Kombination aus multiethnischer Gesellschaft und Minderheitenherrschaft, welche den Faktor Angst/Einschüchterung als prägende Herrschaftsform nutzt, das Staatszerfallrisiko erhöht (abgebildet im Risikofaktor P8, vgl. Kap. 4.1.7).

4.3.2 Historische Entwicklung politischer Organisation

Eine alternative Erklärung der Instabilität vieler postkolonialer Staaten lautet, dass dort die politischen Institutionen nicht ausreichend in der Gesellschaft verankert sind bzw. dass diese Gesellschaften keine ausreichend langen Erfahrungen mit zentralstaatlicher Herrschaft besitzen. In diesem Zusammenhang wird auch oft behauptet, dass das Vorhandensein vorkolonialer *Polities* einen wichtigen stabilisierenden Faktor für postkoloniale Staaten darstelle (Gennaioli und Rainer 2007). Ein Vergleich südostasiatischer und afrikanischer Gesellschaften unterstreicht die Plausibilität dieser These. In Südostasien gab es mehrere Reiche und Königtümer (Khmerreich, Siam, Vietnam etc.), die heute eine wichtige Rolle für Nationenbildung und öffentliche Mobilisierung in den verschiedenen Ländern der Region spielen. In Afrika war durch die geringe Bevölkerungsdichte die Bildung größerer Reiche schwierig (Herbst 2000). Untertanen konnten sich einem Herrscher relativ leicht durch Migration entziehen, so dass die Zahl größerer *Polities* relativ gering blieb. Die wenigen Ausnahmen (z. B. die Reiche von Songhay, Mali und Zimbabwe) lagen zumeist in der älteren Vergangenheit und eignen sich daher weniger als Anknüpfungspunkte für nationale Mythen.

S3:	Das Fehlen einer einheimischen vorkolonialen oder vor-imperialen *polity* (POLITY)

4.3.3 Kolonialismus und Dekolonisierung

Einige Autoren sehen mögliche Gründe für Staatszerfall in der Gründungswelle junger Staaten seit dem Ende des Zweiten Weltkriegs. Im Zuge der Dekolonisierungswelle der Nachkriegszeit sei die Frage nach der Funktionstüchtigkeit neuer Staaten überdeckt worden durch die Forderung nach dem Recht auf Selbstbestimmung (Clapham 2002, S. 786; Helman und Ratner 1992; Hentz 2004, S. 145-146). Diese Erklärung folgt der von Jackson und Rosberg beschriebenen Trennung zwischen empirischer und juristischer Staatlichkeit (Jackson und Rosberg 1986). Demnach verdanken viele postkoloniale Staaten ihre Existenz und ihr Fortbestehen ausschließlich der völkerrechtlichen Anerkennung und nicht eigener staatlicher Leistungsfähigkeit.

Im Unterschied zu den langwierigen europäischen Staatsbildungsprozessen, die letztendlich den Staat als allgemein von den Bürgern anerkannte Institution hervorbrachten, ist es in den ehemaligen Kolonien nicht gelungen, den Staat als unabhängige Institution zu etablieren. Traditionale bzw. vorkoloniale Herrschaftsformen bestanden fort: „Der postkoloniale Staat [hat] es nicht vermocht [...], die vorkolonialen und kolonialen Häuptlingstümer zu entmachten, geschweige denn, sie zu zerschlagen. Die Schlüsselstellung, die sie im lokalen Rechtswesen und in der staatlichen Verwaltung dank ihres Zugangs zur lokalen Bevölkerung hatten, haben sie alle zentralistischen Stürme überstehen lassen" (von Trotha 2000, S. 270).

Für diese Hypothese sprechen drei Mechanismen: Erstens weisen postkoloniale Staaten zumeist ein Defizit staatlicher Kapazitäten auf. Zweitens sind dort traditionelle, nicht-staatliche Institutionen relativ stark, was den Aufbau staatlicher Leistungsfähigkeit behindert (Migdal 1988). Drittens führte der Kolonialismus dazu, dass die Idee des Staates in kolonialen Gesellschaften vornehmlich mit Repression in Verbindung gebracht wurde und somit wenig Akzeptanz erfuhr (Akude 2006, S. 22; Clapham 2004b, S. 84-85; von Trotha 2000, S. 261). Allerdings unterliegen diese Annahmen möglicherweise einem Selektionseffekt: Geht man davon aus, dass Staatsbildung ein langwieriger Prozess ist, hatten die besonders gefährdeten Staaten einfach weniger Zeit als die europäischen „Vorbilder" zur Entwicklung ihrer Kapazitäten.

Diese Thesen sind allerdings nicht durch einen Vergleich überprüfbar, da nahezu alle nicht-europäischen Staaten zu irgendeinem Zeitpunkt Kolonien waren. Für eine Untersuchung fehlt es letztendlich an Varianz, zumal es auch empirische Anzeichen gibt, die die Validität der Hypothese in Zweifel ziehen. So taucht mit Liberia einer der wenigen nie kolonisierten Staaten unter unseren Kollapsfällen auf; auch Äthiopien wäre beinahe als solcher eingestuft worden.

4.4 Internationale und regionale Faktoren

Gegenüber den internen Faktoren werden die Kollapsursachen, die außerhalb des betroffenen Staates liegen, eher selten thematisiert. Darüber hinaus werden zumeist eher strukturelle Variablen oder „Umweltfaktoren" berücksichtigt, weniger die Handlungen bestimmter externer Akteure, die – gezielt oder ungewollt – zu einem Staatskollaps beitragen.

4.4.1 Das Ende des Kalten Krieges und seine geopolitischen Folgen

Sehr viele Autorinnen und Autoren (Büttner 2004a, S. 66; Chojnacki 2000, S. 2; Crocker 2003, S. 35; Doornbos 2002, S. 803; Erdmann 2003, S. 272; Helman und Ratner 1992, S. 3ff.; Hentz 2004, S. 145-146; Kingston 2004, S. 1; Menzel 2001, S. 4;

van de Walle 2004, S. 108; Woodward 1999) sehen auch das Ende des Kalten Krieges als Ursache für Staatszerfall. Demnach endete nicht nur die Blockkonfrontation zwischen Ost und West, sondern zeitgleich auch die Hilfeleistungen der Großmächte an (potentielle) Verbündete in der „Dritten Welt". Da nun die finanzielle, militärische und politische Unterstützung der Großmächte wegfiel, brachen die zuvor künstlich am Leben gehaltenen Staaten reihenweise zusammen, wie u. a. Akude feststellt: „Because of the dependence of African states on external sources of revenue (foreign trade, foreign investment and foreign aid), the source of legitimacy was also foreign. Each bloc did everything possible to maintain their own African leaders in power even in the face of glaring evidences of loss of legitimacy by such leaders" (Akude 2006, S. 46).

Auch hier ist Liberia ein passendes Beispiel. Das seit 1980 herrschende Doe-Regime konnte sich lange Zeit auf die unbedingte Unterstützung der USA verlassen, für die es ein wichtiger Verbündeter im Kalten Krieg war. Mit dessen Ende traten jedoch die Misswirtschaft und die verbreiteten Menschenrechtsverletzungen seitens des Regimes deutlich in den Vordergrund, so dass die USA ab 1988 keine neuen Hilfsgelder mehr zusagten. Damit war Does Klientelsystem unter großen Druck geraten und begann bereits zu bröckeln, ehe es nach der Rebellion von Charles Taylors National Patriotic Front of Liberia 1989-90 die Kontrolle über 90 % seines Staatsgebietes verlor.

> I1: Nachlassende Entwicklungs- oder Militärhilfe durch internationale Sponsoren (AID)

Auf einer systemischen Ebene argumentiert Desch (1996), dass externe Bedrohungen die nationale Kohäsion stärken können, z. B. durch den bekannten „rally ´round the flag"-Effekt. Sobald die externe Bedrohung nachlässt, verliert das Regime eine wichtige Begründungshilfe für seine Forderungen nach Einheit und Gefolgschaft. Bislang unterdrückte politische Spaltungen können sich dann zu manifesten Konflikten ausweiten, die an den Grundfesten des Staates rütteln.

> I2: Eine nachlassende externe Bedrohung (EX_THREAT)

4.4.2 Globalisierung

Ein anderer Ansatz versucht einen Zusammenhang von Staatszerfall und Strukturveränderungen der Weltwirtschaft, insbesondere dem Prozess der Globalisierung, nachzuweisen. Aufgrund der Tatsache, dass private Akteure (z. B. Unternehmen), transnational agierende NGOs (Clapham 1998, S. 149) und supranationale Organisationen zunehmend staatliche Funktionen wahrnehmen, sehen manche Forscher wie z. B. Doornbos eine generelle Legitimitätsverlagerung von staatlichen zu supranationalen und transnationalen Akteuren: „The rapidly changing global context, characterized by the drive towards economic liberalization and privatization, the pursuit of global market relations, the propagation of the rolling back of the state, the demanding role of the international financial institutions, and related features such as the global communications transformation, can certainly be viewed as offering a mega explanation of sorts, setting global preconditions, for various recent instances of state collapse" (Doornbos 2002, S. 803). Diese Sichtweise ist relativ weit verbreitet (Kingston 2004, S. 1; Kostovicova und Bojicic-Dzelilovic 2009; Woodward 1999), wird aber teils auch kritisiert (Betz 2007).

Versteht man Globalisierung im Sinne einer Offenheit für internationalen Handel, kann man auch die Gegenhypothese aufstellen, nämlich dass eine hohe Import- und Exportquote den gesellschaftlichen Wohlstand steigert und das Risiko eines Staatskollaps senkt. Der Faktor „Handelsoffenheit" war lange Zeit in den Modellen der SFTF/PITF enthalten, ist jedoch in den jüngsten Berichten nicht mehr vorhanden. Dennoch scheint es angemessen, diese Hypothese nicht *a priori* zu verwerfen.

I3a: Ein hoher Anteil von Exporten und Importen relativ zum BIP (TRA-DE_OPEN)

I3b: Ein niedriger Anteil von Exporten und Importen relativ zum BIP (TRA-DE_OPEN)

In diesem thematischen Kontext werden oft den Strukturanpassungsprogrammen (SAP) der internationalen Finanzinstitutionen eine schwächende Wirkung auf die staatlichen Steuerungsfähigkeiten der Empfängerländer zugeschrieben (Clapham 2002, S. 792; Erdmann 2003, S. 272; Hippler 2005, S. 5; van de Walle 2004, S. 112). So schreibt Ruf: „Auch die Folgen der Strukturanpassungspolitik des Internationalen Währungsfonds, die ganz im Sinne des Neo-Liberalismus immer wieder den Abbau öffentlicher Leistungen forderte, dürfte ihren Teil zum Schwinden hoheitlicher Kompetenzwahrnehmung der Staaten beigetragen haben" (Ruf 2003, S. 34).

I4: Strukturanpassungsprogramme (SAP)

Im Gegensatz zu Ruf argumentieren Bussmann und Schneider (2007), dass nicht die Durchführung eines SAP *per se* den Staat destabilisiert. Ihrer Ansicht nach haben auch andere Liberalisierungsprogramme potenziell destabilisierende Effekte, indem sie Vetospieler schlechter stellen, die sich daraufhin gegen den Staat wenden.

I5: Wirtschaftliche Liberalisierung (LIBERAL)

4.4.3 „Bad Neighborhoods"

Manche Arbeiten gehen davon aus, dass regionale Instabilität bzw. Bürgerkriege im regionalen Umfeld *spillover*-Effekte erzeugen, d. h. dass sich politische Krisen und Konflikte in Nachbarstaaten negativ auf die Stabilität eines Staates auswirken (Schneckener 2006a, S. 358-359). Demnach führen Bürgerkriege in Nachbarstaaten zur Einschränkung von Handels- und Wirtschaftsbeziehungen, zu Flüchtlingsströmen, zu Kapitalflucht und zu militärischen Übergriffen, was wichtige Herrschaftskapazitäten fragiler Staaten bindet oder erodiert (Schneckener 2006a, S. 358).

Die State Failure Task Force konnte einen signifikanten Zusammenhang zwischen politischer Instabilität und Konflikten in Nachbarstaaten nachweisen. Im Modell der Task Force wurden Staaten dahingehend unterschieden, ob vier oder mehr bewaffnete Konflikte in Nachbarstaaten im Analysejahr existierten oder weniger (Goldstone et al. 2005, S. 22). In früheren Modellen wurde bereits eine Signifikanz bei zwei oder mehr Konflikten festgestellt. Lambach (2008) legt ein analoges Argument für die regionalen Effekte von Staatszerfall dar.

Zu den bekanntesten Beispielen dieses Zusammenhangs gehört Liberia, dessen Bürgerkriege (1989-1996, 2000-2003) massiv zur Destabilisierung der Nachbarländer Sierra Leone, Guinea und Elfenbeinküste beitrug. Erstens mussten diese jeweils sechsstellige Zahlen von Flüchtlingen aufnehmen und versorgen. Zweitens entspannen sich transnationale Allianzen zwischen liberianischen Kriegsparteien mit Regierungen und Rebellen der Nachbarstaaten. Drittens waren die Nachbarländer wichtige Knotenpunkte in der liberianischen Kriegswirtschaft – beispielsweise verkauften liberianische Rebellen sierra-leonische Diamanten über die Elfenbeinküste ins Ausland, um damit ein UN-Handelsembargo zu umgehen.

I6: Bürgerkrieg in einem Nachbarland (N_CIV_WAR)
I7: Staatskollaps in einem Nachbarland (N_COLLAPSE)

4.5 Übersicht der Risikofaktoren

In Tabelle 4.1 sind die im Text hervorgehobenen Risikofaktoren sowie deren Umsetzung in QCA-Bedingungen nochmals aufgelistet.

Tab. 4.1 Risikofaktoren und Bedingungen

Risikofaktoren		Bedingung(en)
P1:	Systematische Behinderung der Verwaltung durch die herrschende Elite	BUR_OBSTR
P2:	Systematische Behinderung des Gewaltmonopols durch die herrschende Elite	SEC_OBSTR UND UNOFF_MILITIA
P3:	Starke informelle politische Strukturen	INFORMAL
P4:	Ein personalistisches Regime	PERSONAL_RULE
P5a:	Autokratisches Regime	REGIME
P5b:	Hybrides Regime	
P5c:	Hybrides Regime mit Faktionalismus	REGIME UND FACTIONAL
P6:	Fragmentierung des politischen Systems	POLAR UND MILIT UND POWER_PROP
P7:	Ein Wandel des politischen Systems	TRANSITION
P8:	Sehr repressive Herrschaft einer ethnischen Minderheit	ETH_MIN_RULE UND REPRESSION
W1:	Rückgang der Staatseinnahmen in einem Rentierstaat	GOV_REV UND PERSONAL_RULE UND INFORMAL
W2a:	Hoher Anteil von Primärgüterexporten relativ zum BIP	PRIM_COMM_EXP
W2b:	Hoher Anteil von Primärgüterexporten relativ zum BIP und niedriges Pro-Kopf-Einkommen	PRIM_COMM_EXP UND INCOME
S1:	Hohe Bevölkerungsdichte	POP_DENSITY
S2:	Hoher Anteil von Jugendlichen an der Gesamtbevölkerung („youth bulge")	YOUTH
S3:	Das Fehlen einer einheimischen vorkolonialen oder vor-imperialen *polity*	POLITY
I1:	Nachlassende Entwicklungs- oder Militärhilfe durch internationale Sponsoren	AID
I2:	Eine nachlassende externe Bedrohung	EX_THREAT

Risikofaktoren		Bedingung(en)
I3a:	Ein hoher Anteil von Exporten und Importen relativ zum BIP	TRADE_OPEN
I3b:	Ein niedriger Anteil von Exporten und Importen relativ zum BIP	
I4:	Strukturanpassungsprogramme	SAP
I5:	Wirtschaftliche Liberalisierung	LIBERAL
I6:	Bürgerkrieg in einem Nachbarland	N_CIV_WAR
I7:	Staatskollaps in einem Nachbarland	N_COLLAPSE

Literatur

Akude, J. E. (2006). *Historical Imperatives for the Emergence of Development and Democracy: A Perspective for the Analysis of Poor Governance Quality and State Collapse in Africa.* Arbeitspapiere zur Internationalen Politik und Außenpolitik 1/2006. Köln: Universität zu Köln.

Allen, C. (1995). Understanding African Politics. *Review of African Political Economy*(65), 301-320.

Allen, C. (1999). Warfare, Endemic Violence and State Collapse in Africa. *Review of African Political Economy, 26*(81), 367-384.

Basedau, M., & Lay, J. (2009). Resource Curse or Rentier Peace? The Ambiguous Effects of Oil Wealth and Oil Dependence on Violent Conflict. *Journal of Peace Research, 46*(6), 1-20.

Bates, R. H. (2005). *Political Insecurity and State Failure in Contemporary Africa* (Bd. 115). Harvard: Center for International Development.

Bates, R. H. (2008a). State Failure. *Annual Review of Political Science, 11*, 1-12.

Bates, R. H. (2008b). *When Things Fell Apart: State Failure in Late-Century Africa.* Cambridge: Cambridge University Press.

Bates, R. H., Epstein, D. L., Goldstone, J. A., Gurr, T. R., Harff, B., Kahl, C. H., Knight, K., Levy, M. A., Lustik, M., Marshall, M. G., Parris, T. M., Ulfelder, J., Woodward, M. R. (2003). *Political Instability Task Force Report: Phase IV Findings.* McLean: Science Applications International Corporation.

Bayart, F., Ellis, S., & Hibou, B. (1999). *The Criminalization of the State in Africa.* Oxford: James Currey.

Beblawi, H., & Luciani, G. (Hrsg.). (1987). *The Rentier State.* London: Croom Helm.

Beck, M. (2007). Der Rentierstaats-Ansatz und das Problem abweichender Fälle. *Zeitschrift für internationale Beziehungen, 14*(1), 41-68.

Betz, J. (2007). Staatlichkeit von Entwicklungsländern: Ein Beitrag zur Debatte. *Zeitschrift für Politikwissenschaft, 17*(3), 735-757.

Bussmann, M., & Schneider, G. (2007). When Globalization Discontent Turns Violent: Foreign Economic Liberalization and Internal War. *International Studies Quarterly, 51*(1), 79-97.

Bussmann, M., Schneider, G., & Wiesehomeier, N. (2005). Foreign Economic Liberalization and Peace: The Case of Sub-Saharan Africa. *European Journal of International Relations, 11*(4), 551-579.

Büttner, A. (2004a). *Staatszerfall als neues Phänomen der internationalen Politik: Theoretische Kategorisierung und empirische Überprüfung.* Marburg: Tectum.

Büttner, A. (2004b). *Wenn Chaos regiert: Staatszerfall in Entwicklungsländern: Ursachen, Folgen und Regulierungsmöglichkeiten.* Arbeitspapier Nr. 125. Sankt Augustin: Konrad-Adenauer-Stiftung.

Buzan, B. (1991). *People, States and Fear, 2nd edition.* New York: Harvester Wheatsheaf.

Carment, D., Samy, Y., & Prest, S. (2008). State Fragility and Implications for Aid Allocation: An Empirical Analysis. *Conflict Management and Peace Science, 25*(4), 349-373.

Cederman, L.-E., Hug, S., & Krebs, L. F. (2010). Democratization and civil war: Empirical evidence. *Journal of Peace Research, 47*(4), 377-394.

Chabal, P., & Daloz, J.-P. (1999). *Africa Works: Disorder as Political Instrument.* London: James Currey.

Chojnacki, S. (2000). *Anarchie und Ordnung: Stabilitätsrisiken und Wandel internationaler Ordnung durch innerstaatliche Gewalt und Staatenzerfall.* Paper presented at the Conference Internationale Risikopolitik, Berlin, 24.-25. November 2000. http://www.wz-berlin. de/~svencho/pdf/risiko-2000.pdf

Clapham, C. (1998). Degrees of Statehood. *Review of International Studies, 24*(2), 143-157.

Clapham, C. (2002). The Challenge to the State in a Globalized World. *Development and Change, 33*(5), 775-795.

Clapham, C. (2004a). *The Decay and Attempted Reconstruction of African Territorial Statehood.* University of Leipzig Papers on Africa, Politics and Economics Series No. 69. Leipzig: Universität Leipzig.

Clapham, C. (2004b). The Global-Local Politics of State Decay. In R. I. Rotberg (Hrsg.), *When States Fail: Causes and Consequences* (S. 77-93). Princeton, Oxford: Princeton University Press.

Collier, P. (2009). The Political Economy of State Failure. *Oxford Review of Economic Policy, 25*(2), 219-240.

Crocker, C. A. (2003). Engaging Failed States. *Foreign Affairs, 82*(5), 32-44.

Debiel, T. (2005). *Dealing with Fragile States: Entry Points and Approaches for Development Cooperation.* Discussion Paper on Development Policy Nr. 101. Bonn: Zentrum für Entwicklungsforschung.

Debiel, T., Klingebiel, S., Mehler, A., & Schneckener, U. (2005). *Zwischen Ignorieren und Intervenieren: Strategien und Dilemmata externer Akteure in fragilen Staaten.* Policy Paper Nr. 23. Bonn: Stiftung Entwicklung und Frieden.

Desch, M. C. (1996). War and Strong States, Peace and Weak States? *International Organization, 50*(2), 237-268.

DiJohn, J. (2002). *Mineral Resource Abundance and Violent Political Conflict: A Critical Assessment of the Rentier State Model.* Crisis States Working Paper Nr. 20. London: London School of Economics.

Doornbos, M. (2002). State Collapse and Fresh Starts: Some Critical Reflections. *Development and Change, 33*(5), 797-815.

Englebert, P. (1997). The Contemporary African State: Neither African Nor State. *Third World Quarterly, 18*(4), 767-775.

Englehart, N. A. (2007). Governments Against States: The Logic of Self-Destructive Despotism. *International Political Science Review, 28*(2), 133-153.

Erdmann, G. (2003). Apokalyptische Trias: Staatsversagen, Staatsverfall und Staatszerfall - strukturelle Probleme der Demokratie in Afrika. In P. Bendel, A. Croissant, & F. W. Rüb (Hrsg.), *Demokratie und Staatlichkeit: Systemwechsel zwischen Staatsreform und Staatskollaps* (S. 267-292). Opladen: Leske + Budrich.

Esty, D. C., Goldstone, J. A., Gurr, T. R., Harff, B., Levy, M., Dabelko, G. D., Surko, P.T., Unger, A. N. (1998). *State Failure Task Force Report: Phase II Findings.* McLean: Science Applications International Corporation.

Esty, D. C., Goldstone, J. A., Gurr, T. R., Surko, P. T., & Unger, A. N. (1995). *State Failure Task Force Report.* McLean: Science Applications International Corporation.

Frisch, H. (2002). Explaining Third World Security Structures. *Journal of Strategic Studies, 25*(3), 161-190.

Gennaioli, N., & Rainer, I. (2007). The modern impact of precolonial centralization in Africa. *Journal of Economic Growth, 12*(3), 185-234.

Goldstone, J. A., Bates, R. H., Epstein, D. L., Gurr, T. R., Lustik, M. B., Marshall, M. G., . . . Woodward, M. (2010). A Global Model for Forecasting Political Instability. *American Journal of Political Science, 54*(1), 190-208.

Goldstone, J. A., Bates, R. H., Gurr, T. R., Lustik, M., Marshall, M. G., Ulfelder, J., & Woodward, M. (2005). *A Global Forecasting Model of Political Instability.* Paper presented at the Annual Meeting of the American Political Science Association, Washington D.C.

Goldstone, J. A., Gurr, T. R., Harff, B., Levy, M. A., Marshall, M. G., Bates, R. H., . . . Unger, A. N. (2000). *State Failure Task Force Report: Phase III Findings.* McLean: Science Applications International Corporation.

Gros, J.-G. (1996). Towards a Taxonomy of Failed States in the New World Order: Decaying Somalia, Liberia, Rwanda and Haiti. *Third World Quarterly, 17*(3), 455-471.

Hegre, H., Ellingsen, T., Gates, S., & Gleditsch, N. P. (2001). Toward a Democratic Civil Peace? Democracy, Political Change, and Civil War, 1816-1992. *American Political Science Review, 95*(1), 33-48.

Helman, G. B., & Ratner, S. B. (1992). Saving Failed States. *Foreign Policy*(89), 3-20.

Hentz, J. J. (2004). State Collapse and Regional Contagion in Sub-Saharan Africa: Lessons for Zimbabwe. *Scientia Militaria, 32*(1), 143-156.

Herbst, J. (2000). *States and Power in Africa: Comparative Lessons in Authority and Control.* Princeton: Princeton University Press.

Hicken, A. (2011). Clientelism. *Annual Review of Political Science, 14*(1), 289-310.

Hippler, J. (2005). Failed States und Globalisierung. *Aus Politik und Zeitgeschichte*(28-29/2005), 3-5.

Howard, T. O. (2008). Revisiting State Failure: Developing a Causal Model of State Failure Based Upon Theoretical Insight. *Civil Wars, 10*(2), 125-146.

Hyden, G. (1983). *No Shortcuts to Progress.* London: Heinemann.

Iqbal, Z., & Starr, H. (2007). *State Failure: Conceptualization and Determinants.* Paper presented at the Annual Meeting of the Interational Studies Association, Chicago, 28. Februar – 2. März 2007.

Jackson, R. H., & Rosberg, C. G. (1986). Sovereignty and Underdevelopment: Juridical statehood in the African crisis. *Journal of Modern African Studies, 24*(1), 1-31.

Kingston, P. (2004). States-Within-States: Historical and Theoretical Perspectives. In P. Kingston & I. S. Spears (Hrsg.), *States-Within-States: Incipient Political Entities in the Post-Cold War Era* (S. 1-13). Houndmills: Palgrave Macmillan.

Koehler, J., & Zürcher, C. (2004). Der Staat und sein Schatten: Zur Institutionalisierung hybrider Staatlichkeit im Süd-Kaukasus. *Welt-Trends, 12*(45), 84-96.

Kostovicova, D., & Bojicic-Dzelilovic, V. (2009). State Weakening and Globalization. In D. Kostovicova & V. Bojicic-Dzelilovic (Hrsg.), *Persistent State Weakness in the Global Age* (S. 1-16). Farnham: Ashgate.

Kraxberger, B. M. (2007). Failed States: Temporary Obstacles to Democratic Diffusion or Fundamental Holes in the World Political Map? *Third World Quarterly, 28*(6), 1055-1071.

Lambach, D. (2008). *Staatszerfall und regionale Sicherheit*. Baden-Baden: Nomos.

Lambach, D. (2009). Warum kollabieren Staaten? In M. Bussmann, A. Hasenclever, & G. Schneider (Hrsg.), *Identität, Institutionen und Ökonomie: Ursachen innenpolitischer Gewalt. Sonderheft 43/2009 der Politischen Vierteljahresschrift* (S. 235-257). Wiesbaden: VS.

Lambach, D. (2013). Fragile Staatlichkeit – ein brauchbares Konzept zur Erklärung der Umbrüche in Nordafrika und Nahost? *Jahresheft Geopolitik 2012* (S. 30-36). Euskirchen: Amt für Geoinformationswesen der Bundeswehr.

Lektzian, D., & Prins, B. C. (2008). Taming the Leviathan: Examining the Impact of External Threat on State Capacity. *Journal of Peace Research, 45*(5), 613-631.

Mehler, A. (1996). Wie in Afrika regiert wird. *Der Bürger im Staat, 46*(3-4), 204-207.

Menzel, U. (2001). Der Zerfall der postkolonialen Staaten. *Aus Politik und Zeitgeschichte*(B 18-19/2001), 3-5.

Migdal, J. S. (1988). *Strong Societies and Weak States: State-Society Relations and State Capabilities in the Third World*. Princeton: Princeton University Press.

Pérez Niño, H., & Le Billon, P. (2014). Foreign Aid, Resource Rents, and State Fragility in Mozambique and Angola. *The ANNALS of the American Academy of Political and Social Science, 656*(1), 79-96.

Randeria, S. (2003). Glocalization of Law: Environmental Justice, World Bank, NGOs and the Cunning State in India. *Current Sociology*(3-4/2003), 305-328.

Reno, W. (1998). *Warlord Politics and African States*. Boulder, London: Lynne Rienner.

Reno, W. (2000). Shadow States and the Political Economy of Civil Wars. In M. Berdal & D. M. Malone (Hrsg.), *Greed and Grievance: Economic Agendas in Civil Wars* (S. 43-68). Boulder, London: Lynne Rienner.

Rotberg, R. I. (2002). Failed States in a World of Terror. *Foreign Affairs, 81*(4), 127-140.

Rotberg, R. I. (2003). Failed States, Collapsed States, Weak States: Causes and Indicators. In R. I. Rotberg (Hrsg.), *State Failure and State Weakness in a Time of Terror* (S. 1-25). Washington: Brookings Institution Press.

Rotberg, R. I. (2004). The Failure and Collapse of Nation-States: Breakdown, Prevention, and Repair. In R. I. Rotberg (Hrsg.), *When States Fail: Causes and Consequences* (S. 1-49). Princeton: Princeton University Press.

Ruf, W. (2003). Politische Ökonomie der Gewalt: Staatszerfall und Privatisierung von Gewalt und Krieg. In W. Ruf (Hrsg.), *Politische Ökonomie der Gewalt: Staatszerfall und die Privatisierung von Gewalt und Krieg* (S. 9-47). Opladen: Leske + Budrich.

Schneckener, U. (2004). Fragile Staaten als Problem der internationalen Politik. *Nord-Süd aktuell, 18*(3), 510-524.

Schneckener, U. (2006a). Charakteristika und Dynamiken fragiler Staatlichkeit – Zur Auswertung der Fallstudien. In U. Schneckener (Hrsg.), *Fragile Staatlichkeit: „States at Risk"* *zwischen Stabilität und Scheitern* (S. 347-366). Baden-Baden: Nomos.

Schneckener, U. (2006b). States at Risk: Zur Analyse fragiler Staatlichkeit. In U. Schneckener (Hrsg.), *Fragile Staatlichkeit: „States at Risk" zwischen Stabilität und Scheitern* (S. 9-40). Baden-Baden: Nomos.

Spanger, H.-J. (2002). *Die Wiederkehr des Staates: Staatszerfall als wissenschaftliches und entwicklungspolitisches Problem.* HSFK-Report 1/2002. Frankfurt: Hessische Stiftung für Friedens- und Konfliktforschung.

Spanger, H.-J. (2007). Staatszerfall und Staatsbildung: Eine Bestandsaufnahme der internationalen Theoriebildung. In S. Weiss & J. Schmierer (Hrsg.), *Prekäre Staatlichkeit und internationale Ordnung* (S. 85-105). Wiesbaden: VS.

Tetzlaff, R. (2000a). Afrika zwischen Zivilisierung und Zerfall des Staates: Zu den gewaltsamen Umbrüchen in Afrika nach dem Ende des Kalten Krieges. In Institut für Afrika-Kunde (Hrsg.), *Afrika-Jahrbuch 1999* (S. 34-47). Opladen: Leske+Budrich.

Tetzlaff, R. (2000b). „Failing states" in Afrika: Kunstprodukte aus der Kolonialzeit und europäische Verantwortung. *Internationale Politik, 55*(7), 8-16.

van de Walle, N. (2004). The Economic Correlates of State Failure: Taxes, Foreign Aid, and Policies. In R. I. Rotberg (Hrsg.), *When States Fail: Causes and Consequences* (S. 94-115). Princeton: Princeton University Press.

von Trotha, T. (2000). Die Zukunft liegt in Afrika: Vom Zerfall des Staates, von der Vorherrschaft der konzentrischen Ordnung und vom Aufstieg der Parastaatlichkeit. *Leviathan, 28*(2), 253-279.

Vreeland, J. R. (2008). The Effect of Political Regime on Civil War: Unpacking Anocracy. *Journal of Conflict Resolution, 52*(3), 401-425.

Weber, M. (1972). *Wirtschaft und Gesellschaft: Grundriss der verstehenden Soziologie* (5th Aufl.). Tübingen: Mohr Siebeck.

Wolff, S. (2011). The regional dimensions of state failure. *Review of International Studies, 37*(3), 951-972.

Woodward, S. L. (1999). Failed States: Warlordism and "Tribal" Warfare. *Naval War College Review, 52*(2), 55-68.

Zulueta-Fülscher, K. (2014). Democracy-Support Effectiveness in "Fragile States": A Review. *International Studies Review, 16*(1), 29-49.

Zürcher, C. (2005). Gewollte Schwäche? *Internationale Politik, 60*(9), 13-22.

Operationalisierung: Konzeptbildung und Fallauswahl

5

Zusammenfassung

Aufbauend auf Gary Goertz' Methoden zur Konzeptbildung in den Sozialwissenschaften beschreibt das Kapitel die Bildung eines institutionalistischen Konzeptes von Staatskollaps und seine Operationalisierung sowie die darauf beruhende Identifikation aller Fälle von Staatskollaps von 1960 bis 2007. Die identifizierten 15 Fälle werden anschließend kurz dargestellt. In einem weiteren Schritt werden die Auswahlkriterien für die Auswahl von zwei Kontrollgruppen (synchron und diachron) für QCA-Vergleiche dargelegt.

Keywords

Konzeptbildung, Goertz, Operationalisierung, Fallauswahl, Fälle von Staatskollaps, Vergleichsfälle, synchroner Vergleich, diachroner Vergleich

5.1 Konzeptbildung

Um zu einer Operationalisierung von Staatskollaps zu gelangen, verwenden wir die Dreiebenenmethode zur Konzeptbildung von Goertz (2006). Dafür muss zunächst die Basisebene des Phänomens selbst – nehmen wir als Beispiel Demokratie – definiert und sein Gegenteil – „Nicht-Demokratie" – identifiziert werden. Die zweite Ebene besteht aus den Teildimensionen des zugrundeliegenden Phänomens. Beispielsweise kann Demokratie, je nach Definition, Dimensionen wie „kompetitive Wahlen", „Partizipation", „Bürgerrechte", „Rechtstaatlichkeit" oder „Gewaltenteilung" beinhalten. Auf der dritten Ebene werden die einzelnen Dimensionen durch Indikatoren operationalisiert. Das bedeutet, dass Kriterien für die Einschätzung dieser Dimensionen aufgestellt werden, also dass Wahlen zum Beispiel kompetitiv sind, wenn der Wähler eine Auswahlmöglichkeit zwischen Kandidaten oder Parteien hat und diese durch die Verwirklichung von Wahlrechtsgrundsätzen auch tatsächlich frei nutzen kann.

Diese mehrdimensionale Herangehensweise an Konzeptbildung ist sehr hilfreich, um komplexe Konzepte in messbare Einheiten zu zerlegen. Um aber die Grundfrage zu beantworten, ob Objekt A zur Menge Y gehört (z. B. „Ist Russland eine Demokratie?"), müssen die Informationen aus den unteren Ebenen aggregiert werden. Dazu schlägt Goertz zwei prototypische Logiken vor: eine essentialistische, zweiwertige Logik hinreichender und notwendiger Bedingungen sowie die Logik der „Familienähnlichkeit" (Goertz 2006, S. 35). Die erste Logik geht davon aus, dass sich alle empirischen Beispiele eines bestimmten Konzepts in ihren Kernaspekten gleichen. Im obigen Beispiel würde ein essentialistisches Verständnis bedeuten, dass bestimmte Dimensionen einer Demokratie (z. B. kompetitive Wahlen) so zentral sind, dass ein politisches System ohne diese Eigenschaften unter keinen Umständen als Demokratie klassifiziert werden könnte. Dies erfordert eine klare Spezifikation, welche Dimension (oder welche Kombination von Dimensionen) hinreichende und/ oder notwendige Bedingungen sind, damit ein bestimmtes Konzept gegeben ist.

Die zweite Logik geht davon aus, dass Fälle sich sehr stark ähneln, aber nicht notwendigerweise eine zentrale Menge von Eigenschaften teilen. Um eine Analogie aus der Medizin heranzuziehen: Krankheiten haben gewisse Symptome, die häufig bei infizierten Patienten zu beobachten sind, aber nicht alle Patienten zeigen die exakt gleiche Symptomatik. Die Logik der Familienähnlichkeit kann formell dadurch ausgedrückt werden, dass man einen Schwellenwert festlegt, wie viele Dimensionen des Phänomens vorhanden sein müssen, damit ein Fall als Beispiel eines Konzepts gelten kann (z. B. „Ein politisches System ist demokratisch, wenn es drei der folgenden vier Kriterien erfüllt…").

Für unsere Arbeit ist Staatskollaps das Phänomen der Basisebene. Dabei handelt es sich um das Gegenteil des idealtypischen Staates und wird daher definiert als ein Zustand, in dem der Staat über keine nennenswerten Kapazitäten in seinen drei Dimensionen der Rechtsetzung, Gewaltkontrolle und Besteuerung verfügt.

Die Dimensionen von Staatskollaps sind aus den drei Monopolen des Staates abgeleitet und lauten wie folgt:

- Keine nennenswerte Kapazität zur Regelsetzung
- Keine nennenswerte Kontrolle über Gewaltmittel
- Keine nennenswerte Kapazität zur Steuererhebung

Diese drei Dimensionen stellen gemeinsam eine notwendige und hinreichende
Bedingung für Staatskollaps dar, wenn *alle* Bedingungen kontinuierlich über einen
Zeitraum von mindestens sechs Monaten gegeben sind. Diese Sechsmonatsschwelle
ist wichtig, um kurzfristige politische Instabilität, z. B. während Regimewechseln
oder zum Ende eines Bürgerkriegs, vom vollständigen Versagen staatlicher Institutionen zu unterscheiden.

Auf der Indikatorenebene verwenden wir eine Kombination beider Logiken
(vgl. Tab. 5.1). Für jede Dimension von Staatskollaps – Regelsetzung, Gewaltkontrolle und Steuererhebung – sind Indikatoren erster und zweiter Ebene angegeben.
Indikatoren erster Ebene sind eindeutige Zeichen von Staatskollaps, z. B. wenn die
Regierung die Hauptstadt verlässt oder wenn die Sicherheitskräfte nicht einmal
mehr die gesamte Hauptstadt kontrollieren. Diese Indikatoren sind so spezifisch
wie möglich formuliert, um ihre Objektivität und Reliabilität zu maximieren.
Das Zutreffen eines einzigen Indikators erster Ebene war hinreichend, damit die
jeweilige Dimension als kollabiert codiert wurde.

Da diese Ergebnisse jedoch selbst bei Staatskollaps nur selten zutreffen, haben
wir jeder Dimension eine Gruppe von je drei Indikatoren zweiter Ebene hinzuge-
fügt. Diese Indikatoren haben zwei Eigenschaften: (1) Sie sind nicht spezifisch für
Staatskollaps sondern treten auch während anderer Phänomene auf, und (2) Sie
treten nicht in allen Fällen von Staatskollaps auf, d. h. sie sind keine notwendigen
Bedingungen von Kollaps. Genau wie bei Indikatoren der ersten Ebene verwenden
wir eine Logik der Familienähnlichkeit: Wenn zwei der drei Indikatoren zweiter
Ebene vorhanden sind, wird die jeweilige Dimension als kollabiert codiert.[6] Wenn
zum Beispiel in der Dimension Gewaltkontrolle nicht-staatliche Akteure große
Teile des Staatsgebiets kontrollieren und Sicherheitskräfte de facto zu privaten
Militärverbänden werden, ist dies hinreichend um festzustellen, dass dieser Staat
keine nennenswerte Kontrolle über Gewaltmittel mehr ausübt.

---

6 Der Schwellenwert „zwei von drei" ist das Resultat eines Kalibrierungsprozesses. Ein
   höherer Schwellenwert würde mehr „falsch negative" Ergebnisse produzieren, d. h.
   Kollapsfälle würden fälschlich als nicht-kollabiert eingestuft; ein niedrigerer Schwellenwert erzeugt mehr „falsch positive" Ergebnisse, d. h. nicht-kollabierte Fälle würden
   als kollabiert eingestuft.

Tab. 5.1   Indikatoren von Staatskollaps

Regelsetzung	Gewaltkontrolle	Steuererhebung
Indikatoren erster Ebene		
• Oberster Gerichtshof stellt die Arbeit ein • Keine formale Gesetzgebung • Regierung und/oder Parlament verlässt den üblichen Arbeitsort	• Formelle Auflösung der Sicherheitskräfte • Sicherheitskräfte kontrollieren nicht mehr die komplette Hauptstadt	• Fehlen eines offiziellen Budgets der Regierung • Zentralbank stellt die Arbeit ein
Indikatoren zweiter Ebene		
• Massive Korruption • Keine nennenswerte Rechtsdurchsetzung • Nicht-staatliche Rechtssysteme ersetzen staatliches Recht in weiten Teilen des Landes	• Sicherheitskräfte sind de facto private Verbände • Sicherheitskräfte kontrollieren nur kleine Teile des Staatsgebietes • Private, nicht-staatliche Akteure kontrollieren große Teile des Staatsgebietes	• Keine organisierte Finanzverwaltung • Besteuerung durch nicht-staatliche Akteure • Steuerrate unter 8 %

5.2   Vorauswahl potenzieller Fälle

Im Folgenden beschreiben wir, wie wir bei der Suche nach Kollapsfällen konkret vorgegangen sind und anhand welcher Kriterien wir unsere Fälle identifiziert haben. Um den Zeit- und Ressourcenaufwand in Grenzen zu halten, mussten wir zunächst das Spektrum relevanter Fälle so weit wie möglich eingrenzen, ohne dabei Kollapsfälle auszuschließen. Mit anderen Worten setzte unsere erste Suchstrategie darauf, alle Fälle zu identifizieren, die plausibel als Perioden von Staatskollaps eingestuft werden können und dabei falsch negative Einordnungen, d. h. die Einstufung von Kollapsfällen als Nicht-Kollaps, zu vermeiden.

Im ersten Schritt haben wir mit dem folgenden Verfahren eine Liste möglicher Kollapsfälle im Zeitraum 1946-2007 erstellt. Dabei wurde jeder Fall berücksichtigt, der mindestens eins der folgenden Kriterien erfüllt:

Indikatoren des Polity IV-Datensatzes

- Polity Fragmentation Indicator (FRAGMENT) = 3 (Serious fragmentation)
  „Over twenty-five percent (and up to fifty percent) of the country's territory is effectively ruled by local authority and actively separated from the central authority of the regime" (Marshall und Jaggers 2005, S. 12)
- Standardized Authority Code = -66 (Interruption), -77 (Interregnum) oder -88 (Transition)
- Total Change in POLITY value (CHANGE) = 96
  „A ,96' code is recorded to denote the end of a Polity record when the territorial dimensions (and borders) of a state are substantially changed due to a disputed disintegration of administrative units and the appearance of newly independent successor states" (Marshall und Jaggers 2005, S. 33).
- State Failure Indicator (SF) = 1
  „Variable SF is a flag variable that designates (by code ,1') every year during which a Polity is considered to be in a condition of ,complete collapse of central authority' or ,state failure'" (Marshall und Jaggers 2005, S. 34).

Andere Indikatoren

- Index of State Weakness 2008 < 2 (Rice und Patrick 2008)
- Indikator Q1.1 (State Monopoly of Violence) des Bertelsmann Transformation Index 2008 ≤ 3
- Einstufung als „Near-Total Failures of State Authority" nach State Failure Task Force (SFTF) (Esty et al. 1998, S. 38)
- Kategorisierung als „failed" oder „collapsed state" nach Rotberg (2004, S. 46-49)
- Persönliche Einschätzung der Projektmitarbeiter

Dies ergab eine Liste von 87 potentiell kollabierten Staaten zwischen 1946 und 2007. Viele dieser Staaten erfüllten mehrere der Kriterien zu unterschiedlichen, aber auch überlappenden Perioden. Diese ursprüngliche Liste enthielt jedoch immer noch viele Fälle, die deutlich von unserem Kollaps-Konzept abwichen und nach einer raschen Untersuchung ausgeschlossen werden konnten. Ausgeschlossen wurden unter anderem Staaten, die sich im juristischen Sinne auflösten (beispielsweise die Deutsche Demokratische Republik 1989 und die Sowjetunion 1990-91), Staaten deren Kollaps eindeutig auf eine ausländische Invasion zurückzuführen war (etwa Kuwait 1990), Fälle die lediglich einen Regimewechsel (Griechenland 1974, Portugal 1974-75, Spanien 1975-77) oder kürzere Perioden politischer Instabilität (Nigeria 1998) erlebten. All diese Fälle erfüllten entweder nicht die erforderliche Kollapsperiode von sechs Monaten oder wiesen kein simultanes Versagen in allen

drei Dimensionen von Staatlichkeit auf. Zudem waren viele Fälle politischer Instabilität in dieser ersten Liste in unmittelbarer Folge des Zweiten Weltkrieges zu
finden (etwa Tschechoslowakei 1947, West- und Ostdeutschland 1946-48, Ungarn
1946-47, Japan 1946-51 und Rumänien 1946-47). Diese Ereignisse unterscheiden
sich jedoch qualitativ deutlich von unserem Konzept von Staatskollaps[7], weshalb
wir den Untersuchungszeitraum von 1946-2007 auf 1960-2007 verkürzten.

Dies schränkte die Liste der potenziellen Kollapsfälle auf 47 ein. Für diese 47
Fälle wurden in einzelnen Fallstudien die Kollapsindikatoren geprüft. In 21 dieser
Fälle waren nach einer ersten Einschätzung alle Bedingungen für Staatskollaps
gegeben. Vier Fälle (Ruanda 1994, Iran 1978/79, die Zentralafrikanische Republik
2002 und Äthiopien 1991) wurden dennoch als Kollapsfälle ausgeschlossen, da
sie nicht alle Kollapskriterien gleichzeitig über einen Mindestzeitraum von sechs
Monaten erfüllten. So wurde der ruandische Staat, der im Zuge des Bürgerkrieges
und des Genozides in Ruanda 1994 kollabierte, nach bereits fünf Monaten und dem
Sieg der *Front Patriotique Rwandais* (FPR) wieder konsolidiert.

Die Iranische Revolution von 1978-1979 führte zwar zu einem Zusammenbruch
der Monarchie unter Reza Shah Pahlavi und ihrer Institutionen. Die Revolutionäre
unter der Führung von Ayatollah Ruhollah Khomeini etablierten jedoch schnell ihre
eigenen Herrschaftsinstrumente und -strukturen wie die Islamische Republikanische
Partei, lokale Revolutionskomitees, Revolutionsgerichte, religiöse Stiftungen und
die Revolutionsgarden. Trotz der tiefgreifenden politischen und gesellschaftlichen
Veränderungen blieb die öffentliche Ordnung dadurch fast kontinuierlich aufrechterhalten: Der Müll wurde pünktlich abgeholt, Strafzettel wurden geschrieben und
Steuern wie gewohnt eingetrieben (Sciolino 1983, S. 897).

In der Zentralafrikanischen Republik (ZAR) kam es seit 1981 zu wiederkehrenden,
schweren Konflikten zwischen konkurrierenden Eliten. Diese gipfelten in einem
sechs Monate andauernden Krieg, als Rebellen um François Bozizé im Oktober
2002 durch einen Putsch versuchten die Macht zu übernehmen und heftige Kämpfe
in der Hauptstadt Bangui ausbrachen. Mit Hilfe von libyschen Truppen und der
Bewegung für die Befreiung des Kongo (MLC) konnte die Hauptstadt schnell wieder
unter Kontrolle gebracht werden, so dass binnen einer Woche die Gewaltkontrolle zu
großen Teilen wieder hergestellt war. Generell ist in der ZAR staatliche Herrschaft
nur zu einem sehr geringen Grad institutionalisiert, aber Indikatoren für Staatskollaps in allen drei Dimensionen konnten nicht für einen zusammenhängenden
Zeitraum von mindestens sechs Monaten nachgewiesen werden.

---

7   Wir gehen hierbei davon aus, dass das Phänomen Staatskollaps zwar dasselbe ist, die
     Kausalität aber vor 1960 angesichts der veränderten strukturellen Rahmenbedingungen
     des internationalen Systems deutlich von der nach 1960 abweicht.

Der mit dem Fall Mengistus im Mai 1991 in Äthiopien identifizierte Kollaps musste ebenfalls revidiert werden. Im Zuge des Zusammenbruchs der Sowjetunion endete die Patronage für das sozialistische Regime Mengistus in Äthiopien und schwächte dieses deutlich. Die oppositionelle Revolutionäre Demokratische Front der Äthiopischen Völker (EPRDF) rückte daraufhin im Mai 1991 auf die Hauptstadt Addis Abeba zu. Bevor es jedoch zur Schlacht um die Hauptstadt kam, floh Mengistu und überließ der Opposition das Land. Zwar wurde die Armee aufgelöst und die Verwaltung durch die Kämpfe stark beeinträchtigt, zu einem kompletten Zusammenbruch kam es jedoch nicht. So bestätigten zwei Experteninterviews[8], dass das Finanzsystem und die Besteuerung weiterhin funktionierte und die Verwaltung zumindest in den gerade nicht umkämpfen Teilen des Landes funktionsfähig war. Die Gewaltkontrolle wurde zwar zeitweise durch die Auflösung der Armee in einigen Teilen des Landes nicht gewährleistet, sei aber recht schnell von der EPRDF durchgesetzt worden.

5.3 Kollapsfälle

Daraus ergab sich die in Tabelle 5.2 dargestellte Liste mit 17 Fällen von Staatskollaps im Zeitraum von 1960 bis 2007.

Tab. 5.2 Übersicht der Kollapsfälle

Kollapsfälle			
Afghanistan	1979	Libanon	1975
Afghanistan *	2001	Liberia	1990
Angola	1992	Sierra Leone	1998
Bosnien-Herzegowina	1992	Somalia	1991
Georgien	1991	Tadschikistan	1992
Guinea-Bissau	1998	Tschad	1979
Irak *	2003	Uganda	1985
Kongo-Kinshasa	1960	Zaire	1996
Laos	1960		

*Wegen externer Intervention ausgeschlossen

---

8 Telefoninterview mit Prof. Dr. Heinrich Scholler am 8.6.2012 und mit Prof. Dr. Stefan Brüne am 5.6.2012.

Hiervon wurden zwei Fälle – Afghanistan ab dem Jahr 2001 und der Irak ab 2003 – trotz positiver Befunde aus der Untersuchung ausgeschlossen, da diese Fälle eines Staatskollaps eindeutig durch eine externe militärische Intervention herbeigeführt wurden.

Im Folgenden stellen wir die fünfzehn Fälle von Staatskollaps kurz vor, die in unsere Untersuchung einbezogen wurden:

Afghanistan 1979

Staatlichkeit war in Afghanistan historisch kaum institutionalisiert; staatliche Herrschaft beschränkte sich überwiegend auf die Hauptstadt Kabul und selten über deren Grenzen hinaus. Stattdessen wurde die (staatliche) Ordnung über Arrangements zwischen Zentralstaat und lokalen Eliten organisiert. Die interventionistische Politik der Demokratischen Volkspartei Afghanistans zielte auf eine tiefgreifende gesellschaftliche Transformation hin zu einer egalitäreren, modernen und säkularen Gesellschaft ab. Damit griff sie die traditionellen sozialen Eliten des Landes an und löste die bisher bestehenden Macht- und Ordnungsarrangements auf. Die daraufhin ausbrechende Revolte wurde durch die sowjetische Intervention im Dezember 1979 noch weiter verstärkt und führte zu einem Zustand staatlichen Kontrollverlustes, der selbst für Afghanistan eine neue Qualität bedeutete.

Angola 1992

Der Staatskollaps in Angola ereignete sich nach den ersten freien Wahlen nach dem jahrzehntelangen Bürgerkrieg zwischen den beiden ehemaligen Unabhängigkeitsbewegungen *Movimento Popular de Libertação de Angola* (MPLA) und der *União Nacional para a Independência Total de Angola* (UNITA) im September 1992. Nachdem die langjährige Regierungspartei MPLA überraschend die Wahl gewann, nahm die UNITA den bewaffneten Kampf wieder auf. Aufgrund der zuvor erfolgten Demobilisierung und Entwaffnung beider Bürgerkriegsparteien, der sich jedoch die UNITA wesentlich erfolgreicher entziehen konnte, und dem Scheitern eine gemeinsame Armee aufzubauen, gelang es der UNITA weite Teile des Landes der Kontrolle durch die Regierung zu entziehen.

Bosnien-Herzegowina 1992

Die Staatsbildung in Bosnien-Herzegowina fand im Zuge der Auflösung des ehemaligen Jugoslawiens statt, in dem rivalisierende, nationale Projekte die Integrität Bosniens bedrohten. Die Ausrufung der Serbischen Autonomen Republik Krajina und die Integration von Teilen des Westens Herzegowinas in den neuen kroatischen Staat stellten die Existenz des Staates *de facto* bereits vor der Unabhängigkeit in

Frage. *De jure* setzt jedoch der Staatskollaps erst mit der Anerkennung und somit der formalen Unabhängigkeit der Republik Bosnien-Herzegowina im April 1992 ein.

Georgien 1991

Sezessionistische Bewegungen in Süd-Ossetien und Abchasien bedrohten die territoriale Integrität des im April 1991 von der Sowjetunion unabhängig gewordenen Georgien von Beginn an. Im Dezember 1991 griffen Gegner des gewählten Präsidenten Zwiad Gamsachurdia Regierungsgebäude in Tiflis an und stürzten die Regierung. Die Kämpfe um die Staatsmacht zwischen rivalisierenden nationalistischen Bewegungen dauerten bis 1994 an.

Guinea-Bissau 1998

Am 7. Juni 1998 putschte der ehemalige, zu dieser Zeit aber aufgrund von Vorwürfen von illegalem Waffenhandel abgesetzte, Brigadegeneral Ansumane Mané und große Teile des Militärs gegen den amtierenden Präsidenten Bernardo ‚Nino' Vieira. Durch die Intervention Senegals und Guineas auf Seiten Vieiras entwickelte sich ein 11 Monate andauernder Bürgerkrieg, in dem keine der beiden Seiten das Land effektiv kontrollieren konnte. Erst nach dem Rückzug der ausländischen Truppen und der Exilierung Vieiras konnte die zentralstaatliche Herrschaft wieder hergestellt werden.

Kongo-Kinshasa 1960

Die Demokratische Republik Kongo wurde während der so genannten Kongo-Krise im Jahr 1960 zum weltweit ersten „failed state" (Reno 2006, S. 43). Kurz nachdem das Land die Unabhängigkeit von Belgien erhielt, wurde der neue Staat durch eine Rebellion der *Force Publique*, den Sezessionen von Katanga und Süd-Kasai und zwei rivalisierenden Regierungen von Premierminister Patrice Lumumba und Präsident Joseph Kasavubu konfrontiert. Der Machtkampf zwischen Kasavubu und Lumumba wurde mit dem Tod Lumumbas beendet und die territoriale Integrität des Landes erst 1967 unter der Herrschaft Mobutus wieder vollkommen hergestellt.

Laos 1960

Der laotische Staat kollabierte im Dezember 1960, als der anti-kommunistische, von den USA unterstützte General Phoumi Nosavan eine alternative Regierung bildete und einen Angriff auf die Hauptstadt Vientiane und die neutralistischen Truppen von Hauptmann Kong Le startete. Die gewählte Regierung unter Premierminister Souvanna Phouma befand sich zu dem Zeitpunkt als Exilregierung bereits im Ausland. Von da an kontrollierten die Truppen Nosavans den Süden, Kong Les

Neutralisten nach ihrem Rückzug von Vientiane die Ebene der Tonkrüge und die kommunistischen Pathet Lao den Nord-Osten des Landes.

Libanon 1975

Mit dem Kairo-Abkommen von 1969 wurde die bewaffnete Präsenz der *Palestinian Liberation Organisation* (PLO) zum zentralen Konfliktgegenstand libanesischer Innenpolitik. Das Abkommen bedeutete eine Souveränitätsabgabe, da es die Kontrolle von Teilen des libanesischen Territoriums durch eine nicht-staatliche, ausländische Gruppe akzeptierte. Aufgrund unterschiedlicher Auffassungen über das Konzept des libanesischen Staates, die Mittel zur Wahrung seiner territorialen Integrität und die Palästinenserfrage wurde die politische Landschaft nachhaltig polarisiert. Es kam zu bewaffneten Auseinandersetzungen zwischen der libanesischen Armee, der maronitischen Kata'ib und der PLO. Im April 1975 eskalierte der Konflikt und weitete sich zum Bürgerkrieg aus, welcher die zuvor vergleichsweise gut funktionierenden staatlichen Institutionen zerstörte.

Liberia 1990

Der liberianische Staat kollabierte im Juni 1990, als Charles Taylors Rebellenarmee, die *National Patriotic Front of Liberia* (NPFL) und ihre Splitterfraktion, die *Independent National Patriotic Front of Liberia* (INPFL) auf die Hauptstadt Monrovia vorrückten. Auch die westafrikanische Eingreiftruppe ECOMOG konnte den Vormarsch lediglich stoppen, nicht aber zurückdrängen, und brachte daher keine Stabilität. Nach dem Tod von Präsident Doe eskalierte der Bürgerkrieg zwischen den unterschiedlichen Fraktionen weiter, so dass eine zentralstaatliche Herrschaft erst wieder nach dem vorübergehenden Ende des Bürgerkrieges 1997 etabliert werden konnte.

Sierra Leone 1998

Der Staatskollaps in Sierra Leone ereignete sich in Folge des Bürgerkrieges, als ECOWAS-Truppen im Februar 1998 die Hauptstadt Freetown von den vereinigten Kräften des *Armed Forces Revolutionary Council* (AFRC) unter Paul Koroma und der *Revolutionary United Front* (RUF) zurückeroberten und den zuvor gestürzten, rechtmäßig gewählten Präsidenten Ahmad Tejan Kabbah wieder einsetzten. Trotz der Intervention blieb jedoch Kabbahs Macht zunächst auf die Hauptstadt beschränkt; eine Konsolidierung gelang erst mit internationaler Unterstützung ab etwa 2000.

Somalia 1991

Der Staatskollaps in Somalia geschah im Zuge des Sturzes des Regimes von Diktator Mohammed Siad Barre. Barres Regime beruhte gegen Ende seiner Herrschaft fast ausschließlich auf einer Koalition aus den ihm nahe stehenden Subclans der Marehan, Ogadeni und Darod und ersetzte damit die Idee einer somalischen Nation durch eine faktionalistische Politik. Nachdem das vereinende Ziel, der Sturz Barres, schließlich erreicht war, zerfiel die Koalition der Opposition schnell in rivalisierende und in Machtkämpfe verstrickte Klans und verhinderte so, dass die Staatsmacht erfogreich übernommen wurde.

Tadschikistan 1992

Die im September 1991 erklärte Loslösung Tadschikistans von der Sowjetunion löste Konflikte zwischen den Anhängern der alten Ordnung und der oppositionellen Allianz aus demokratischen und islamischen Kräften aus. Zur Entspannung der Situation ging Präsident Nabiev im Mai 1992 eine Regierung der nationalen Einheit mit der Opposition ein. Diese Annäherung wurde jedoch von den Trägern des bisherigen Systems abgelehnt, so dass es in den südlichen Provinzen zu offenen Revolten kam. Das Ziel, den Konflikt über die zukünftige Gestaltung des tadschikischen Staates einzuhegen, wurde also verfehlt; ein Bürgerkrieg zwischen den rivalisierenden politischen Lagern folgte.

Tschad 1979

In Reaktion auf die Repression des postkolonialen Regimes François Tombalbayes gründete sich 1962 die Befreiungsfront FROLINAT. Félix Malloum, der 1975 durch einen Militärputsch an die Macht gekommen war, versuchte das Land durch eine Annäherung an die Rebellen zu befrieden und beteiligte einige von ihnen deshalb an der Regierung. Allerdings führte die Rivalität zwischen Malloum und Premierminister Hissein Habré, Anführer einer FROLINAT-Splittergruppe, im Februar 1979 zum offenen Bruch. Die folgenden Kämpfe in der Hauptstadt bedingten einen vollständigen Kollaps der Zentralregierung. Der Vormarsch anderer FROLINAT-Gruppierungen aus dem Norden führte zu einer faktischen Teilung des Landes.

Uganda 1985

Nachdem die *Uganda National Liberation Front* (UNLF) mit tansanischer Unterstützung die Diktatur Idi Amins 1979/80 beendete, zerfiel die Widerstandsbewegung schnell in rivalisierende Faktionen. Eine von ihnen, Yoweri Musevenis *National Resistance Movement* (NRM) und ihr bewaffneter Arm, die *National Resistance*

Army (NRA), besetzte weite Teile des Nordens und installierte ab September 1985 eine alternative Regierung in Toro. Nach dem Putsch Bazilio Okellos gegen das repressive Regime Milton Obotes konnte die Zentralregierung ihre Macht nie wieder konsolidieren, bis die NRA im Januar 1986 die Hauptstadt Kampala einnahm.

Zaire 1996

Die Demokratische Republik Kongo, von 1971-1997 in Zaire umbenannt, erlebte nach 1960 im Jahr 1996 einen zweiten Kollaps, als die jahrzehntelange Herrschaft Mobutus zunehmend erodierte. Der bewaffnete Aufstand der *Alliance des Forces Démocratiques pour la Libération du Congo-Zaire* (AFDL) im Osten des Landes stellte eine zwar schwache, aber dennoch ausreichende militärische Herausforderung des bereits bankrotten Staates dar. Große Gebiete des Landes fielen schnell unter Kontrolle diverser lokaler aber auch ausländischer Gewaltakteure wie die AFDL, der ehemaligen ruandischen Armee, der Interahamwe-Miliz oder lokaler Selbstverteidigungsgruppen.

5.4   Auswahl von Vergleichsfällen

Während die positiven Fälle von Staatskollaps mithilfe des Kollapskonzepts und der Indikatoren identifizierbar waren, war das Spektrum potenzieller Vergleichsfälle zunächst nahezu unbegrenzt. Um die notwendige Anzahl an synchronen und diachronen Vergleichsfällen zu ermitteln, war daher eine Strategie der Fallauswahl notwendig. Das in den quantitativen Verfahren geläufige „random sampling" (King et al. 1994) – also der zufälligen Vergleichsfallzuordnung – schied wegen der geringen Fallzahl und der Tatsache aus, dass dieses Verfahren ggf. Vergleichsfälle mit geringem Kollapsrisiko hervorgebracht hätte. Ein solcher Vergleich von kollabierten und teilweise hochgradig konsolidierten Staaten hätte lediglich sehr generelle und oberflächliche Unterschiede hervorgebracht. Im Gegensatz dazu zielte unsere bewusste Fallauswahl auf einen Vergleich von kollabierten mit nicht-kollabierten, aber dennoch fragilen Staaten ab.

Der Vergleich mit den synchronen Vergleichsfällen sollte uns nähere Hinweise auf eher strukturelle und der Vergleich mit den diachronen Vergleichsfällen Hinweise auf eher dynamische Kollapsfaktoren liefern. Für die Auswahl dieser zwei Gruppen negativer Fälle griffen wir auf das „Möglichkeitsprinzip" von Mahoney und Goertz (2004) zurück. Danach sollen Vergleichsfälle am besten so ausgewählt werden, dass bei diesen die hypothetische Möglichkeit maximiert wird, dass das zu untersuchende Ergebnis (Staatskollaps) ebenfalls hätte eintreten können. Charles

Ragin empfiehlt dies in seiner Einführung in die Anwendung von Fuzzy-Set QCA ebenfalls: „Negative cases should resemble positive cases in as many ways as possible, especially with respect to the commonalities exhibited by the positive cases" (Ragin 2000, S. 60). Die Vergleichsfälle wurden daher paarweise zu den Kollapsfällen und nach der Logik von Most Similar, Different Outcome ausgewählt (Rihoux 2006, S. 688-689).[9]

In den folgenden Abschnitten werden daher zunächst die Auswahlkriterien für die synchrone und diachrone Kontrollgruppe im Einzelnen dargestellt und die dadurch identifizierten Fälle kurz vorgestellt. Beim synchronen Vergleich werden die Kollapsfälle erwähnt, denen der jeweilige Kontrollfall ähnelt. Dies bedeutet aber nicht, dass ein direkter Vergleich zwischen dem jeweiligen Kollaps- und Vergleichsfall erfolgt. Vielmehr besteht das Ziel der paarweisen Fallauswahl darin, für eine Gruppe von Kontrollfällen zu sorgen, die insgesamt den gleichen historischen Bedingungen ausgesetzt ist wie die der Kollapsfälle und diesen in möglichst vielen Charakteristika ähnelt.

5.4.1 Synchroner Vergleich

Für den synchronen Vergleich – also den Vergleich der Kollapsfälle mit einem anderen Land das etwa zur gleichen Zeit eine Situation politischer Instabilität aufweist, jedoch nicht kollabierte – wurden Länder nach folgenden Regeln ausgewählt:

1. Beide Staaten müssen in der gleichen Region liegen.
2. Es sollte sich um einen Staat mit ähnlichen strukturellen Bedingungen zum Vergleichszeitpunkt handeln. Es wurde daher auf möglichst große Kongruenz

---

9 Bei der gezielten Auswahl von Kontrollfällen für einen QCA-Vergleich besteht das Risiko, durch einen bewussten oder unbewussten *selection bias* die Ergebnisse zu verzerren. Wenn zum Beispiel alle Kontrollfälle eine bestimmte Bedingung nicht aufweisen, wird diese bei QCA automatisch als hinreichend für das Outcome eingestuft. Um dies so weit wie möglich auszuschließen, haben wir bei der Auswahl der Kontrollfälle darauf geachtet, dass die Häufigkeit des Auftretens einzelner Bedingungen zwischen den Gruppen der Kollapsfälle und der Kontrollfälle nicht drastisch voneinander abweicht. Dies war aus forschungspraktischen Gründen nur für die Bedingungen möglich, für die bereits zu Projektbeginn quantitative Daten vorlagen.

zwischen dem Bruttosozialprodukt[10], der Anzahl der Gesamtbevölkerung[11] und der Größe des Staatsgebietes[12] zwischen beiden Ländern geachtet.

3. Es muss sich um einen Staat mit einer vergleichbaren und ähnlich gravierenden Instabilitätsperiode zeitnah zum Kollaps handeln. Hierzu wurden zum einen die Variable *civtot* des „Major Episodes of Political Violence 1946-2013"-Datensatzes und zum anderen der *State fragility Index* aus den „State Fragility and Matrix Time-Series"-Daten des Center for Systemic Peace zurückgegriffen. Während erstere eine Aufsummierung der vier Indikatoren politischer Gewalt (*civil violence, civil war, ethnic violence* und *ethnic war*) entspricht, erfasst letzterer staatliche Fragilität.[13] Für die konkrete Auswahl der Vergleichsfälle aus der so gewonnenen Vorauswahl schloss sich dann eine Recherche zu Krisenperioden, die in einen Kollaps hätten münden können, an. Hierbei wurde insbesondere auf die „UCDP Conflict Encyclopedia" zurückgegriffen.[14]

4. Um möglichst viele intervenierende und unbekannte Einflüsse auszuschließen, sollte die mit dem Kollaps zu vergleichenden Instabilitätsperiode möglichst nahe am Kollapsjahr liegen. Dabei musste der Vergleichsfall jedoch nicht notwendigerweise im gleichen Jahr liegen. Zwingend notwendig war es hingegen, dass Kollapsfall und Vergleichsfall nicht durch die globalen Transformationsprozesse von 1990 getrennt wurden und somit dominante globale Strukturmerkmale wie der Kalte Krieg für beide konstant gehalten wurden.

Aus diesen Auswahlkriterien ergab sich die in Tabelle 5.3 dargelegte Auswahl und Zuordnung der synchronen Vergleichsfälle.

---

10 Daten entsprechen Schätzungen des realen Pro-Kopf-Bruttoninlandsprodukts in konstanten 2000er US-Dollar (Gleditsch 2002).

11 Bevölkerungsgröße gemessen in 1000. Daten stammen aus dem Correlates of War Project (2005).

12 Gemessen in Quadratkilometern. Die Daten stammen aus der International Database des United States Census Bureaus, und sind unter: http://www.census.gov/population/international/data/idb/ [08.08.2013] verfügbar.

13 Erhältlich unter http://www.systemicpeace.org/warlist/warlist.htm und http://www.systemicpeace.org/inscrdata.html [15.06.2015]

14 Erhältlich unter http://www.ucdp.uu.se/gpdatabase/search.php [15.06.2015]

Tab. 5.3   Strukturelle Indikatoren von Kollaps- und synchronen Vergleichsfällen

Case / Control Case	Case Year	indy[1]	ht_region	int_POP[2]	IDB_Area[3]	gle_rgdp[4]	Regimetyp[5]	civtot[6]
Afghanistan	1979	1919	Südasien	16128	647500	2117,45	Autokratie	7
Sri Lanka	1983	1948	Südasien	15417	64740	2081,32	5	5
Angola	1992	1975	Sub-Sahara Afrika	10609	1246699	1269,94	Hybrid	7
Mali	1991	1960	Sub-Sahara Afrika	9507	1219999	-	Autokratie	1
Bosnien	1992	1992	Osteuropa und ehem. UdSSR	4409	51129	1074,32	Demokratie	6
Kroatien	1995	1991	Osteuropa und ehem. UdSSR	4669	56414	7395,96	-5	3
Georgien	1991	1991	Osteuropa und ehem. UdSSR	5464	69700	4593,24	4	3
Moldawien	1992	1991	Osteuropa und ehem. UdSSR	4348	33700	2900,68	5	1
Guinea-Bissau	1998	1974	Sub-Sahara Afrika	1161	28000	494,35	5 (1997)	2
Lesotho	1998	1966	Sub-Sahara Afrika	2062	30350	1843,03	8 (1997)	0
Kongo-Kinshasa	1960	1960	Sub-Sahara Afrika	14106	2267599	701,45	Hybrid	4
Nigeria	1967	1960	Sub-Sahara Afrika	42305	910771	1105,78	-7	6
Kongo-Kinshasa	1996	1960	Sub-Sahara Afrika	46812	2267599	487,76	-8 (1991)	7
Sudan	1993	1956	Sub-Sahara Afrika	27323	2376001	1103,72	-7	6
Laos	1960	1949	Südostasien	2337	230800	986,75	-1	3
Kambodscha	1967	1953	Südostasien	6486	176519	1794,6	-9	0
Libanon	1975	1943	Nordafrika& Naher Osten	2767	10230	3588,05	5 (1974)	5
Iran	1979	1979	Nordafrika& Naher Osten	37814	1635999	6316,7	-10 (1978)	7
Liberia	1990	1847	Sub-Sahara Afrika	2407	96320	553,4	-6 (1989)	4
Burundi	1993	1962	Sub-Sahara Afrika	5769	25649	922,56	Demokratie	4
Sierra Leone	1998	1961	Sub-Sahara Afrika	4568	71621	722,57	Hybrid	3
Guinea	1996	1958	Sub-Sahara Afrika	7518	245861	2323,43	-1	0

Case	Case Year	indy[1]	ht_region	int_POP[2]	IDB_Area[3]	gle_rgdp[4]	Regimetyp[5]	civtot[6]
Control Case								
Somalia	1991	1960	Sub-Sahara Afrika	8753	627339	1014,84	-7 (1990)	5
Niger	1990	1960	Sub-Sahara Afrika	7731	1266699	1001,58	-7	1
Tadschikistan	1992	1991	Osteuropa und ehem. UdSSR	5571	142700	2415,21	-6	3
Usbekistan	1999	1991	Osteuropa und ehem. UdSSR	21852	425400	3782,71	-9	0
Tschad	1979	1960	Sub-Sahara Afrika	4379	1259201	667,04	Autokratie	4
Äthiopien	1974	-	Sub-Sahara Afrika	26782	-	500,17	Autokratie	6
Uganda	1985	1962	Sub-Sahara Afrika	14762	199710	680,02	3 (1984)	4
Burkina Faso	1987	1960	Sub-Sahara Afrika	8314	273799	861,14	-7	0

Tabellenfußnoten:

1 Jahr der Unabhängigkeit (Quelle: CIA World Factbook)
2 Bevölkerungsgröße in 1000 (Correlates of War Project 2005, Version 3.0).
3 Staatsgebiet in km² (International Database, available online: http://www.census.gov/population/international/data/idb/)
4 Geschätztes BIP in konstanten US Dollar, Bezugsjahr 2000 (Gleditsch 2002)
5 Polity IV Wert: http://www.systemicpeace.org/inscrdata.html. Bei fehlendem Wert (-66; -77; -88) wurde der letzte gültige Wert vor dem Falljahr verwendet (in diesem Fall ist das Referenzjahr angegeben). Regimetyp wurde von uns kodiert, wenn ein kürzlicher Regimewandel vorherige Polity-Werte obsolet werden ließ.
6 Aufsummierter Indikator für innerstaatliche Gewalt (Center for Systemic Peace 2013).

Die synchronen Kontrollfälle werden hier in Kürze dargestellt.

Äthiopien 1974

Zu Beginn der 1970er Jahre geriet das Kaiserreich Äthiopien unter Haile Selassie in eine schwere Krise. Es entstanden soziale Spannungen zwischen verarmten Bauern und Großgrundbesitzern einerseits und dem aufstrebenden Bürgertum und der politischen Führung andererseits, welche mit der Inflation und der Dürrekatastrophe sowie der Ölkrise verstärkt wurden. Als die unteren Ränge des Militärs begannen gegen den Kaiser zu rebellieren, brach schließlich im Januar und Februar die Revolution aus, die eine sozialistische Militärdiktatur installierte. Äthiopien im Jahre 1974 dient uns als Vergleichsfall für den fünf Jahre später stattfindenden Kollaps des Tschad.

Burkina Faso 1987

Am 15. Oktober 1987 wurde Präsident Thomas Sankara bei einem Putsch des Militärs unter Führung Blaise Compaorés ermordet. Mit der Begründung, die Revolution von 1983 vor ihrem einstigen Führer Sankara schützen zu müssen, welcher immer häufiger eigenmächtige und undurchschaubare Entscheidungen getroffen habe, ergriff Compaoré selbst die Macht und leitete die sogenannte „rectification" – die Berichtigung der Revolution – ein. Compaorés Regierung endete erst im Oktober 2014, nachdem massenhafte Proteste und der Eingriff des Militärs eine Verfassungsänderung und eine neue Amtszeit Compaorés verhinderten. Burkina Faso dient als Vergleichsfall für den 1985 stattfindenden Kollaps in Uganda.

Burundi 1993

Nachdem es Ende der 1980er Jahre zu Massakern der Tutsi-dominierten Armee an Hutu-Zivilisten gekommen war, siegte die *Parti pour la libération du peuple Hutu* (PALIPEHUTU) unter Melchior Ndadaye in den Präsidentschaftswahlen von 1993. Nur drei Monate später, am 21. Oktober 1993, putschten Teile der burundischen Armee und stürzten die junge demokratische Regierung. Es folgten Massaker zwischen Hutu und Tutsi und eine Massenflucht von Hutu nach Ruanda und Tansania. Die Ereignisse brachten den Friedensprozess in Ruanda ins Stocken und führten in Burundi zu einem Bürgerkrieg mit 100.000 Toten. Der 1993 beginnende Bürgerkrieg in Burundi dient als Vergleichsfall für den drei Jahre vorher beginnenden Staatskollaps in Liberia.

Guinea 1996

Am 2. und 3. Februar 1996 kam es in Guinea zu Ausschreitungen zwischen meuternden und loyalen Soldaten mit etwa 50 Todesopfern. Die meuternden Soldaten forderten einen höheren Sold und andere Zugeständnisse und übernahmen die Kontrolle über den Flughafen und die staatliche Rundfunkanstalt. Bei Kämpfen rund um den Präsidentenpalst wurde Präsident Lansana Conté gefangen genommen und für 15 Stunden festgehalten. Die Soldaten kehrten jedoch nach der Zusage einer Verdoppelung ihres Solds und Straffreiheit wieder in ihre Kasernen zurück. Guinea zu Beginn des Jahre 1996 dient als Vergleichsfall für Sierra Leone im Jahre 1998.

Iran 1979

Da die iranische Revolution 1979 bereits als Kollapsfall in Erwägung gezogen wurde, jedoch nicht alle Voraussetzungen erfüllte, eignet sie sich besonders als „harter" Kontrollfall. Massendemonstrationen gegen das Schah-Regime begannen bereits im Jahre 1978 und setzten die Monarchie zunehmend unter Druck. Die Auseinandersetzung zwischen Regime und Opposition eskalierte am 18. September 1978, dem „Schwarzen Freitag", als Regimegegner bei Zusammenstößen mit Sicherheitskräften ums Leben kamen. Mohammad Reza Pahlavi verließ den Iran am 16. Januar 1979. Die Revolutionäre unter Führung des am 1. Februar aus dem Exil zurückgekehrten Ayatollah Khomeini legten den Herrschaftsapparat der Monarchie lahm, etablierten aber schon bald eigene Institutionen. Der Iran stellt den Vergleichsfall für den Libanon 1975 dar.

Kambodscha 1967

Kambodscha erlebte im Frühjahr 1967 den sogenannten „Samlot-Aufstand", welcher als Vergleichsfall für Laos 1960 dient. Nachdem Premierminister Lon Nol die Armee beauftragte, die Reisproduktion direkt den lokalen Bauen zu einem Fixpreis abzunehmen und dann staatlich kontrolliert weiterzuverkaufen, um den illegalen Handel der Bauern mit den Kommunisten in Vietnam zu unterbinden, brach zwischen März und Mai 1967 eine offene Rebellion in der Provinz Battambang aus. Diese breitete sich schnell über das ganze Land aus und gilt als erster Aufstand der Roten Khmer. Der Aufstand wurde zunächst gewaltsam niedergeschlagen, fünf Oppositionelle in ein Übergangs-Kabinett eingebunden und die Situation so bis 1968 beruhigt. Danach brach der Aufstand der nun radikalisierten kommunistischen Opposition erneut offen aus und eskalierte in einen Bürgerkrieg.

Kroatien 1995

Im Zuge der Auflösung Jugoslawiens kam es 1991 zur Ausrufung der Republik Serbische Krajina, welche Teile Bosniens aber auch Kroatiens umfasste. Als sich die jugoslawische Volksarmee (JNA) 1992 nach Bosnien zurückzog und friedliche Integrationsbemühungen der kroatischen Teile der Republik Krajina scheiterten, startete die kroatische Regierung 1995 mehrere Offensiven, um die verlorenen Gebiete zurückzugewinnen. Obwohl die Offensive der Kroaten ein Zeichen der militärischen Stärke war, wurde die territoriale Integrität des Staates Kroatien bis zuletzt von der serbischen Republik in Frage gestellt und eine Integration abgelehnt. Kroatien 1995 dient als Vergleichsfall für den Kollaps in Bosnien-Herzegowina im Jahr 1992.

Lesotho 1998

Nachdem der *Lesotho Congress for Democracy* (LCD), eine Abspaltung der *Basotho Congress Party* (BCP), 1998 die allgemeinen Parlamentswahlen eindeutig gewann, kam es zu heftigen Ausschreitungen. Bewaffnete Anhänger der Opposition übernahmen die Kontrolle über die Hauptstadt und hielten die öffentlichen Angestellten davon ab ihren Aufgaben nachzugehen. Die Southern African Development Community (SADC) sah sich schließlich gezwungen zu intervenieren, um die öffentliche Ordnung wieder herzustellen. Lesotho im Jahre 1998 dient als Vergleichsfall für den Militärputsch und den daraus resultierenden Kollaps in Guinea-Bissau, ebenfalls im Jahr 1998.

Mali 1991

Die Opposition gegen das diktatorische Regime General Traorés wuchs während der 1980er Jahre. Von einem vom Internationalen Währungsfonds auferlegten Sparprogramm waren vor allem Lehrer und Studenten betroffen, die sich im Januar 1991 zu ersten Protesten mobilisierten, welche im März auch durch die Gewerkschaften unterstützt wurden. Als am 26. März Soldaten auf friedliche Demonstranten schossen, eskalierte die Lage. Etwa 300 Tote waren nach vier Tagen zu beklagen, als immer größere Teile des Militärs Traoré die Gefolgschaft verweigerten. Als Oberst Amadou Toumani Touré Traoré schließlich absetzte und einen Demokratisierungsprozess ankündigte, endete die sogenannte März-Revolution, welche als Kontrollfall für den Kollaps des Staates in Angola im Jahre 1992 dient.

Moldau 1992

Bereits 1990, als Moldawien noch Teil der Sowjetunion war, erklärte die „Transnistrische Moldauische Sozialistische Sowjetrepublik" ihre Loslösung von Moldau.

Die ab 1991 unabhängige Republik Moldau verfolgte das Ziel der territorialen Einheit der moldauischen Gebiete unter Einschluss der von Minderheiten bewohnten Gebiete wie Transnistrien. Im März 1991 eskalierte der Konflikt um den Status Transnistriens gewaltsam, als die Separatisten Unterstützung durch Teile der ehemaligen 14. Sowjetischen Armee erhielten und der moldauische Präsident Snegur versuchte, diese mit Hilfe rumänischer Freiwilliger und der neuen Nationalarmee zu entwaffnen. Der damit beginnende Bürgerkrieg in Moldau dient als Vergleichsfall für den georgischen Staatskollaps von 1991.

Niger 1990

Als in Niger die auf Regierungsebene mit Algerien und Libyen ausgehandelte Rückkehr der Tuareg, die in den 1970er Jahren dorthin geflüchtet waren, zwar erfolgte, die versprochene Unterstützung mit Lebensmitteln und Wohnungen jedoch nicht eingehalten wurde, entstand Unmut unter den rund 18.000 Tuareg. Dieser mündete am 7. Mai 1990 in einen Angriff auf den Grenzposten bei Tschin-Tabaraden. Die nigrische Armee antwortete mit harschen Repressionen. Dreizehn Tote und zwei Verletzte sowie immer wiederkehrende Angriffe auf die Armee waren die Folge. Die gewaltsame Eskalation des Tuareg-Konflikts in Niger steht in zeitlicher Parallele zum somalischen Staatskollaps im Jahr 1991.

Nigeria 1967

Im Mai 1967 versuchte die nigerianische Zentralregierung unter General Yakubu Gowon eine Gebietsreform zur Aufteilung Nigerias in zwölf Bundesstaaten durchzusetzen. Da dies den Zugang der Igbo zu reichen Erdölvorkommen bedrohte, erklärte der Militärgouverneur der Ostregion Chukwuemeka Odumegwu Ojukwu am 30. Mai 1967 die Unabhängigkeit der Region Biafra. Trotz ausländischer Unterstützung konnte erst drei Jahre später der „Biafra-Krieg" beendet und die Einheit Nigerias hergestellt werden. Die Sezession Biafras dient uns aufgrund ihrer Ähnlichkeit zur Sezession von Katanga als Vergleichsfall für den Staatskollaps der Demokratischen Republik Kongo im Jahr 1960.

Sri Lanka 1983

Der Konflikt zwischen Tamilen und Singhalesen, welcher sich zu großen Teilen aus der kolonialen Bevorzugung der Tamilen speiste, manifestierte sich nach der Unabhängigkeit zunehmend. Im Jahre 1970 schlossen sich mehrere tamilische Parteien zur *Tamil United Liberation Front* (TULF) zusammen und forderten seitdem einen unabhängigen Staat im Norden und Osten Sri Lankas. Im Juli 1983 kam es schließlich in Reaktion auf einen Hinterhalt, bei dem 13 singhalesische Soldaten

getötet wurden, zu singhalesischen Ausschreitungen gegen tamilische Geschäfte
und Wohnhäuser. Dies markierte den Beginn der Eskalation, im Zuge derer die
neue radikale Guerilla-Bewegung der *Liberation Tigers of Tamil Eelam* (LTTE) den
militärischen Kampf gegen die singhalesische Armee aber auch gegen gemäßigte
Tamilen intensivierte. Der folgende Bürgerkrieg dauerte bis 2009 an. Sri Lanka zu
Beginn des Bürgerkrieges dient als Vergleichsfall für Afghanistan 1979.

Sudan 1993

Den Vergleichsfall für den Kollaps in Zaire im Jahre 1996 bildet der Sudan im
Jahre 1993. Obwohl die Regierung in der zweiten Jahreshälfte 1992 bei einer groß
angelegten Offensive das Hauptquartier der Fraktion der *Sudan People's Liberation
Army* (SPLA) um John Garang eroberte, erlebte der Sudan eine schwere Krise. Den
militärischen Gewinnen der Regierung standen hohe ökonomische, psychologische
und soziale Kosten gegenüber, welche den an sich schon fragilen sudanesischen
Staat stark belasteten. So schwand angesichts der hohen Opferzahlen unter den
Regierungssoldaten die Zustimmung zum Krieg gegen die SPLA. Das von Präsident
Omar Hassan Ahmad al-Beshir propagierte Ende schien auch nach der Eroberung
von Torit nicht in Sicht.

Usbekistan 1999

Am 16. Februar 1999 detonierte eine Reihe von Bomben in der usbekischen
Hauptstadt Taschkent. Usbekische Islamisten des *Islamic Movement of Uzbekistan*
(IMU) planten damit Präsident Karimov zu töten und anschließend in Usbekistan
ein Kalifat auszurufen. Die Anschläge verfehlten ihr eigentliches Ziel, aber töteten
16 Zivilisten und verwundeten weitere 100 Personen. Sie stellten die Fähigkeit des
Staates zur Kontrolle der Gewaltmittel auf die Probe, der diese Herausforderung
mit einer militärischen Offensive und einer Reihe von Gefechten gegen das IMU
beantwortete. Usbekistan im Jahr 1999 dient als Vergleichsfall für den tadschikischen Staatskollaps im Jahre 1992.

5.4.2   Diachroner Vergleich

Bei der Auswahl von Fällen für den diachronen Vergleich – also den Vergleich
der Kollapsperiode des kollabierten Staates mit einer anderen Periode politischer
Instabilität im gleichen Land, welche nicht in einem Kollaps resultierte – sollten
Instabilitätsperioden identifiziert werden die mindestens zehn Jahre vor Beginn
der Kollapsperiode lagen. Für Fälle, wie etwa „junge Staaten", in denen dies nicht

möglich war, wurde nach Vergleichszeiträumen mindestens zehn Jahre nach dem Ende der Kollapsphase gesucht. Sofern die Zehnjahresfrist nicht eingehalten werden konnte, war es in Ausnahmefällen auch möglich, Fälle auszuwählen, die lediglich fünf Jahre vor Kollapsbeginn bzw. fünf Jahre nach Kollapsende lagen. Dies traf auf Afghanistan (Vergleichsfall sechs Jahre vor Kollaps) sowie auf Georgien zu (Vergleichsfall neun Jahre nach Kollapsende).

Eine Einschränkung war darüber hinaus, dass ein negativer Fall nicht in einer Phase eingeschränkter Souveränität des Staates liegen durfte. Dies umfasste verschiedene Formen internationaler Verwaltung, militärischer Besetzung ebenso wie die Anwesenheit von Interventionstruppen. Für Bosnien-Herzegowina, das sich seit 1995 *de facto* unter internationaler Treuhandschaft befindet, wurde daher kein negativer Fall konstruiert. Weiterhin wird aus jedem Land lediglich ein einzelner negativer Fall bestimmt (so dass es für Kongo-Kinshasa nur einen diachronen Vergleichsfall gibt). Alle Vergleichsperioden sollten sich durch schwere politische Krisen auszeichnen und im Zeitraum von 1960-2007 liegen. (Einzige Ausnahme ist Tadschikistan, für das erst ein Fall im Jahr 2010 als geeigneter Vergleich zur Verfügung stand.) Folgende Fälle wurden nach den beschriebenen Regeln der Fallauswahl als diachrone Vergleichsfälle ausgewählt:

Afghanistan 1973

Nachdem verheerende Missernten zu einer landesweiten Hungersnot führten, kam es 1972 zu politischen Unruhen. Mit Hilfe sowjetfreundlicher Teile der Armee putschte Mohammed Daoud Khan am 17. Juli 1973 gegen den König, seinen Cousin Mohammed Zaher Shah, schaffte die Monarchie ab und rief Afghanistan als Republik aus.

Angola 1975

Im Zuge des Unabhängigkeitskampfes gegen die Portugiesen bildeten sich drei rivalisierende Gruppierungen, die *Frente Nacional de Libertação de Angola* (FNLA), die *União Nacional para a Independência Total de Angola* (UNITA) und die *Movimento Popular de Libertação de Angola* (MPLA) heraus. Im Abkommen von Alvor vom 15. Januar 1975 vereinbarten diese eine gemeinsame Übergangsregierung, die jedoch schon vor der Unabhängigkeit scheiterte. Im August 1975 brachen Kämpfe zwischen den drei Bewegungen aus und UNITA und FNLA zogen sich aus der Hauptstadt zurück. Mit der offiziellen Unabhängigkeit Angolas rief die MPLA die Volksrepublik Angola aus, während UNITA und FNLA jeweils eigene Regierungen ausriefen, die aber international nicht anerkannt wurden. Mit der Unabhängigkeit befand sich Angola damit in einer ernsten Krise und am Beginn eines Bürgerkrieges, welcher sich zu einem regionalen Krieg mit Beteiligung Südafrikas, Zaires und Kubas ausweitete.

Bosnien-Herzegowina

Bosnien-Herzegowina wurde kein diachroner Vergleichsfall zugeordnet, da es sich zum einen um ein *newly independent country* (NIC) – also einen jungen, erst kürzlich unabhängig gewordenen Staat handelt – und es zum anderen nach der Kollapsphase nur eingeschränkt souverän war.

Georgien 2003

Als Vergleichsfall für den Kollaps in Georgien 1991 dient die „Rosenrevolution" von 2003. Aus den Wahlen zum georgischen Parlament am 2. November 2003 ging die Parteienkoalition zur Unterstützung der Regierung Schewardnadses als offizieller Sieger hervor. Da die Integrität des Wahlgangs von der Opposition und internationalen Beobachtern in Zweifel gezogen wurde, rief der Führer der Oppositionspartei „Nationale Bewegung", Nikolai Saakaschwili zu Protesten gegen die Regierung auf und forderte die Durchführung von Neuwahlen. Schewardnadse verhängte den Ausnahmezustand und versuchte die Revolte mit Sicherheitskräften einzudämmen. Als die militärischen Elitetruppen ihm jedoch den Gehorsam verweigerten, trat er nach Gesprächen mit den Oppositionsführern am 23. November 2003 zurück und eröffnete die Möglichkeit für einen friedlichen Machtwechsel.

Guinea-Bissau 1980

In Guinea-Bissau kann der Putsch ‚Nino' Vieiras gegen Luis Cabral am 14. November 1980 als kritischer Wendepunkt angesehen werden. Dieser Zeitpunkt stellte nicht nur wegen des Putsches eine Instabilitätsperiode dar, sondern war vielmehr mit einer tiefgreifenden politischen und gesellschaftlichen Transformation verbunden. So endete mit der Machtübernahme Vieiras und seinem Flügel innerhalb der *Partido Africano da Independência da Guiné e Cabo Verde* (PAIGC) auch die Einheit von Kap Verde und Guinea-Bissau.

Laos 1989

Angesichts zurückgehender Hilfen aus der Sowjetunion zum Ende des Kalten Krieges schien die Regierung Kaysone geschwächt. Oppositionelle Kräfte in den USA und Frankreich sahen dies als Anzeichen, dass die Zeit der kommunistischen Herrschaft in Laos ihrem Ende zuging, und riefen daher im Dezember 1989 eine provisorische demokratische Exilregierung aus. Kurz darauf brachen Kämpfe zwischen Regierungstruppen und der *United Lao National Liberation Front* (ULNLF) aus, die eine provisorische demokratische Regierung für die Provinzen Xieng Khouang, Luang Prabang, Sayaboury, Houei Sai, Vang Vieng, und Borikhane proklamierte. Diese stellte jedoch *de facto* weder eine ernste Bedrohung für die Zentralregierung dar, noch konnte die ULNLF die als befreit bezeichneten Provinzen dauerhaft kontrollieren.

Libanon 2005

Vor dem Kollaps im Jahre 1975 galt der libanesische Staat als vergleichsweise stabil. Als einzige Instabilität kommt ein Putschversuch zum Jahreswechsel 1961-1962 in Frage, welcher jedoch schnell vereitelt wurde und ein Zeichen für die Effizienz der Sicherheitskräfte und damit die Stabilität des Staates war. In Ermangelung eines Vergleichsfalls vor dem Kollaps wird daher das am 14. Februar 2005 und damit nach dem Kollaps stattfindende Attentat auf den Premierminister Rafiq al-Hariri als Vergleichsfall genutzt. Dabei kamen neben Hariri noch 22 weitere Menschen ums Leben. Die Folge waren massive Proteste gegen die syrischen Besatzungstruppen, die für den Anschlag verantwortlich gemacht wurden. Zwei Wochen nach dem Attentat löste sich die Regierung auf und die damit eingeleitete „Zedernrevolution" führte zum Abzug der syrischen Truppen.

Liberia 1979

Am 14. April 1979 kam es in Liberia zu den so genannten „Rice Riots", nachdem die Versorgung mit dem Grundnahrungsmittel zusammen gebrochen war. Die Regierung Tolbert hatte zuvor den Anbau von *cash crops* wie Kaffee und Kakao gefördert, um höhere Exporterlöse zu erzielen, aber als wegen Naturkatastrophen in der Sahelzone der internationale Reispreis stieg, konnten die notwendigen Reismengen nicht mehr importiert werden. Als Sicherheitskräfte am 14. April auf unbewaffnete Demonstranten schossen, schlossen sich Teile des Militärs dem Protest an. Damit erlebte das bereits unbeliebte Regime Tolbert eine ernsthafte Krise, die den Boden für den späteren Putsch von Samuel Doe gegen die Regierung bereitete.

Sierra Leone 1967

Als 1964 Premierminister Milton Margai starb und sein Halbbruder Albert sein Amt übernahm, verschärfte sich der ethnische Konflikt zwischen Mende und Temne. Margais *Sierra Leone Peoples' Party* (SLPP) wurde schließlich fast ausschließlich durch Mende kontrolliert, alle hohen Positionen in Verwaltung, Partei und Militär von Mende besetzt. Bei den Wahlen 1967 erhielt jedoch der oppositionelle *All Peoples Congress* (APC) unter Siaka Stevens die Mehrheit der Stimmen, die Mende-dominierte Armee putschte aber noch vor der Machtübergabe. Die politische Instabilität endete erst nach einem zweiten Putsch 1968, in welchem der

Nationale Reformrat, die von den Putschisten gebildete Regierung, abgesetzt und die Regierung an Stevens übergeben wurde.

Somalia 1978

Als diachroner Vergleichsfall für den Kollaps in Somalia dient der am 9. März 1978 stattfindende Rückzug der somalischen Truppen aus dem äthiopischen Ogaden. Zuvor hatte Siad Barre erfolglos versucht, diese Region Somalia anzugliedern. Nachdem die Sowjetunion die Hilfen für Somalia einstellte und stattdessen Äthiopien unterstützte, verschlechterte sich nicht nur die militärische Lage in Äthiopien. Sheik-Abdi beschreibt daher die Situation auch als „critical junction" (Sheik-Abdi 1981, S. 163) in der Geschichte des Landes.

Tadschikistan 2010

Als diachronen Vergleichszeitraum für den Kollaps des tadschikischen Staates dient das Jahr 2010. Am 19. September ereignete sich in der Kamarob-Schlucht in der Provinz Rasht der bis dahin größte Angriff der Islamischen Bewegung Usbekistans (IMU). Bei einem Angriff auf einen Militärkonvoi wurden über 20 Militärangehörige getötet. Angesichts der desolaten Verfassung der tadschikischen Streitkräfte kam diese relativ kleine militärische Herausforderung in einer Region, die bereits zu Zeiten des Bürgerkrieges eine Hochburg der islamistischen Opposition war, einer ernsthaften Bedrohung gleich.

Tschad 1965

Als diachroner Vergleichsfall zum Kollaps im Jahre 1979 dient die als „Mangalmé-Unruhen" bekannt gewordene Erhebung der Mubi gegen die Eintreibung von Steuern auf Vieh im Jahr 1965. Dieser Zeitpunkt erscheint deshalb geeignet, da er zum einen als manifeste, akute Stabilitätskrise gewertet werden kann und zum anderen auch als Anstoß bzw. Referenz für die Entstehung einer nationalen „Befreiungsbewegung" gegen das postkoloniale tschadische Regime diente.

Uganda 1971

Am 25. Januar 1971 putschte General Idi Amin gegen Präsident Milton Obote und begann damit seine Herrschaft, die Uganda nahe an den Kollaps brachte, der dann wenige Jahre nach Amin tatsächlich eintrat.

Zaire 1977

Die erste Shaba-Krise im Jahr 1977 dient als Vergleichsfall für beide kongolesischen Kollapsfälle (Kongo-Kinshasa 1960, Zaire 1996). Als 1977 die *Front de Libération*

Nationale Congolais (FLNC) – zu großen Teilen ehemalige Veteranen der Sezession Katangas während der Kongo-Krise 1960 – in das nun in Shaba umbenannte ehemalige Katanga einmarschierte, um die ressourcenreiche Region vom Rest des kongolesischen Staates loszulösen, gelang es der Regierung Mobutu nur mit ausländischer Unterstützung die Integrität des Staates zu bewahren.

Mit dieser Auswahl der diachronen Vergleichsfälle und der vorhergehenden Auswahl der synchronen Vergleichsfälle ergibt sich die in Tabelle 5.4 zusammengefasste Gesamtübersicht aus kollabierten Staaten und den ihnen zugeordneten zwei Vergleichsgruppen.

Tab. 5.4   Übersicht über die Fälle und diachrone und synchrone Kontrollfälle

Kollapsfall	Diachroner Vergleichsfall	Synchroner Vergleichsfall
Afghanistan 1979	Afghanistan 1973	Sri Lanka 1983
Angola 1992	Angola 1975	Mali 1991
Bosnien-Herzegowina 1992	Kein Kontrollfall	Kroatien 1995
Dem. Rep. Kongo 1960	Zaire 1977	Nigeria 1967
Georgien 1991	Georgien 2003	Moldau 1992
Guinea-Bissau 1998	Guinea-Bissau 1980	Lesotho 1998
Laos 1960	Laos 1989	Kambodscha 1967
Libanon 1975	Libanon 2005	Iran 1979
Liberia 1990	Liberia 1979	Burundi 1993
Sierra Leone 1998	Sierra Leone 1967	Guinea 1996
Somalia 1991	Somalia 1978	Niger 1990
Tadschikistan 1992	Tadschikistan 2010	Usbekistan 1999
Tschad 1979	Tschad 1965	Äthiopien 1974
Uganda 1985	Uganda 1971	Burkina Faso 1987
Zaire 1996	Zaire 1977	Sudan 1993

Literatur

Center for Systemic Peace. (2013). MEPV codebook. Retrieved 08.08.2013, from http://www.
   systemicpeace.org/inscrdata.html.
Correlates of War Project. (2005). National Material Capabilities Data Documentation,
   Version 3.02 Retrieved 08.08.2013, from http://dvn.iq.harvard.edu/dvn/dv/cow.
Esty, D. C., Goldstone, J. A., Gurr, T. R., Harff, B., Levy, M., Dabelko, G. D., Surko, P.T.,
   Unger, A. N. (1998). *State Failure Task Force Report: Phase II Findings.* McLean: Science
   Applications International Corporation.
Gleditsch, K. S. (2002). *Expanded GDP and Trade Data.* Retrieved from http://privatewww.
   essex.ac.uk/~ksg/exptradegdp.html.
Goertz, G. (2006). *Social Science Concepts: A User's Guide.* Princeton: Princeton University
   Press.
King, G., Keohane, R. O., & Verba, S. (1994). *Designing Social Inquiry: Scientific Inference
   in Qualitative Research.* Princeton: Princeton University Press.
Mahoney, J., & Goertz, G. (2004). The Possibility Principle: Choosing Negative Cases in
   Comparative Research. *American Political Science Review, 98*(4), 653-669.
Marshall, M. G., & Jaggers, K. (2005). *Polity IV Project: Political Regime Characteristics and
   Transitions, 1800-2004 - Dataset Users' Manual.* Arlington: George Mason University,
   Polity IV Project.
Ragin, C. C. (2000). *Fuzzy-Set Social Science.* Chicago: Chicago University Press.
Reno, W. (2006). Congo: From State Collapse to "Absolutism", to State Failure. *Third World
   Quarterly, 27*(1), 43-56.
Rice, S. E., & Patrick, S. (2008). *Index of State Weakness in the Developing World.* Washington
   D.C.: Brookings Institution.
Rihoux, B. (2006). Qualitative Comparative Analysis (QCA) and Related Systematic Compa-
   rative Methods: Recent Advances and Remaining Challenges for Social Science Research.
   International Sociology, 21(5), 679-706.
Rotberg, R. I. (2004). The Failure and Collapse of Nation-States: Breakdown, Prevention, and
   Repair. In R. I. Rotberg (Hrsg.), *When States Fail: Causes and Consequences* (S. 1-49).
   Princeton: Princeton University Press.
Sciolino, E. (1983). Iran's Durable Revolution. *Foreign Affairs, 61*(4), 893-920.
Sheik-Abdi, A. (1981). Ideology and Leadership in Somalia. *The Journal of Modern African
   Studies, 19*(01), 163–172.

QCA

6

Zusammenfassung

Zusammenfassung: Das Kapitel stellt zunächst die Entwicklung eines Kodier-handbuches für die aus der Literatur abgeleiteten Risikofaktoren für Staatskollaps dar. Darauf aufbauend wird der Prozess der Datenerhebung, die Probleme dieser, die angewandten Methoden zur Qualitätssicherung und die Erstellung der verschiedenen Datensätze beschrieben. In einem nächsten Schritt werden die Ergebnisse der beiden QCA-Vergleiche dargestellt und diskutiert. Den Abschluss bildet eine kurze methodische Reflexion auf Basis der bisher dargestellten Ergebnisse welche zur Ergänzung der QCA durch vergleichende Process-Tracing-Studien im nächsten Kapitel überleitet.

Keywords

Keywords: Operationalisierung, Datensatz, Vergleichsergebnisse, Qualitative Comparative Analysis, QCA, Datenerhebung

Der erste analytische Schritt unseres Forschungsdesigns bestand aus zwei Vergleichen, in denen wir jeweils mittels QCA die Gruppe der Kollapsfälle mit unterschiedlichen Gruppen von Kontrollfällen verglichen. In diesem Kapitel schildern wir zunächst das Procedere der Datensammlung, der Kodierung der Daten sowie der Erstellung der Datensätze. In einem weiteren Schritt werden die verschiedenen Datensätze näher betrachtet, bevor die Ergebnisse des diachronen und des synchronen Vergleichs vorgestellt werden. Anschließend folgt eine kurze methodische

Reflexion der Herausforderung, die Ergebnisse aus zwei unterschiedlichen QCA zusammenzuführen. Aus dieser Reflexion wird zum Ende des Kapitels nochmals die Notwendigkeit der ergänzenden Process-Tracing-Studien unterstrichen.

6.1   Konzeptionalisierung der Risikofaktoren

In Kapitel 4 hatten wir aus der vorhandenen Literatur Risikofaktoren identifiziert, die im Rahmen der QCA-Vergleiche überprüft werden sollten. Dazu mussten wir zunächst aus den Faktoren Bedingungen entwickeln, die von QCA verarbeitet werden können. Wir mussten dafür die Bedingungen präzise definieren, ihre möglichen Ausprägungen festlegen und Indikatoren für deren Erhebung finden. All diese Informationen wurden in den Kodierrichtlinien zusammengefasst und dienten während der Fallstudien als Richtschnur, um die erhobenen Daten in Kodierungen umzuwandeln und damit vergleichbar zu machen. Zur Illustration werden in Tabelle 6.1 zwei dieser Bedingungen mitsamt der dazugehörenden Kodieranweisungen und Indikatoren gezeigt. Die vollständigen Kodierrichtlinien für alle Risikofaktoren befinden sich im Anhang.

In diesem Beispiel verfügen die Bedingungen REGIME und POLITY über drei bzw. vier Ausprägungen. Diese Möglichkeit der mehrwertigen Kodierung wurde durch die Verwendung von MVQCA eröffnet, das über die rein binäre Konzeptionalisierung einer „klassischen" csQCA hinausgeht. (Zur anfänglichen Entscheidung für ein MVQCA-Design vgl. Kap. 3.4.) Diese Möglichkeit haben wir jedoch selten genutzt, um die Zahl möglicher Kombinationen (und damit auch der Remainder) nicht unnötig zu vergrößern. Unter den 27 Bedingungen waren daher 16 binär und lediglich 11 mehrwertig. Letztere wurden wann immer möglich – etwa wenn bestimmte Ausprägungen nie vorkamen oder die zu Grunde liegenden metrischen Daten sehr homogen verteilt waren – auf binäre Kodierungen reduziert. Zum Beispiel stellte sich bei der anfangs vierwertigen Bedingung POLITY nach einer ersten Analyse heraus, dass nicht wie angenommen das Fehlen vorkolonialer Polities (= POLITY(0)) ein Risiko darstellte, sondern die Existenz von lokalen, nicht das komplette Staatsterritorium umfassenden Polity-Formen in vorkolonialer Zeit (= POLITY(1)). Die Bedingung wurde daraufhin in die zweiwertige Bedingung LOCAL_POLITY umgewandelt.[15]

---

15 Hierfür wurden die Kategorien 0, 2 und 3 der Bedingung POLITY zu einer neuen Kategorie 0 („keine vorkoloniale/-imperiale(n) *lokale* polity/ies") zusammengefasst.

Tab. 6.1   Auszug aus den Kodierrichtlinien

Bedingung Risikofaktor(en) QCA-Kurzname	Kodierung	Theoretische Überlegung	Indikatoren	Datenquelle
Regimetyp P 5a P 5b P 5c REGIME	0 = Demokratie 1 = Hybrides Regime 2 = Autokratie	Demokratien werden aufgrund ihrer Fähigkeit, divergierende Interessen mittels Partizipationsmöglichkeiten auszugleichen, als besonders stabil angesehen. Autokratische Regime besitzen diese Fähigkeit nicht, haben sich jedoch empirisch zum Teil als sehr stabil erwiesen. Eine weitere oft vertretene These ist daher, dass hybride Regime als besonders gefährdet gelten können, da sie weder die Unzufriedenheit der Bürger durch partizipative Verfahren beruhigen noch durch Repression unterdrücken können.	Polity +5 bis -5 =Hybrid Polity > +5 =Demokratie Polity < -5= Autokratie Diese Schwellenwerte werden vom Polity IV-Projekt empfohlen.[1] * Gemessen wird im Falljahr bei einem Messzeitpunkt in der 2. Jahreshälfte, im Vorjahr bei einem Messzeitpunkt in der 1. Jahreshälfte.	Umkodierung der Bedingung POLITY des Polity IV-Datensatzes In Einzelfällen: Eigene Kodierung nach Sekundärquellen
Vorkolonial S 3 POLITY	0 = keine vorkoloniale/ vorimperiale *polity* 1 = lokale vorkoloniale/ vorimperiale *polity*, die zwar hierarchisch organisiert ist, aber nicht alle weiteren Bedingungen von 2 erfüllt 2 = eigenes vorkoloniales/ vorimperiales Königreich, Imperium oder Staat, der weitgehend deckungsgleich mit dem heutigen Staatsgebiet ist 3 = keine koloniale/imperiale Periode	Staatliche Herrschaft ist stabiler, wenn sie sich in einem historischen Prozess schrittweise institutionalisiert hat oder wenn postkoloniale bzw. postimperiale Staatsbildungsprozesse an staatliche bzw. staatsähnliche Organisationsformen aus einer früheren Unabhängigkeitsperiode anknüpfen können. Hierbei wird davon ausgegangen, dass die Überlebensfähigkeit dadurch gesteigert wird, wenn die Grenzen des vor- und des postkolonialen/-imperialen Staates weitgehend deckungsgleich sind.	Für 1: die *polity* muss zumindest in einem signifikanten Teilgebiet des heutigen Staates existiert haben Für 2: Königreiche, Imperien oder Staaten zeichnen sich durch eine hierarchische Ordnung, ein gewisses Maß an Institutionalisierung, entpersonalisierter Herrschaft und Persistenz aus. Diese decken sich weitgehend mit dem heutigen Staatsgebiet.	Eigene Kodierung nach Sekundärquellen

1 Siehe http://www.systemicpeace.org/polity/polity4.htm [15.06.2015]

Auf Grund der hohen Anzahl von 27 zu kodierenden Bedingungen und der Gesamtzahl von 43 Fällen griffen wir, wann immer dies möglich war, auf bereits existierende Datensätze zurück. In diesen Fällen mussten die Daten nur umkodiert und nicht zusätzlich erhoben werden. Jedoch wiesen selbst umfassende Datensätze wie der des Polity IV-Projekts Lücken auf, die durch Nachkodierungen mit Hilfe der Kodieranweisungen von Polity IV manuell und mittels qualitativer Recherche gefüllt werden mussten.

In über der Hälfte unserer Bedingungen (16 von 27) war es nicht möglich auf bereits existierende und valide Daten zurückzugreifen. Für diese insgesamt 688 Kodierungen musste auf eigene Recherche und Sekundärliteratur zurückgegriffen werden. Dies bedeutete einen immensen Arbeitsaufwand: Insgesamt wurden in eineinhalb Jahren etwa 3500 Seiten an Fallstudien produziert, um die erforderlichen Daten zu erheben. Auf Grund dieser Menge an erforderlichen Daten und Kodierungsentscheidungen, war es notwendig die Arbeit zwischen zwei Kodierer_innen aufzuteilen, was neue Herausforderungen an die Kodieranweisungen stellte und eine spezielle Qualitätskontrolle notwendig machte (Lombard et al. 2002).

Um sicher zu stellen, dass die Kodierentscheidungen intersubjektiv gleich, d.h. vom Kodierer bzw. der Kodiererin unabhängig getroffen wurden, entwickelten wir ein System aus verschiedenen ineinandergreifenden Mechanismen. Der erste Schritt bestand in der Formulierung des Kodierhandbuches. Zusätzlich prüften wir, ob ein geteiltes Verständnis der Anweisungen des Kodierhandbuches vorhanden war. Diese sogenannte „Intercoder-Reliabilität" kann, wie Kolbe und Burnett anführen, als Maßstab für die Qualität der genutzten Definitionen und der verwendeten Kategorien dienen: „High levels of disagreement among judges suggest weaknesses in research methods, including the possibility of poor operational definitions, categories, and judge training" (Kolbe und Burnett 1991, S. 248).

Zunächst wurde daher die allererste Fallstudie (Somalia 1991) nach den Anweisungen des Kodierhandbuches (Version 0.5) doppelt und unabhängig von beiden Kodierer_innen erstellt. Anschließend wurde der Anteils der Übereinstimmungen an der Gesamtsumme der Kodierungen bestimmt. Diese betrug im ersten Fall 11 von 16, also 68,7 %. Nach der Revision des Codebooks und der erneuten Doppel-Kodierung einer weiteren Fallstudie (Bosnien-Herzegowina 1992) auf Basis des Codebooks (Version 0.8), erreichten wir einen Wert von 81.25 % (13 von 16 Bedingungen) welcher für ausreichend erachtet werden kann.[16]

Von diesem Zeitpunkt an wurden die restlichen Fallstudien jeweils einzeln kodiert. Als zusätzliche Stufe der Qualitätssicherung wurden diese von der/dem

---

16 Neuendorf beschreibt einen Koeffizient von über 0,9 (90 %) als „acceptable to all" und von über 0,8 (80 %) als „acceptable to most situations" (Neuendorf 2002, S. 145).

jeweils anderen Kodierer_in und dem Teamleiter gegengelesen und kommentiert. Wenn die Kodierentscheidung nicht überzeugte, einigte sich das Team in einer eingehenden Diskussion auf eine Kodierung. Jeder Kodierung wurde zudem eine Sicherheitsbewertung von 1-3 zugeschrieben. Eine 1 entsprach dabei einer sehr sicheren Kodierung, welche durch mehrere unterschiedliche Quellen gedeckt wurde. Eine 3 entsprach einer unsicheren Bewertung auf Basis einer einzigen Quelle. Als die Datenerhebung mit der letzten Fallstudie im Juni 2013 abgeschlossen wurde, waren 85 % aller Sicherheitseinschätzungen mit 1 oder 2 bewertet und damit als relativ zuverlässig eingestuft.

Nach dem Abschluss der Datenerhebung konnten nun die verschiedenen Datensätze aufgebaut werden. Dazu wurde das von Lasse Cronqvist entwickelte Tool for Small-N Analysis (TOSMANA) in der aktuellen Version 1.3.2.0 genutzt.[17] Im Gegensatz zu den anderen gängigen Programmen für QCA Analysen wie fs/QCA oder dem STATA Add-On „fuzzy" ist TOSMANA auch für die Durchführung von Multi Value-QCA nutzbar.

Insgesamt wurden drei Datensätze aufgebaut: Ein Komplettdatensatz, ein Datensatz für den synchronen Vergleich und ein Datensatz für den diachronen Vergleich. Der Komplettdatensatz befindet sich in der ursprünglichen Kodierung und mit allen Bedingungen im Anhang als Tabelle 9.1.[18] Die beiden anderen Datensätze, die lediglich Teildatensätze des Komplettdatensatzes sind, wurden aus Platzgründen hier nicht veröffentlicht und sind auf Nachfrage bei den Autoren als Replikationsdaten zu erhalten.

6.2 Reduktion der Bedingungen

Das grundsätzliche Problem der drei Datensätze bestand darin, dass sie zu viele Bedingungen für die vergleichsweise geringe Anzahl an Fällen beinhalteten. Dies lag an dem zunächst eher theorietestenden Charakter unserer Untersuchung und dem breiten Angebot an theoretischen Erklärungen unseres Phänomens bei einer geringen Anzahl empirischer Fälle. Das Problem zu vieler Konfigurationsoptionen bei QCA ist bereits seit langem bekannt: „In QCA, combinations of dichotomous variables grow exponentially from a base of two, and thus a large number of inde-

---

17 Vgl. http://homepage.uni-trier.de/cronqvis/tosmana-tool-for-small-n-analysis/ [25. April 2015...6

18 Zum Download erhältlich unter http://www.lehrstuhl-ibep.de/40-0-Datensaetze.html [25. April 2015]

pendent conditions make QCA unwieldy and decrease the likelihood that any given combination will have an empirical referent or will be theoretically interpretable. Moreover, the larger the number of independent conditions, the more likely that each possible combination with a case in it will have only that one case" (Amenta und Poulsen 1994, S. 23). Die multiplen Ausprägungen von Bedingungen (teilweise bis zu vier) erhöhten in unserer MVQCA das Problem zusätzlich, da die Kombinationsmöglichkeiten von Bedingungen nicht nur quadratisch auf der Basis von zwei, sondern entsprechend auf der Basis von drei oder vier wachsen.

Marx (2006) schlägt daher zur Eindämmung des Problems ein Maximalverhältnis von 0,33 Bedingungen pro Fall vor bzw. von 0,25 bei sechs bis sieben Bedingungen und 0,2 für acht Bedingungen. Für unseren Vergleich von 30 (synchron) bzw. 28 Fällen (diachron) bedeutet dies ein Maximum von sieben Bedingungen. Marx und Dusa (2011) weisen jedoch darauf hin, dass selbst bei diesem Verhältnis die Wahrscheinlichkeit von zufälligen Ergebnissen noch recht hoch ist und raten daher dazu die Zahl der Bedingungen noch weiter zu reduzieren. Unser Ziel war es daher, Lösungsterme zu finden, die nicht mehr als fünf Bedingungen benötigen.

6.2.1   Synchroner Vergleich

Der erste Schritt im Prozess der Reduktion von Bedingungen und somit des empirischen „Testens" existierender Theorien, bestand in der Suche nach notwendigen Bedingungen, also speziellen Bedingungen welche in allen Kollapsfällen vorkommen. Dieser Schritt musste vor der eigentlichen qualitativ-komparativen Analyse erfolgen, die lediglich nach hinreichenden Bedingungen für das Outcome sucht und so ggf. vorhandene notwendige Bedingungen eliminiert. Ausgeglichene Machtverhältnisse zwischen dem herrschenden Regime und seinen Herausforderern (POWER_PROP2) erwies sich als nahezu notwendige Bedingung. In allen Kollapsfällen bis auf den Fall Angola 1992 waren die Machtverhältnisse annähernd ausgeglichen. Bei genauerer Betrachtung zeigte sich jedoch, dass die Indikatoren, die zur Operationalisierung von POWER_PROP verwendet wurden, zu nahe am Kollapsbegriff an sich waren, und diese empirische Nähe letztlich tautologisch war.[19] Daher wurde die Bedingung POWER_PROP von allen weiteren Analysen ausge-

---

19 In der Regel werden in Situationen, in denen bewaffnete Verbände weite Teile des Staatsgebietes kontrollieren auch realistische Chancen zum Sieg vorhanden sein. In diesem Falle ist die Bedingung jedoch weniger eine Ursache als vielmehr als eine Begleiterscheinung eines bereits eingetretenen Kollaps des Staates, welcher u. a. durch die Unfähigkeit das Staatsgebiet zu kontrollieren gekennzeichnet ist.

schlossen. Im nächsten Schritt wurden zur Komplexitätsreduktion nicht genutzte Kategorien von Bedingungen gestrichen und – sofern ohne Informationsverlust möglich – mehrwertige Bedingungen in dichotome umgewandelt.

Dennoch mussten wir nach Wegen suchen, die Zahl der Bedingungen darüber hinaus deutlich zu verringern. Die gängigste Vorgehensweise wäre eine theoretisch begründete Auswahl von den zu überprüfenden Theorien. Beispielsweise schlagen Amenta und Poulsen vor, sich mittels QCA auf die Verifizierung und Falsifizierung von Theorien, „that are conjunctural or combinatorical in construction and that predict multiple causal combinations for one outcome" (Amenta und Poulsen 1994, S. 29) zu konzentrieren. Als Beispiel nennen sie Ragins (1987) Überprüfung einer früheren Arbeit zu Bauernaufständen, nach welcher Bauernaufstände durch eine Kombination aus Traditionalismus und Kommerzialisierung der Agrarwirtschaft ausgelöst werden. Dies stellte für uns jedoch keine Option dar, weil wir den expliziten Anspruch hatten, möglichst viele der existierenden Theorien zu testen – auch solche, die nicht die nach Amenta und Poulsen beschriebene, QCA begünstigende kombinatorische Logik aufwiesen. Insofern kann daher unser Ansatz eher als „Comprehensive approach, relying on all extant theories, hypotheses, and explanations" (Amenta und Poulsen 1994, S. 25) verstanden werden.

Eine für uns praktikablere Vorgehensweise war der Vorschlag von Ragin (2000, S. 321-328), Bedingungen der nächsthöheren Ordnung zu formulieren, welche mehrere andere Bedingungen zusammenfassen. Unser nächster Schritt zur Reduktion der Zahl von Bedingungen war daher durch den Versuch gekennzeichnet, Bedingungen zusammenzufassen, welche einer oder mehreren ähnlichen theoretischen Erklärungen zuzuordnen waren, und dadurch eine dahinterstehende Makro-Bedingung abzubilden. Beispielsweise haben wir versucht, die Informalität der politischen Entscheidungsfindungsprozesse (INFORMAL), schädliche Eingriffe des Regimes in die Bürokratie (BUR_OBSTR) und die Sicherheitskräfte (SEC_OBSTR) sowie die Etablierung alternativer inoffizieller Gewaltakteure (UNOFF_MILITIA) und einen personalistischen Herrschaftsstil (PERSONAL_RULE) als Schattenstaat-Hypothese im Sinne von Reno (2000) zu formulieren. Wir mussten dieses Vorgehen jedoch verwerfen, weil diese Bedingungen eine zu große Varianz zwischen den Fällen aufwiesen, um eine zugrundeliegende latente Makro-Bedingung annehmen zu können.

Stattdessen verwendeten wir ein eigens entwickeltes, eher statistisches Verfahren zur Reduktion von Bedingungen. Das folgende Verfahren wurde jeweils erst für den horizontalen (synchronen) und anschließend für den vertikalen (diachronen) Vergleich durchgeführt. Mittels der TOSMANA-Funktion „show implicants" wurden die Primimplikanten, also die sich aus der Reduktion „überflüssiger" Bedingungen ergebenden Bedingungssets, berechnet.[20] Unter allen Primimplikanten, die mindestens vier Fälle erklärten und höchstens drei Bedingungen besaßen, wurde die Häufigkeit der enthaltenen Bedingungen errechnet.[21] Auf Basis dieser statistischen Auswertung wurden alle Bedingungen ausgeschossen, die (1) so selten vorkommen, dass sie direkt als Erklärungsbedingungen ausscheiden oder (2) zwar relativ häufig auftauchen, aber nur als weit verbreitete ‚Zusatzbedingung' ohne eigenen Erklärungswert angesehen werden können.[22]

Nach dieser Vorgehensweise wurden im synchronen Vergleich folgende zwölf Bedingungen ausgeschlossen:

- Nachbarkrieg (N_CIV_WAR), da diese Bedingung nur zweimal in Ausprägung (1) vorkam.
- Nachbarkollaps (N_COLLAPSE), da die Bedingung nur in zwei Fällen mit Ausprägung (0) vorkam, also der Abwesenheit eines Kollaps im Nachbarland, was theoretisch wenig Sinn ergibt.
- Liberalisierung (LIBERAL) da diese Bedingung zwar häufig, jedoch lediglich in der Ausprägung (0), also der Abwesenheit eines Liberalisierungsprogramms vorkam. Dies ließ sich aber nicht als spezifische Wirtschaftspolitik und erst recht nicht im Sinne der angenommenen Risikothese deuten.
- Strukturanpassungsprogramme (SAP), da die Bedingung ebenfalls nur in der Kodierung „0", also Abwesenheit von Strukturanpassungsprogrammen, Teil einiger Primimplikanten war.
- Ethnokratie (ETH_MIN_RULE), da auch diese nur in der Kodierung (0) relativ häufig in den Primimplikanten vertreten war und auch die Kombinationen mit anderen Bedingungen keine spezifischen Muster zeigten. Es schien sich um eine

---

20 TOSMANA-Einstellungen: „explain Outcome 1"; „include remainders for reduction".

21 Diese Schwellenwerte sind letztlich willkürlich gewählt. Sie wurden aufgrund unserer Beobachtung der Ergebnisse gewählt, wonach die Berücksichtigung von Implikanten, die a) weniger als vier Fälle abdecken, oder b) aus mehr als drei Bedingungen bestehen, die Zahl der zu berücksichtigenden Implikanten drastisch erhöht ohne dadurch das Ergebnis wesentlich präziser zu machen.

22 Die Anwendung eines statistischen Verfahrens zur Reduktion der Anzahl an Bedingungen ist nicht unproblematisch, da QCA selbst keine probabilistische Logik zu Grunde liegt. Mit anderen Worten: An sich sagt die Wahrscheinlichkeit, wie oft eine Bedingung in einer QCA-Lösung (oder dem Primimplikanten) auftaucht, nichts über die Wahrscheinlichkeit aus, mit der dieser Faktor eine Rolle zur Erklärung des Outcomes spielt. Wir hielten diese Vorgehensweise deshalb aber für gerechtfertigt, da die relative Häufigkeit nicht zum automatischen Ausschluss führte, sondern für uns lediglich einen Hinweis darstellte, die Verteilung der Bedingung näher anzusehen.

überflüssige Nebenbedingung für andere, erklärungsstärkere Kombinationen zu handeln.

- Eingriffe in die Bürokratie (BUR_OBSTR) und die Sicherheitskräfte (SEC_OBSTR) waren selten Teil eines Primimplikanten und wurden daher ausgeschlossen.
- Personalismus (PERSONAL_RULE) war v. a. in der Ausprägung „0" zu finden, die nicht als spezifische Regimeform interpretiert werden kann.
- Primärgüterexporte (PRIM_COMM_EXP) wurden ausgeschlossen, da entgegen unserer Hypothese, dass eine Kodierung mit „2" – also ein besonders hoher Anteil an Primärgüterexporten gemessen am Bruttoinlandsprodukt – riskant sei, die häufigste ermittelte Ausprägung „0" war. Da eine geringe Abhängigkeit von Primärgüterexporten uns keinen plausiblen Erklärungsansatz bot, wurde die Bedingung nicht weiter in die Lösungssuche einbezogen.
- Ein hoher Jugendanteil (YOUTH) kam ebenfalls selten in den Primimplikanten vor. Seine Werte waren zudem breit gestreut und wiesen kein erkennbares Muster auf.

Nach diesem ersten Ausschlussverfahren verblieben noch 15 Bedingungen zur Analyse im Datensatz. Wie bereits dargelegt, musste diese Zahl nochmals etwa halbiert werden. Also wurde dasselbe Verfahren nochmals zur Anwendung gebracht. Nach der darauf folgenden Auswertung wurde

- die Bedingung Vorkolonial (POLITY) von einer multivariaten Bedingung in eine binäre Bedingung umkodiert, da auch im zweiten Durchgang die Kodierung „1" am häufigsten in aussagekräftigen Lösungen auftauchte. Zugleich wurde die Bedingung in Vorkoloniale Polity (LOCAL_POLITY) umbenannt.
- Die Bedingung Informalität (INFORMAL), die in der zweiten Berechnung nur noch selten in den Primimplikanten auftauchte, wurde ausgeschlossen.
- Ebenfalls wurde die Bevölkerungsdichte (POP_DENSITY) in der zweiten Runde nur noch selten ermittelt und daher ausgeschlossen.
- Da die Handelsoffenheit (TRADE_OPEN) vor allem in der wenig aussagekräftigen, mittleren Kodierung „1" eine Rolle spielte, welche theoretisch nicht plausibel erscheint, wurde diese Bedingung ebenfalls nicht weiter in der Analyse berücksichtigt.
- Als letzte Bedingung wurde Repression (REPRESSION) von der Analyse ausgeschlossen, da sich der vorherige Eindruck einer inhaltlich plausiblen Korrelation mit anderen Bedingungen im zweiten Durchgang nicht bestätigte.
- Darüber hinaus wurde die bisher dreiwertige Bedingung Regime (Demokratie, hybrides Regime und Autokratie) in eine zweiwertige Bedingung umgewandelt

und in HYBRID_REGIME (An- bzw. Abwesenheit eines hybriden Regimes) umbenannt, da die beiden anderen Kategorien so gut wie gar nicht empirisch vorkamen und dementsprechend auch nicht in Löungen vorkamen.

Um mit den nun verbliebenen 11 Bedingungen besser arbeiten zu können, griffen wir den Vorschlag einer Zwei-Schritt-Analyse auf (Mannewitz 2011; Schneider und Wagemann 2006). Damit meinen Schneider und Wagemann ein zweistufiges Vorgehen: „In a first step, only the remote structural factors are analyzed with fs/QCA. The results of this first step will be different (combinations of) contextual factors that make the outcome possible […] The aim of the second fs/QCA analytic step consists of finding the combinations of proximate factors within the different structural defined contexts that jointly lead to the outcome" (Schneider und Wagemann 2006, S. 761). Dieses Verfahren schließt logisch an die Konzeption unseres Vergleichsdesigns mit synchronem und diachronem Vergleich an und schien uns daher besonders geeignet zu sein.

Die für das Zwei-Schritt-Verfahren notwendige Unterteilung in eher dynamische und eher strukturelle Bedingungen erwies sich allerdings als komplizierter als erwartet und verdeutlichte zudem das Problem, Bedingungen dynamisch zu konzeptionalisieren. Die Bedingungen TRANSITION, EX_THREAT und POLAR verweisen zwar auf eher kurzfristige Entwicklungen und auf Akteurshandeln, denn auf strukturelle Gegebenheiten, waren aber – mit Ausnahme von EX_THREAT – eher als Zustand denn als Prozess operationalisiert. Diesen drei eher dynamischen Bedingungen stellten wir dennoch die eher strukturellen Bedingungen INCOME, FACTIONAL, LOCAL_POLITY und HYBRID_REGIME gegenüber.

Zusätzlich war es uns möglich zwei Substitutionspaare von Bedingungen zu identifizieren, welche sich sowohl von der empirischen Aussage als auch von der theoretischen Bedeutung weitgehend deckten:

- Hilfe (AID) und Staatseinnahmen (GOV_REV): Beide haben theoretische Ähnlichkeiten, da beide Bedingungen Aussagen über die Entwicklung des Regierungsbudgets darstellen. Die Ausprägungen korrelieren jedoch kaum im Datensatz, lediglich fünf Fälle wurden in beiden Bedingungen mit „1" kodiert.
- Gewaltstrukturen (UNOFF_MILITIA) und Militarisierung (MILIT): Beide Bedingungen verweisen auf die Bewaffnung politisch relevanter Akteure jenseits der offiziellen Sicherheitskräfte. Die bei UNOFF_MILITIA mit „1" kodierten Fälle sind eine Teilmenge der mit MILIT1 bezeichneten Fälle.

Mit TOSMANA wurden für die folgenden Kombinationen Lösungen für das Outcome 1 berechnet:

1. Eine von vier strukturellen Bedingungen (Anzahl Kodierungsmöglichkeiten):
   INCOME (2),
   FACTIONAL (2),
   LOCAL_POLITY (2),
   HYBRID_REGIME (2),

2. Sowie je eine der supplementierbaren Bedingungen (um diejenige mit mehr Aussagekraft zu identifizieren):
   AID (2) oder GOV_REV (2)
   UNOFF_MILITIA (2) oder MILIT (2)

3. Und schließlich die drei Bedingungen in allen Berechnungen
   TRANSITION (2), EX_THREAT (3), POLAR (2)

Aus diesen 16 Berechnungen mit jeweils sechs Bedingungen wurden sieben ausgewählt, die wenige oder keine Widersprüche aufwiesen und relativ sparsame Lösungsterme ergaben.[23] Am überzeugendsten erschien die Kombination von FACTIONAL, MILIT, INCOME, GOV_REV und LOCAL_POLITY, da sie eine Lösung ohne Contradictions ergab und darüber hinaus die größte einzigartige Abdeckung (*unique coverage*) aufwies, also die höchste Anzahl von Fällen, die nur durch einen Lösungsterm erklärt wurden.

Diese Bedingungen sind wie folgt definiert (eine ausführliche Darstellung befindet sich in den Kodieranweisungen in Tabelle 9.1 im Anhang).

---

23 Folgende neun Kombinationen wurden ausgeschlossen (jeweils plus TRANSITION, EX_THREAT und POLAR):
    INCOME, GOV_REV, UNOFF_MILITIA (1 Contradiction mit 2 Fällen; 2 Lösungen mit je 6 Termen)
    LOCAL_POLITY, AID, UNOFF_MILITIA (2 Contradictions mit je 2 Fällen; 12 Lösungen mit je 5 Termen)
    LOCAL_POLITY, AID, MILIT (1 Contradiction mit 3 Fällen; 2 Lösungen mit je 5 Termen)
    LOCAL_POLITY, GOV_REV, UNOFF_MILITIA (2 Contradictions mit je 2 Fällen; 3 Lösungen mit je 5 Termen)
    FACTIONAL, AID, MILIT (2 Contradictions mit je 3 Fällen; 12 Lösungen mit je 6 Termen)
    FACTIONAL, AID, UNOFF_MILITIA (2 Contradictions mit je 3 Fällen; ca. 50 Lösungen mit je 6 Termen)
    FACTIONAL, GOV_REV, UNOFF_MILITIA (3 Contradictions mit je 2 Fällen; 12 Lösungen mit je 6 Termen)
    HYBRID_REGIME, AID, MILIT (2 Contradictions mit 2 bzw. 3 Fällen; 4 Lösungen mit je 5 Termen)
    HYBRID_REGIME, GOV_REV, UNOFF_MILITIA (2 Contradiction mit 2 bzw. 3 Fällen; 16 Lösungen mit je 5 Termen)

FACTIONAL: Beschreibt inwieweit die politische Kultur des Landes durch faktionalistische Kultur, d. h. partikularistische Agenden auf Basis ethnischer oder regionaler Identität, geprägt ist. Die Bedingung existiert in zwei Ausprägungen und wurde anhand des PARCOMP-Werts des Polity IV-Datensatzes kodiert.

0 = politischer Wettbewerb nicht geprägt durch Faktionalismus

1 = politischer Wettbewerb geprägt durch Faktionalismus

MILIT: Beschreibt den Grad der Militarisierung der relevanten politischen Akteure. Dabei spielen sowohl der Grad der Bewaffnung als auch Organisations- und Kommunikationsressourcen eine Rolle. Staatliche Sicherheitsorgane werden hier nicht berücksichtigt, es sei denn, diese treten als eigenständige politische Akteure auf. Mit 1 kodiert wird, wenn politische Akteure auf allen Seiten eines Konflikts bewaffnet sind. Die Bedingung liegt in zwei Ausprägungen vor.

0 = unbewaffnet: Es gibt mindestens eine politisch relevante Gruppe, die nicht bewaffnet ist. Hierbei führt individueller Waffenbesitz in der Gruppe, der nicht systematisch und kollektiv ist, noch nicht zu einer Kodierung mit „1“.

1 = bewaffnet: Systematische Bewaffnung z. B. in Form bewaffneter Flügel, Sicherheitsdiensten, Jugendgruppen, Milizen

GOV_REV: Bezeichnet die Entwicklung der Staatseinnahmen und misst diese anhand des Anteils der Staatseinnahmen am BIP des Falljahres relativ zu demselben Verhältnis drei Jahre vor dem Kollaps.

0 = die Entwicklung des Anteils der Staatseinnahmen am BIP beträgt ≥ 100 %

1 = die Entwicklung des Anteils der Staatseinnahmen am BIP beträgt < 100 %

TRANSITION: Die Bedingung Transition erfasst das Vorhandensein einer politischen Transition im Vorjahr des Kollaps. Eine Transition liegt dann vor, wenn das Kollapsjahr oder das vorige Jahr im Polity IV-Datensatz mit -88 kodiert ist, oder wenn sich in einem der beiden Jahre der Polity-Score im Vergleich zum Vorjahr um drei Punkte verändert. Wenn für einen Fall kein Wert im PolityIV-Datensatz vorliegt, wird die Bedingung auf Basis der Lektüre von Sekundärliteratur qualitativ kodiert.

0 = keine Transition

1 = Transition unmittelbar vor dem Kollaps

INCOME: Die Bedingung INCOME misst das nationale Pro-Kopf-Einkommen des Landes im Falljahr am Durchschnitt des globalen Pro-Kopf-Einkommens des Falljahres.

0 = < 5 % des globalen Durchschnitts des Pro-Kopf-Einkommens im Falljahr

1 = 5 % und mehr des globalen Durchschnitts des Pro-Kopf-Einkommens im Falljahr

6.2.2 Diachroner Vergleich

Wie bereits zum Vorgehen im synchronen Vergleich beschrieben, wurden beim diachronen Vergleich mit Hilfe der TOSMANA-Funktion „show implicants" die Primimplikanten berechnet und aus den Lösungen, welche mindestens vier Fälle erklären und nicht mehr als drei Bedingungen umfassen, die am häufigsten vorkommenden Bedingungen extrahiert. Von den nach dem Ausschluss von POWER_PROP verbleibenden 26 Bedingungen wurden so folgende ausgeschlossen:

- Schädliche Eingriffe in die Bürokratie (BUR_OBSTR) wurde als wenig erklärungskräftige Bedingung ausgeschlossen, da sie vor allem in der Ausprägung 0 (Abwesenheit von schädlichen Eingriffen) vorkam.
- Die Existenz einer Ethnokratie (ETH_MIN_RULE), wurde ebenfalls ausgeschlossen, da überwiegend die Kodierung mit 0 (Abwesenheit einer Ethnokratie) vorherrschend war.
- Informelle politische Entscheidungsfindungsstrukturen (INFORMAL) wurden nur sehr selten in Lösungen ermittelt und wurden daher ausgeschlossen.
- Wirtschaftliche Liberalisierungsprogramme (LIBERAL) wurden überwiegend in der Kodierung 0 (Abwesenheit von Liberalisierungsprogrammen) registriert und daraufhin wegen fehlender theoretischer Aussagekraft ausgeschlossen.
- Bürgerkriege im Nachbarland (N_CIV_WAR) wurden insgesamt sehr selten als Bedingung in Lösungstermen registriert. Angesichts der recht hohen Anzahl an Fällen und Vergleichsfällen mit Bürgerkriegen im Nachbarland wurde diese Bedingung ebenfalls wegen geringer spezifischer Aussagekraft ausgeschlossen.
- Die Bedingung des Kollaps eines Nachbarlandes (N_COLLAPS) wurde insgesamt selten ermittelt und schied damit für die weitere Analyse aus.
- Die Bedingung Newly independent Country (NIC) kam ebenfalls nur sehr selten vor und wurde daher ausgeschlossen.

- Die Bedingung einer personalistischen Herrschaft (PERSONAL_RULE) wurde ausgeschlossen, da sie in allen verschiedenen Ausprägungen und in keinen wiederkehrenden Kombinationen auftrat.
- Die ehemalige POLITY-Bedingung, nun umkodiert in die binäre Bedingung LOCAL_POLITY (Abwesenheit bzw. Anwesenheit einer lokalen präkolonialen/ imperialen Polity-Form) wurde zwar recht häufig, jedoch in unterschiedlichen und widersprüchlichen Ausprägungen registriert.
- Die Bevölkerungsdichte (POP_DENSITY) wurde von der weiteren Analyse ausgeschlossen, da sie zwar in verschiedenen Ausprägungen, jedoch meistens in wenig aussagekräftigen Mittelkategorien, vorkam.
- Ebenso kam auch die Bedingung Primärgüterexporte (PRIM_COMM_EXP) in verschiedenen Ausprägungen vor und wurde ausgeschlossen.
- Strukturanpassungsprogramme (SAP) kamen nur sehr selten und zudem in beiden Ausprägungen in den ermittelten Lösungen vor und wurden daher nicht weiter in der Analyse berücksichtigt.
- Die Bedingung Eingriffe in die Sicherheitskräfte (SEC_OBSTR) trat vor allem in ihrer negativen Ausprägung 0 (Abwesenheit von Eingriffen) auf, in welcher sie eine geringe Erklärungskraft besitzt. Sie wurde daher nicht weiter berücksichtigt.
- Die Bedingung Jugendanteil (YOUTH), kam in den errechneten Lösungen nur selten und in unterschiedlichen Ausprägungen vor und wurde daher nicht weiter berücksichtigt.

Damit verblieben für die weitere Berechnung zwölf Bedingungen: Hilfe (AID), externe Bedrohung (EX_THREAT), Faktionalismus (FACTIONAL), Staatseinnahmen (GOV_REV), Pro-Kopf-Einkommen (INCOME), Militarisierung der politischen Akteure (MILIT), Polarisierung des politischen Spektrums (POLAR), staatliche Repressionen (REPRESSION), die Existenz inoffizieller bewaffneter Verbände (UNOFF_MILITIA), Handelsoffenheit (TRADE_OPEN) sowie politische Transitionen (TRANSITION). Da REGIME, wie im horizontalen Vergleich, vor allem in der Ausprägung „Hybridregime" relevant war, wurde sie als binäre Bedingung HYBRID_REGIME[24] weiter in der Analyse verwendet.

Zur weiteren Reduktion wurde wie im synchronen Vergleich ein zweischrittiges Vorgehen gewählt. Die stärker dynamischen Faktoren waren EX_THREAT, REPRESSION sowie TRANSITION, ergänzt um die drei Substitutionspaare GOV_REV und AID, MILIT und UNOFF_MILITIA sowie FACTIONAL und

---

24 Mit „0" = kein Hybridregime und „1" = Hybridregime.

POLAR.[25] Die eher statischen Bedingungen waren IMCOME, HYBRID_REGIME und TRADE_OPEN; diese wurden zunächst jedoch nicht mitüberprüft, da der Fokus des diachronen Vergleichs auf den dynamischen Erklärungen liegen sollte.

Daraus ergaben sich vier widerspruchsfreie Lösungen. Dabei schnitt FACTIONAL (in 3 von 4 der Lösungen enthalten) deutlich besser ab als POLAR; gleiches galt für MILIT (drei Mal in Lösungen ohne Contradiction) im Vergleich zu UNOFF_MILITIA (nur einmal in einer Lösung ohne Contradiction). Der Versuch, auf dieser Basis eine widerspruchsfreie Lösung mit nur fünf Bedingungen zu erzeugen, gelang mit der Bedingungskombination FACTIONAL, MILIT, TRANSITION, REPRESSION und AID.[26] Alternativ erzeugte die Kombination aus POLAR, MILIT, TRANSITION, REPRESSION und AID ebenfalls keine Contradiction. Allerdings war die erste Lösung mit nur drei statt vier Termen schlanker und hatte mit zehn statt acht einzigartigen Fälle eine höhere Spezifität. Die Bedingung EX_THREAT wurde im Zuge dieser Analyse ausgeschlossen, da sie in keiner widerspruchsfreien Lösung auftauchte und darüber hinaus in Kombination mit und im Vergleich zu den anderen Bedingungen wenig Erklärungspotential bot.

In einem nächsten Schritt wurden die zunächst ausgelassenen eher strukturellen Bedingungen INCOME, HYBRID_REGIME und TRADE_OPEN wieder in die Analyse mit einbezogen. So wurde im zweiten Schritt der Zweitschrittanalyse zunächst eine der drei zuvor genannten strukturellen Bedingungen mit je einer der drei substituierbaren Bedingung (MILIT oder UNOFF_MILITIA; POLAR oder FACTIONAL; GOV_REV oder AID) sowie den beiden Bedingungen TRANSITION und REPRESSION kombiniert. So konnten acht weitere widerspruchsfreie Lösungen identifiziert werden. Dabei stellten sechs lediglich längere Varianten der beiden bereits gefundenen Fünferlösungen (MILIT, AID, TRANSITION, REPRESSION mit entweder FACTIONAL oder POLAR) dar.

Die restlichen zwei widerspruchsfreien Lösungen wurden ebenfalls verworfen. Die erste dieser Lösungen (mit den Bedingungen INCOME, MILIT, FACTIONAL, GOV_REV, REPRESSION, TRANSITION) wurde gestrichen, weil sie sechs Bedingungen benötigt. Die zweite Lösung (mit den Bedingungen TRADE_OPEN,

---

25 Die Substitution von FACTIONAL und POLAR begründen wir damit, dass beide Bedingungen Antagonismen zwischen Gruppen im politischen Wettbewerb abbilden. Während Polarisierung die akute Situation beschreibt, ist Faktionalismus als Konzept anspruchsvoller, da es auf die dauerhafte Prägung der Politik durch subnationale, partikularistische Agenden verweist.

26 Nicht erfolgreich waren die Versuche mit den Bedingungssets aus: FACTIONAL, MILIT, TRANSITION, REPRESSION, EX_THREAT (ergab eine Contradiction mit zwei Fällen) sowie FACTIONAL, UNOFF_MILITIA, TRANSITION, REPRESSION, AID (ergab ebenfalls eine Contradiction mit zwei Fällen).

UNOFF_MILITIA, FACTIONAL, AID, REPRESSION, TRANSITION) war auch
ohne Einbeziehung von TRANSITION widerspruchsfrei. Hier lautete die minimale
Lösung:

TRADE_OPEN(0) +
UNOFF_MILITIA(1) * TRADE_OPEN(1) +
REPRESSION (1,2) * AID(1) +
FACTIONAL(1) * REPRESSION(0) * TRADE_OPEN(2).

Diese Lösung ist jedoch inhaltlich nicht überzeugend. Es ist kaum zu erklären,
warum TRADE_OPEN und REPRESSION in unterschiedlichen Lösungstermen
mit jeweils unterschiedlichen Ausprägungen vertreten sind. Beispielsweise gibt es
keine theoretisch plausible Annahme, warum inoffizielle Milizen nur in Länder
mit mittlerer Handelsoffenheit eine destabilisierende Wirkung haben sollen, oder
warum Faktionalismus nur dann zum Kollaps führt, wenn das Regime nicht re-
pressiv aber sehr offen für internationalen Handel ist.

Insgesamt erschien uns die Kombination aus FACTIONAL, MILIT, TRAN-
SITION, REPRESSION und AID unter den Lösungen ohne Contradictions die
vielversprechendste, weil sie die sparsamste (nur drei Terme) und eindeutigste (zehn
eindeutige Fälle) Lösung darstellt. Sie wurde daher in der diachronen Analyse genutzt.

Da die Bedingungen MILIT, FACTIONAL und TRANSITION bereits für den
synchronen Vergleich weiter oben genauer beschrieben wurde, wird hier nur noch
auf die zusätzlichen Bedingungen AID und REPRESSION eingegangen.

AID: Die Bedingung erhebt den Wandel von externen militärischen und finanziellen Hilfen für das betroffene Land. Hilfe wird dabei sowohl in der Höhe der
offiziellen Entwicklungshilfe als auch an der Zahl und dem Umfang ausländischer,
militärischer Unterstützung durch Ausbildung, Waffenlieferungen oder direkte
Intervention gemessen. Die Bedingung existiert in zwei Ausprägungen:

0 = internationale militärische oder finanzielle Hilfe ist konstant oder ansteigend
    Hilfe

1 = eine deutliche Reduzierung der militärischen oder finanziellen Hilfe wurde
    angekündigt oder vorgenommen

REPRESSION: Die Bedingung Repression erfasst den Grad der staatlichen Repression und besteht überwiegend aus umkodierten Daten der Political Terror
Scale (PTS). Die eigene binäre Kodierung ergibt sich dabei aus dem Durchschnitt

der beiden PTS-Werte[27] der drei Jahre vor dem Kollaps. Für die Fälle vor 1976, für die keine PTS-Daten zu Verfügung standen, oder Fälle, in denen die Daten nur lückenhaft zur Verfügung standen, wurde die Bewertung auf Basis von Sekundärquellen qualitativ vorgenommen.

0 = geringes oder mittleres Maß an Repression (PTS-Werte von unter 3)

1= hohes oder sehr hohes Maß an Repression (PTS-Werte von 3 (systematische Verfolgung politisch Aktiver) bis 5 (genereller Terror))

6.3   Ergebnisse der QCA-Analysen

6.3.1   Ergebnisse des synchronen Vergleichs

Im synchronen Vergleich ergab lediglich eine Kombination von fünf Bedingungen eine Lösung ohne Widersprüche. Diese bestand aus den Bedingungen FACTIONAL, GOV_REV, INCOME, MILIT und LOCAL_POLITY (vgl. Tab 6.2).
Zum Outcome 1 aufgelöst ergab sich folgende komplexe Lösungsformel:

MILIT(1) * INCOME(0) * GOV_REV(1) * LOCAL_POLITY(1) +
FACTIONAL(1) * MILIT(1) * GOV_REV(0) * LOCAL_POLITY(1) +
FACTIONAL(0) * MILIT(1) * GOV_REV(1) * LOCAL_POLITY(1) +
MILIT(1) * INCOME(1) * GOV_REV(1) * LOCAL_POLITY(0) +
MILIT(1) * INCOME(0) * GOV_REV(0) * LOCAL_POLITY(0) +
MILIT(0) * INCOME(0) * GOV_REV(0) * LOCAL_POLITY(1)

Jeder einzelne dieser Lösungsterme deckte jedoch nur wenige Fälle ab. Die Ergebnisse sind damit immer noch zu spezifisch und idiosynkratisch. Mittels vereinfachender Annahmen (*simplifying assumptions*), d. h. automatisch errechneter Remainder, wurde die folgende minimale Lösung errechnet:

MILIT(1) * INCOME(0) +
MILIT(1) * GOV_REV(1) +
INCOME(0)* LOCAL_POLITY(1) +
FACTIONAL(1) * MILIT(1) * LOCAL_POLITY(1).

---

27 PTS gibt in der Regel für jedes Jahr zwei Einschätzungen von zwei unabhängigen Organisationen – das U.S. State Department und Amnesty International – an.

Diese Lösung kann auch wie folgt dargestellt werden:

MILIT(1) * [INCOME(0) +
GOV_REV(1) +
FACTIONAL(1) * LOCAL_POLITY(1)] +
INCOME(0) * LOCAL_POLITY(1)

Die Lösungsformel zeigt somit vier alternative Pfade, welche das Outcome Staatskollaps erklären. Die Militarisierung politischer Akteure ist in drei dieser Pfade eine
sog. INUS-Bedingung (*insufficient, but necessary part of an unnecessary but sufficient
condition*) welche in Kombination mit a) extremer Armut, b) einem Rückgang der
Staatseinnahmen oder c) einer lokalen, präkolonialen/präimperialen Polity-Form
und einem faktionalistischen politischen Wettbewerb zum Staatskollaps führt. Der
vierte, von der Militarisierung politischer Akteure unabhängige Weg, ist durch
extreme Armut und lokale, präkoloniale/präimperiale Polities gekennzeichnet.

Um die Robustheit unserer Resultate zu überprüfen wurden die Ergebnisse für
das Outcome 0 (kein Kollaps) mit vereinfachenden Annahmen errechnet, d. h. es
wurden automatisch erzeugte Remainder zur Reduktion der Ergebnisse genutzt.
Dies ergab folgende Lösung:

MILIT(0) * INCOME(1) +
MILIT(0) * LOCAL_POLITY(0) +
FACTIONAL(0) * INCOME(1) * GOV_REV(0) +
INCOME(1) * GOV_REV(0) * LOCAL_POLITY(0)

Obwohl dies nicht dem genauen Gegenteil der Lösung für das Outcome 1 (Staats-
kollaps) entspricht, weisen alle Bedingungen die zu erwartenden Werte auf: Ein
Pro-Kopf-Einkommen von mehr als 5 % des globalen Durchschnitts, konstante oder
steigende Staatseinnahmen sowie die Abwesenheit von militarisierten politischen
Akteuren, faktionalistischen Agenden sowie lokalen, präkolonialen/präimperialen
Polities. Die Lösung kann wie folgt dargestellt werden:

MILIT(0) * [INCOME(1) + LOCAL_POLITY(0)] +
INCOME(1) * GOV_REV(0) * [FACTIONAL(0) +
LOCAL_POLITY(0)]

Tab. 6.2 Wahrheitstabelle des synchronen Vergleichs

Fälle	FACTIONAL	MILIT	INCOME	GOV_REV	LOCAL_POLITY	OUTCOME
Kroatien 1995	0	1	1	0	0	0
Guinea 1996, Sri Lanka 1983	1	0	1	1	1	0
Äthiopien 1974, Burundi 1993	0	0	0	0	0	0
Iran 1979, Usbekistan 1999, Kambodscha 1967	0	0	1	1	0	0
Nigeria 1967, Niger 1990	0	0	1	1	1	0
Moldau 1992	1	1	1	0	0	0
Lesotho 1998	1	0	1	0	0	0
Mali 1991	0	0	1	0	0	0
Burkina Faso 1987	0	0	1	0	1	0
Sudan 1992	0	1	1	0	1	0
Sierra Leone 1998	1	1	0	1	1	1
Uganda 1985	1	1	0	0	1	1
Somalia 1991, Tschad 1979	0	1	0	1	1	1
Tadschikistan 1992, Bosnien-Herzegowina 1992, Georgien 1991	1	1	1	1	0	1
Afghanistan 1979	0	1	1	1	0	1
Liberia 1990	0	1	0	0	0	1
Angola 1992	0	1	1	1	1	1
Kongo-Kinshasa 1960, Libanon 1975	1	1	1	0	1	1
Zaire 1996	0	0	0	0	1	1
Laos 1960	1	1	0	0	0	1
Guinea-Bissau 1998	1	0	0	0	1	1

Mit anderen Worten gibt es zwei Bedingungssets, die den Nicht-Kollaps von Staaten erklären. Das erste besteht aus einer Kombination von nicht-militarisierten politischen Akteuren, einem durchschnittlichen Pro-Kopf-Einkommen von mehr als 5 % des globalen Durchschnitts und der Abwesenheit lokaler, präkolonialer/präimperialer Polities. Das zweite besteht aus einer Kombination von einem Pro-Kopf-Einkommen von mehr als 5 % des globalen Durchschnitts, stabilen oder steigenden Staatseinnahmen und entweder dem Fehlen faktionalistischer Agenden unter den politischen Akteuren oder der Abwesenheit einer lokalen, präkolonialen/präimperialen Polity.

Die genannten sparsamen Lösungen für die Outcomes 1 und 0 enthalten keine
widersprüchlichen vereinfachenden Annahmen. Für das Outcome 1 gelten folgende
vereinfachende Annahmen:

FACTIONAL(0) * MILIT(0) * INCOME(0) * GOV_REV(1) * LOCAL_
POLITY(1) +
FACTIONAL(0) * MILIT(1) * INCOME(0) * GOV_REV(0) * LOCAL_
POLITY(1) +
FACTIONAL(0) * MILIT(1) * INCOME(0) * GOV_REV(1) * LOCAL_
POLITY(0) +
FACTIONAL(1) * MILIT(0) * INCOME(0) * GOV_REV(1) * LOCAL_
POLITY(1) +
FACTIONAL(1) * MILIT(1) * INCOME(0) * GOV_REV(1) * LOCAL_
POLITY(0) +
FACTIONAL(1) * MILIT(1) * INCOME(1) * GOV_REV(1) * LOCAL_
POLITY(1)

Für das Outcome = 0 sind diese:

FACTIONAL(0) * MILIT(0) * INCOME(0) * GOV_REV(1) * LOCAL_
POLITY(0) +
FACTIONAL(1) * MILIT(0) * INCOME(0) * GOV_REV(0) * LOCAL_
POLITY(0) +
FACTIONAL(1) * MILIT(0) * INCOME(0) * GOV_REV(1) * LOCAL_
POLITY(0) +
FACTIONAL(1) * MILIT(0) * INCOME(1) * GOV_REV(0) * LOCAL_
POLITY(1) +
FACTIONAL(1) * MILIT(0) * INCOME(1) * GOV_REV(1) * LOCAL_
POLITY(0)

Zwischen den beiden Annahmen bestehen keine Überschneidungen.

Tabelle 6.3 zeigt, welche Fälle durch welche Lösungsterme abgedeckt werden.
Kursiv hervorgehobene Fälle sind einzigartig bzw. *unique*, d. h. sie werden nur durch
einen einzigen Term erklärt. Für jeden Term sind auch dessen Rohabdeckung – also
die Zahl der mit der jeweiligen Lösung erklärten Fälle (*raw coverage*, RC) – und
eine Maßzahl zur Messung der Fälle, die nur durch diesen speziellen Term erklärt
werden (*unique coverage*, UC) jeweils in Prozent aller 15 möglichen Fälle angegeben.

Tab. 6.3   Abdeckungsmaße der Lösungsterme mit Outcome = 1

Term	Abgedeckte Fälle	RC	UC
MILIT(1) * INCOME (0)	Sierra Leone 1998 + Uganda 1985 + Somalia 1991,Tschad 1979 + *Liberia 1990 + Laos 1960*	40 %	13.3 %
MILIT(1) * GOV_REV(1)	Sierra Leone 1998 + Somalia 1991,Tschad 1979 + *Tadschikistan 1992,Bosnien-Herzegowina 1992,Georgien 1991 + Afghanistan 1979 + Angola 1992*	53 %	33.3 %
INCOME(0) * LOCAL_POLITY(1)	Sierra Leone 1998 + Uganda 1985 + Somalia 1991,Tschad 1979 + *Zaire 1996 + Guinea-Bissau 1998*	40 %	13.3 %
FACTIONAL(1) * MILIT(1) * LOCAL_POLITY(1)	Sierra Leone 1998 + Uganda 1985 + *Kongo-Kinshasa 1960, Libanon 1975*	26.7 %	13.3 %

6.3.2 Ergebnisse des diachronen Vergleichs

Im diachronen Vergleich war TRANSITION eine hinreichende Bedingung zur Erklärung des Phänomens Staatskollaps, wenn auch mit begrenzter Abdeckung von 0,4. Mit anderen Worten: Sieben kollabierte Staaten erlebten eine politische Transition ein Jahr vor dem Kollaps. Eine Transition erklärt dabei aber den Zeitpunkt des Kollaps nur in einigen Fällen hinreichend.

Wie im synchronen Vergleich war es auch hier möglich eine Wahrheitstabelle mit lediglich fünf Bedingungen zu erzeugen, welche keine Widersprüche beinhaltete: MILIT, TRANSITION, REPRESSION, AID und FACTIONAL (vgl. Tab. 6.4). Nach dem Outcome 1 aufgelöst, ergab sich mit TOSMANA folgende komplexe Lösung:

FACTIONAL(1) * MILIT(1) * TRANSITION(1) * REPRESSION(1) +
FACTIONAL(0) * MILIT(1) * REPRESSION(1) * AID(1) +
FACTIONAL(1) * MILIT(1) * TRANSITION(0) * AID(0) +
FACTIONAL(1) * MILIT(1) * TRANSITION(1) * REPRESSION(0) +
MILIT(0) * TRANSITION(0) * REPRESSION(1) * AID(1) +
FACTIONAL(1) * MILIT(1) * TRANSITION(1) * AID(1)

Durch die Nutzung von vereinfachenden Annahmen konnte die folgende minimale Lösung errechnet werden:

TRANSITION(1) + FACTIONAL(1) * MILIT(1) + REPRESSION(1) * AID(1)

Die Lösung deutet damit drei Pfade zum Staatskollaps an: Politische Transitionen in der unmittelbaren Vor-Kollaps-Phase stellen eine hinreichende Bedingung für den Kollaps dar. Die Kombination eines von Faktionalismus und Militarisierung gekennzeichneten politischen Wettbewerbes stellt einen zweiten Pfad dar. Die Bedeutung dieser beiden Faktoren wird zudem noch durch den synchronen Vergleich unterstrichen, wo diese beiden Bedingungen ebenfalls prominent vertreten sind. Der dritte Pfad besteht aus einem mittleren oder sehr hohem Level staatlicher Repression und einer Abnahme externer finanzieller und/oder militärischer Hilfe.

Tab. 6.4   Wahrheitstabelle des diachronen Vergleichs

Fall	FACTIONAL	MILIT	TRANSITION	REPRESSION	AID	OUTCOME
Afghanistan 1973, Somalia 1978	0	0	0	0	1	0
Angola 1975, Zaire 1977, Laos 1989	0	1	0	1	0	0
Tschad 1965, Guinea-Bissau 1980, Uganda 1971	0	0	0	1	0	0
Georgien 2003, Libanon 2005, Tadschikistan 2010	1	0	0	1	0	0
Liberia 1979	0	0	0	0	0	0
Sierra Leone 1967	1	0	0	0	0	0
Afghanistan 1979, Tschad 1979	0	1	1	1	0	1
Angola 1992	0	1	1	1	1	1
Bosnien-Herzegowina 1992, Georgien 1991, Libanon 1975	1	1	0	0	0	1
Kongo-Kinshasa 1960	1	1	1	0	0	1
Zaire 1996	0	0	0	1	1	1
Guinea-Bissau 1998	1	0	0	1	1	1
Laos 1960	1	1	1	0	1	1
Liberia 1990, Somalia 1991	0	1	0	1	1	1
Sierra Leone 1998, Tadschikistan 1992	1	1	1	1	1	1
Uganda 1985	1	1	0	1	0	1

Auch die Ergebnisse des diachronen Vergleichs unterzogen wir einem Robustheits-
check, indem wir die Ergebnisse für das Outcome 0 (kein Kollaps) errechneten und
mit den Ergebnissen für Outcome 1 (Staatskollaps) verglichen.

Die komplexe Lösung für das Outcome 0 sieht dabei wie folgt aus:

MILIT(0) * TRANSITION(0) * AID(0) +
FACTIONAL(0) * MILIT(0) * TRANSITION(0) * REPRESSION(0) +
FACTIONAL(0) * TRANSITION(0) * REPRESSION(1) * AID(0)

Die Lösung zu vereinfachen fällt etwas schwerer als im synchronen Vergleich, da
es im diachronen Vergleich mehrere Überlappungen von Termen zwischen den
vereinfachenden Annahmen für Outcome 1 und Outcome 0 gab. Die folgenden
Bedingungssets tauchten zunächst in beiden vereinfachenden Annahmen auf:

FACTIONAL(0) * MILIT(0) * TRANSITION(1) * REPRESSION(0) * AID(0) +
FACTIONAL(0) * MILIT(0) * TRANSITION(1) * REPRESSION(0) * AID(1) +
FACTIONAL(0) * MILIT(0) * TRANSITION(1) * REPRESSION(1) * AID(0) +
FACTIONAL(1) * MILIT(0) * TRANSITION(1) * REPRESSION(0) * AID(0) +
FACTIONAL(1) * MILIT(0) * TRANSITION(1) * REPRESSION(0) * AID(1) +
FACTIONAL(1) * MILIT(0) * TRANSITION(1) * REPRESSION(1) * AID(0)

Jeder der Lösungsterme enthält die Bedingung TRANSITION(1), welche bereits
zuvor als hinreichende Bedingung identifiziert wurde. Daher wurde diesen hypo-
thetischen Fällen das Outcome 1 zugewiesen. Mit den verbleibenden Annahmen
lässt sich die Lösung für Outcome 0 wie folgt vereinfachen:

MILIT(0) * TRANSITION(0) * AID(0) +
FACTIONAL(0) * TRANSITION(0) * REPRESSION(0) +
FACTIONAL(0) * TRANSITION(0) * AID(0)

Diese Lösung kann wie folgt vereinfacht dargestellt werden:

TRANSITION(0) * [MILIT(0) * AID(0) + FACTIONAL(0) * [REPRESSION(0)
+ AID(0)]]

Demnach sind Fälle, welche keine politische Transition in Verbindung mit einer
nicht militarisierten politischen Landschaft und konstanter externen Hilfen oder
in Verbindung mit einer politischen Landschaft welche nicht durch Faktionalismus
geprägt ist und zugleich entweder stabile externen Hilfen oder ein geringes Maß an

staatlichen Repression aufweist, nicht von dem Phänomen Staatskollaps betroffen. Diese Lösung spiegelt zwar wieder nicht genau das exakte Gegenteil der Lösung für Outcome 1 wieder, dennoch haben alle Bedingungen die erwarteten Werte. Somit sind die Ergebnisse logisch konsistent.

Die verbliebenen vereinfachenden Annahmen für das Outcome 0 sind folgende:

FACTIONAL(0) * MILIT(1) * TRANSITION(0) * REPRESSION(0) * AID(0) +
FACTIONAL(0) * MILIT(1) * TRANSITION(0) * REPRESSION(0) * AID(1)

Die vereinfachenden Annahmen für das Outcome 1 lauten:

FACTIONAL(0) * MILIT(0) * TRANSITION(1) * REPRESSION(0) * AID(0) +
FACTIONAL(0) * MILIT(0) * TRANSITION(1) * REPRESSION(0) * AID(1) +
FACTIONAL(0) * MILIT(0) * TRANSITION(1) * REPRESSION(1) * AID(0) +
FACTIONAL(0) * MILIT(0) * TRANSITION(1) * REPRESSION(1) * AID(1) +
FACTIONAL(0) * MILIT(1) * TRANSITION(1) * REPRESSION(0) * AID(0) +
FACTIONAL(0) * MILIT(1) * TRANSITION(1) * REPRESSION(0) * AID(1) +
FACTIONAL(1) * MILIT(0) * TRANSITION(1) * REPRESSION(0) * AID(0) +
FACTIONAL(1) * MILIT(0) * TRANSITION(1) * REPRESSION(0) * AID(1) +
FACTIONAL(1) * MILIT(0) * TRANSITION(1) * REPRESSION(1) * AID(0) +
FACTIONAL(1) * MILIT(0) * TRANSITION(1) * REPRESSION(1) * AID(1) +
FACTIONAL(1) * MILIT(1) * TRANSITION(0) * REPRESSION(0) * AID(1) +
FACTIONAL(1) * MILIT(1) * TRANSITION(0) * REPRESSION(1) * AID(1) +
FACTIONAL(1) * MILIT(1) * TRANSITION(1) * REPRESSION(1) * AID(0)

Tabelle 6.5 zeigt, welche Fälle durch welche Lösungsterme abgedeckt werden. Kursiv hervorgehobene Fälle sind *unique*, d. h. werden nur durch einen einzigen Term erklärt. Für jeden Term sind auch dessen *raw coverage* (RC) und *unique coverage* (UC) jeweils in Prozent aller 15 möglichen Fälle angegeben.

Tab. 6.5 Abdeckungsmaße für Lösungsterme des Outcome=1 (diachroner Vergleich)

Term	Cases covered	RC	UC
TRANSITION (1)	*Afghanistan 1979,Tschad 1979* + Angola 1992 + Kongo-Kinshasa 1960 + Laos 1960 + *Sierra Leone 1998,Tadschikistan 1992*	46.7 %	13.3 %
FACTIONAL(1) * MILIT(1)	*Bosnien-Herzegowina 1992,Georgien 1991,Libanon 1975* + Kongo-Kinshasa 1960 + Laos 1960 + *Sierra Leone 1998,Tadschikistan 1992* + *Uganda 1985*	53.3 %	20 %

REPRESSION(1) * AID(1)	Angola 1992 + *Zaire 1996* + *Guinea-Bissau 1998* + *Liberia 1990,Somalia 1991* + Sierra Leone 1998,Tadschikistan 1992	46.7 %	26.7 %

6.3.3 Kombination der Ergebnisse des synchronen und diachronen Vergleichs

Wie erwartet ergaben der synchrone und diachrone Vergleich unterschiedliche Ergebnisse. Trotz der Unterschiede tauchten zwei Faktoren, die Militarisierung politischer Akteure und die Prägung des politischen Wettbewerbs durch Faktionalismus, in beiden Lösungen auf. Beide Lösungen enthalten ebenfalls eine Abnahme der zur Verfügung stehenden Ressourcen. Im synchronen Vergleich ergab die Analyse den Rückgang der Staatseinnahmen als kritischen Faktor, im diachronen Vergleich ergab sich analog dazu ein Rückgang von externen finanziellen und/oder militärischen Hilfeleistungen.

Darüber hinaus hoben die Ergebnisse des synchronen Vergleichs zwei sehr strukturelle Bedingungen hervor: Ein extrem niedriges Pro-Kopf-Einkommen und die Existenz von lokalen vorkolonialen/vorimperialen Polity-Formen. Demgegenüber enthielt der diachrone Vergleich mit kürzlich stattgefundenen politischen Transitionen und einem hohen Grad an staatlicher Repression zwei dynamische Bedingungen. Diese unterschiedlichen Ergebnisse entsprachen der ursprünglichen Logik des Vergleichsdesigns. Während der synchrone Vergleich zwischen Kollapsfällen und nicht kollabierten Kontrollfällen zum gleichen Zeitpunkt die mehr strukturellen Unterschiede zu Tage fördern sollte, war der diachrone Vergleich der Kollapsperiode mit einer anderen Instabilitätsperiode im gleichen Land dazu intendiert die eher dynamischen Bedingungen hervorzuheben.

Beide Ergebnisse ließen sich jedoch nicht so problemlos wie gehofft zu verschiedenen „Pfaden" mit zugehörigen Fällen oder Fallgruppen kombinieren. Immerhin fiel uns bei den drei Fällen Kongo 1960, Uganda 1985 und Libanon 1975 auf, dass sie sowohl im synchronen Vergleich alle durch den Lösungsterm FACTIONAL(1) * MILIT(1) * LOCAL_POLITY(1) als auch im diachronen Vergleich geschlossen durch den Lösungsterm FACTIONAL(1) * MILIT(1) abgedeckt waren. Dies werteten wir als einen Hinweis darauf, dass der Kollaps in diesen drei Staaten auf ähnliche Weise verursacht wurde. Da der erste Term jedoch nur eine Teilmenge des zweiten darstellt, lieferte die Kombination beider Ergebnisse hierbei jedoch keinen zusätzlichen Erkenntnisgewinn.

Allerdings war derlei Homogenität eine Ausnahme. Die meisten Fallgruppen, die durch denselben Lösungsterm im synchronen Vergleich abgedeckt waren, denen man also ein gemeinsames „Risikoprofil" unterstellen konnte, verteilten sich auf unterschiedliche Lösungsterme im diachronen Vergleich. Wie Abb. 6.1 verdeutlicht, konnten keine eindeutigen Muster aus strukturellen und dynamischen Bedingungen gefunden werden. Nicht-eindeutige Fälle wurden dort jeweils dem horizontalen Term zugeordnet, der für diesen Fall die größte Erklärungskraft zu haben schien. Die durchgezogenen Pfeile zeigen an, dass dieser Fall im horizontalen Vergleich nur von einem Lösungsterm abgedeckt wurde; bei gestrichelten Pfeilen lag eine Abdeckung durch mehrere Lösungstermen vor.

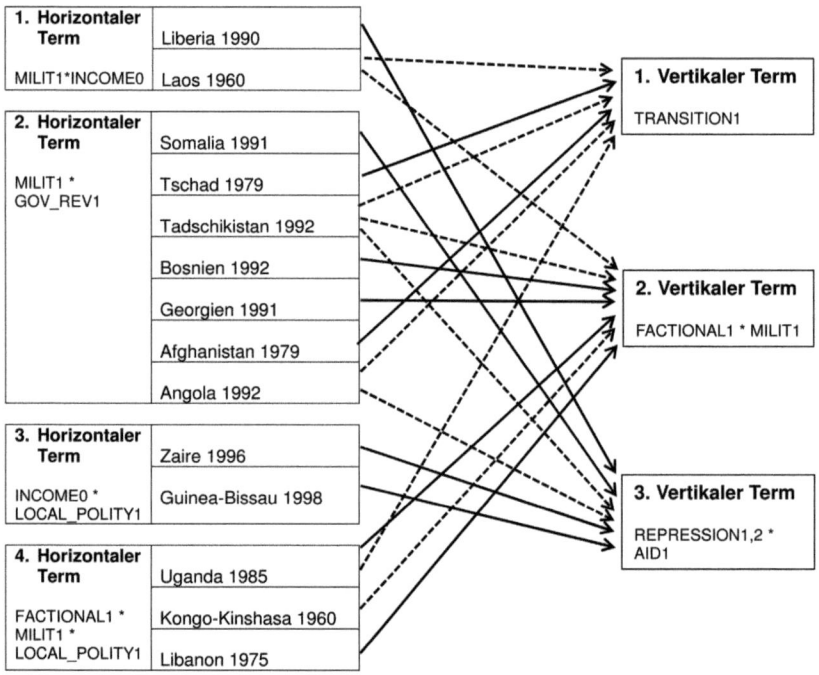

Abb. 6.1   Fallzuordnung zu horizontalen und vertikalen Lösungstermen

Neben dem Problem der zwei Lösungen, welche kaum eindeutige Kombinationen aus Ergebnissen aus dem horizontalen und vertikalen Vergleich hervorbrachten, ergab sich aus der Anwendung von QCA das bereits beschriebene Problem der Bevorzugung von Strukturfaktoren. Diese entstand aus der relativ statischen

Operationalisierung der Bedingungen und der zunächst deduktiven Anlage der Studie. Mit der Übernahme der Hypothesen aus der bisherige Debatte zu möglichen Risikofaktoren für Staatskollaps setzte sich so auch deren Fokussierung auf strukturelle Bedingungen in unseren Analysen und Ergebnissen fort.

Literatur

Amenta, E., & Poulsen, J. D. (1994). Where to Begin: A Survey of Five Approaches to Selecting Independent Variables for Qualitative Comparative Analysis. *Sociological Methods & Research, 23*(1), 22-53.

Kolbe, R. H., & Burnett, M. S. (1991). Content-Analysis Research: An Examination of Applications with Directives for Improving Research Reliability and Objectivity. *Journal of Consumer Research, 18*(2), 243-250.

Lombard, M., Schnyder-Duch, J., & Campagnella, C. (2002). Content Analysis in Mass Communication: Assessment and Reporting of Intercoder Reliability. *Human Communication Research, 28*(4), 587-604.

Mannewitz, T. (2011). *Two-Level Theories in QCA: A Discussion of Schneider and Wagemann's Two-Step Approach.* COMPASS Working Paper Nr. WP2011-64. Brussels: COMPASSS.

Marx, A. (2006). *Toward More Robust Model Specification in QCA: Results from a Methodological Experiment.* COMPASS Working Paper Nr. WP2006-43. Brussels: COMPASSS.

Marx, A., & Dusa, A. (2011). Crisp-Set Qualitative Comparative Analysis (csQCA), Contradictions and Consistency Benchmarks for Model Specification. *Methodological Innovations Online, 6*(2), 103-148.

Neuendorf, K. A. (2002). *Content Analysis Guidebook.* . Thousand Oaks: Sage.

Ragin, C. C. (1987). *The Comparative Method: Moving Beyond Qualitative and Quantitative Strategies.* Berkeley: University of California Press.

Ragin, C. C. (2000). *Fuzzy-Set Social Science.* Chicago: Chicago University Press.

Reno, W. (2000). Shadow States and the Political Economy of Civil Wars. In M. Berdal & D. M. Malone (Hrsg.), *Greed and Grievance: Economic Agendas in Civil Wars* (S. 43-68). Boulder, London: Lynne Rienner.

Schneider, C. Q., & Wagemann, C. (2006). Reducing complexity in Qualitative Comparative Analysis (QCA): Remote and proximate factors and the consolidation of democracy. *European Journal of Political Research, 45*(5), 751-786.

Process-Tracing und das Kausalmodell von Staatskollaps

7

Zusammenfassung

Aufbauend auf dem vorhergehenden Kapitel und den Ergebnissen der dort vorgestellten QCA stellt dieses Kapitel die systematischen Process-Tracing-Studien der Kollapsfälle dar. Während durch die QCA die Existenz verschiedener Bedingungen bestätigt oder verworfen wurde, förderte das Process-Tracing die kausal bedeutsamen Bedingungen zu Tage und half zwischen Ursachen und Begleiterscheinungen zu unterscheiden. Das Resultat ist ein kausales Modell um sechs zentrale Risikofaktoren für Staatskollaps, welches hier vorgestellt wird.

Keywords

Process-Tracing, Prozessanalyse, kausales Modell, Staatskollaps, kausale Mechanismen

Nach dem Abschluss der beiden QCA-Vergleiche stand zunächst fest, dass sich aus diesen kein geschlossenes Modell ableiten ließ, das man daraufhin im Sinne der *nested analysis* mittels Einzelfallstudien als modell*testenden* Schritt hätte überprüfen können. Daher bekam die Small-N-Analyse den Charakter eines modell*bildenden* Schrittes. Da die QCA-Ergebnisse eine große Heterogenität der Fälle andeuteten (vgl. Kap. 6) war unser Ziel keine Typologisierung auf der Basis repräsentativer Fallstudien. Stattdessen entschieden wir uns für Process-Tracing-Studien aller Kollapsfälle, um aus dem Vergleich dieser Studien Hypothesen über idealtypische kausale Zusammenhänge zu entwickeln. Die QCA-Ergebnisse stellten hierfür

einen guten Ausgangspunkt dar. Darin wurden Bedingungskombinationen identifiziert, die als aussichtsreiche Kandidaten für die Erklärung von Staatskollaps in
den empirischen Fällen gelten konnten, weil sich in diesen Aspekten Kollapsfälle
von Vergleichsfällen systematisch unterschieden. Dadurch ermöglichten die Ergebnisse, die erneuten Fallstudien der Kollapsfälle auf bestimmte Bedingungen
und Bedingungskombinationen zu konzentrieren, ohne dass wir deshalb andere
mögliche Erklärungen ausschlossen.

7.1   Ein Kausalmodell von Staatskollaps

In unserem Forschungsdesign kam, nach den ersten und interpretierungswürdigen
Ergebnissen der QCA, dem Process-Tracing eine besondere Bedeutung zu, da es
maßgeblich zur Entwicklung des Kausalmodells beitrug. Die QCA-Ergebnisse wurden hierbei insofern berücksichtigt, dass prioritär diejenigen Faktoren untersucht
wurden, die für jeden Fall durch die Abdeckung der Lösungsterme als potenziell
relevant hervorgehoben wurden.

Die ersten Studien demonstrierten den analytischen Mehrwert des Process-Tra-
cings sehr deutlich: Mehrere Faktoren (z. B. INCOME) schienen gar keinen systematischen kausalen Effekt zu haben. Bei anderen zeigte sich, dass diese unterschiedliche
Phänomene beschrieben, die ähnliche kausale Effekte hatten (TRANSITION) oder
dass eine andere Operationalisierung notwendig ist, um den kausalen Effekt adäquat
zu benennen (MILIT). All dies trug zur Formulierung eines kausalen Modells bei,
das zwar von den QCA-Ergebnissen ausgeht, sich aber inhaltlich deutlich über
diese hinaus entwickelt hat. Das Resultat ist ein kausales Modell, welches durch
die intensive Beschäftigung mit dem Einzelfall und dem systematischen Vergleich
dieser Fälle entstanden ist und dabei über die bisherigen Theorien hinausgeht ohne
diese zu ignorieren. Zuweilen wurden durch diese Arbeit (wie beim Faktor Transition) bestehende Konzepte durch die Identifikation von Funktionsäquivalenten
ausgeweitet. In anderen Fällen, wie der „freiwilligen Souveränitätsabtretung" im
Libanon, wurden fallspezifische Erklärungen gefunden, die bisher in der Literatur
keine Erwähnung fanden.

Unser Erkenntnisfortschritt lässt sich wie folgt zusammenfassen: Erstens gewan-
nen wir durch das Process-Tracing ein besseres Verständnis von Staatskollaps an
sich und seiner Abgrenzung zum Konzept des Bürgerkriegs. Zweitens zeigte sich
aus den acht untersuchten Bedingungen nur bei vieren ein systematischer kausaler Effekt (MILIT, FACTIONAL, REPRESSION, TRANSITION). Die Fallstudien
verbesserten unser Verständnis der Mechanismen, die diese Bedingungen mit

Staatskollaps verbinden und ermöglichten es uns, die Bedingungen neu zu konzeptualisieren oder zu spezifizieren. Darüber hinaus entdeckten wir zwei Faktoren, bei denen wir einen systematischen kausalen Effekt vermuten (Intra-Eliten-Konflikte, externe Unterstützung) sowie zwei weitere, deren Relevanz als eher fallspezifisch eingestuft werden kann (Fehlen formeller Sicherheitskräfte in unabhängig gewordenen Staaten, „freiwillige" Souveränitätsabtretung durch Staaten).

Das Modell über die Kausalmechanismen von Staatskollaps zeigt unsere Hypothesen darüber, wie verschiedene Konfigurationen von Bedingungen zu Staatskollaps führen können (vgl. Abb. 7.1). Dabei unterscheiden wir zwei Ebenen von Faktoren anhand von deren angenommener Wirkung: Faktoren, die sich entweder zwischen Mitgliedern der herrschenden Elite abspielen, oder Faktoren, die die Beziehung zwischen der Elite und der Bevölkerung beeinflussen. Außerdem halten wir eine Unterscheidung zwischen zwei Formen von Transition für sinnvoll, nämlich Regimewandel und Dekolonisierung. Beides sind prekäre Situationen, deren Auswirkungen jedoch in ihrer Reichweite differieren. Die drei anderen Faktoren Repression, Faktionalismus und Intra-Eliten-Konflikte beziehen sich hingegen auf spezifische Muster von Politik. Darüber hinaus können externe Akteure zum Staatskollaps beitragen, indem sie die Mobilisierung der Opposition oder des Regimes unterstützen und damit die Machtbalance zwischen beiden Seiten ausgleichen und eine schnelle Konfliktlösung durch den Sieg einer Seite verhindern. Diese Faktoren werden unter Kapitel 7.3 jeweils genauer beschrieben. Schließlich ist darauf hinzuweisen, dass die Pfeile im Kausalmodell unsere Annahmen über kausale Beziehungen zwischen den unterschiedlichen Faktoren anzeigen, nicht die Sequenz eines Kollapsprozesses.

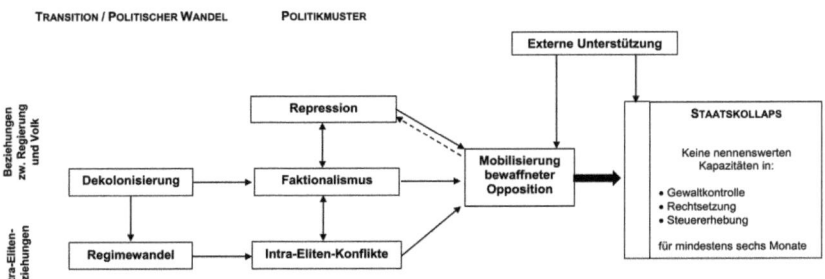

Abb. 7.1   Kausalmechanismen von Staatskollaps
Quelle: Eigene Darstellung

7.2   Erklärungsreichweite des theoretischen Modells

Das Kausalmodell repräsentiert unsere Hypothesen darüber, wie unterschiedliche kausale Faktoren zusammenwirken und letztlich zum Kollaps von Staaten führen. Diese sind das Ergebnis eines Vergleichs von 15 Fällen von Staatskollaps mit unterschiedlichen Vergleichsgruppen mittels QCA sowie einer detaillierten qualitativen Erforschung der Einzelfälle. Unsere Studie unterscheidet sich daher von anderen Small- und Medium-N-Analysen dahingehend, dass sie auf einer breiten empirischen Basis steht, die Konzeptbildung transparent macht und ihr Forschungsdesign auf einer begründeten Methodenauswahl fußt. Das Kausalmodell stellt daher einen substanziellen Erkenntnisgewinn für die Staatskollapsforschung dar.

Dennoch ist es nötig, die Erklärungsreichweite dieses Modells klar zu benennen und seine Grenzen anzuerkennen. Hier ist zunächst der vorläufige Charakter dieses Ergebnisses zu benennen. Das Process-Tracing war eine modellbildende Small-N-Analyse, auf die in der Logik der *nested analysis* eine erneute Large-N- bzw. Medium-N-Analyse zur Überprüfung des Modells folgen sollte (Lieberman 2005). Dies würde eine Überarbeitung der Konzeptualisierung und Operationalisierung mehrerer Bedingungen und daher auch die erneute Erhebung von Daten für unsere Fälle erfordern. Dadurch könnte auch die – für uns momentan nicht beantwortbare – Frage geklärt werden, ob unser Modell als Erklärung für den Kollaps von Staaten ausreicht oder weitere Faktoren in Erwägung gezogen werden müssen. Insofern ist hier noch weitere empirisch fundierte Arbeit nötig, um die Validität unserer Hypothesen zu prüfen.

Des Weiteren hat das Modell den Anspruch einer idealtypischen Darstellung der Beziehungen zwischen Bedingungen. Dies bedeutet, dass das Modell nicht vollständig erklärt, wie es zum Staatskollaps in einem Einzelfall kam oder welche Pfade unweigerlich zu einem Kollaps führen. Für eine Erläuterung des Verhältnisses des theoretischen Modells zu empirischen Fällen von Staatskollaps ist die Unterscheidung zwischen kausalen Aussagen (*causal claims*) und kausalen Erklärungen (*causal explanations*) hilfreich (siehe Jackson 2015).

Eine kausale Aussage ist eine logisch generelle Aussage über kausale Verbindungen, d. h. durch eine Veränderung des *input* wird das *outcome* verändert. Dies ist auch gültig, wenn der *input* faktisch nicht manipuliert werden kann. Eine kausale Aussage ist als Regelmäßigkeit formuliert, beruht aber nicht auf der einfachen Beobachtung einer Kovariation von *input* und *outcome*, sondern muss als idealtypisches Verhältnis verstanden werden, das – in unserem Fall – auf der Grundlage der Studie einer Vielzahl von empirischen Einzelfällen formuliert wurde. Daher ist eine kausale Aussage zwar als eine generelle Aussage formuliert, sie verfügt jedoch nur über eine logische Allgemeingültigkeit, nicht über eine empirische.

Kausale Erklärungen sind fallspezifische Darstellungen, wie kausale Beziehungen in einem konkreten empirischen Beispiel wirken. Eine kausale Erklärung ist nicht an generellen Aussagen interessiert, sondern dient der Erklärung des *outcome* in einem spezifischen Einzelfall, um zu zeigen, wie bestimmte kausale Verbindungen dieses Endergebnis hervorbrachten. Kausale Erklärungen können daher mehrere kausale Aussagen sowie fallspezifische Faktoren beinhalten.

Unser Modell stellt eine kausale Aussage darüber dar, welche Risikofaktoren auf welche Weise zu Staatskollaps führen. Wir nehmen also theoretische Aussagen über kausale Zusammenhänge bzw. Effekte vor, die logische Generalität aufweisen, ohne deshalb notwendigerweise auch empirisch generalisierbar zu sein. Wenn wir also im folgenden Abschnitt Beispiele aus den Fallstudien anführen, dann sind dies ansatzweise Kausalerklärungen. Diese Erklärungen basieren auf einer kontrafaktischen Analyse unserer Kollapsfälle. Das bedeutet, dass wir uns fragten, ob die analysierten Prozesse ohne unsere Kausalfaktoren ebenfalls in den Zustand des Staatskollapses gemündet wären. Dabei stießen wir auf viele fallspezifische Gegebenheiten ohne die das Outcome nicht denkbar wäre. Eingang in unser Modell fanden hingegen nur jene Faktoren, die wir über mehrere Fälle hinweg im Process-Tracing als kausal identifiziert haben. Die Kausalerklärung ergibt sich also aus der Kombination solcher systematisch kausaler Faktoren, die wir in mehreren Fällen beobachten konnten, und fallspezifischer Ursachen.

7.3 Kausalfaktoren

7.3.1 Mobilisierung bewaffneter Opposition

Die Ergebnisse der QCA deuteten bereits auf die Relevanz einer Militarisierung der Politik als Risikofaktor hin. Allerdings zeigten die Fallstudien, dass die Operationalisierung der Bedingung diese stark mit dem Phänomen des Staatskollaps vermischte. Ursprünglich maßen wir, ob politisch relevante Gruppen im Staat systematisch bewaffnet waren – ein Zustand also, der zugleich selbst ein Indikator für die Existenz eines Kollaps des Staates ist (nicht-staatliche Akteure kontrollieren relevante Teile des staatlichen Territoriums). Um zu erforschen, warum ein Staat zu einem bestimmten Zeitpunkt kollabierte und nicht zu einem anderen, mussten wir einen Startpunkt des Kollaps fixieren. Dieses Datum ist zumeist ein Krisenmoment, z. B. der Beginn von Kämpfen, Putschversuche oder Aufstände. Daher sind unsere Fälle dadurch charakterisiert, dass nicht-staatliche Akteure Gewalt einsetzen, um Kontrolle über ein bestimmtes Gebiet zu erlangen oder zu bewahren. Da derartige

Akteure nach unserem Verständnis „politisch relevant" sind, würde dies die Bedingung einer Militarisierung erfüllen. Dies macht aber letztendlich die Ursache (Militarisierung) kaum unterscheidbar vom Outcome (Staatskollaps). Daher war eine Neukonzeptualisierung der Bedingung ebenso wie eine Reflexion über die konzeptionelle Beziehung zwischen Staatskollaps und Bürgerkrieg notwendig.

Daher formulierten wir den Faktor neu und bezeichnen ihn jetzt als dynamische Zunahme der Mobilisierung bewaffneter Opposition. Dies bedeutet entweder a) die Bildung neuer bewaffneter Gruppen mit politischen Zielen, oder b) die Politisierung bestehender bewaffneter Gruppe bzw. eine Erhöhung ihrer Mobilisierungskapazität in quantitativer und/oder qualitativer Hinsicht. Mobilisierung benötigt nach Vinci (2006, S. 51-57) eine Motivation, eine Logistik sowie interne Kommunikationsstrukturen, eine Befehlshierarchie („command") und Möglichkeiten zur internen Kontrolle („control").

Dieses Konzept unterscheidet sich von anderen Ansätzen dahingehend, dass wir uns nicht wie Theorien der Ressourcenmobilisierung (Oberschall 1973; Tilly 1977) auf die materiellen und organisationalen Dimensionen der Mobilisierung konzentrieren, nicht wie Theorien politischer Opportunitätsstrukturen (Eisinger 1973; McAdam et al. 2001) auf strukturelle Vorbedingungen fokussieren und auch nicht wie Theorien rationalen Handelns (Olson 1971) die individuelle Motivationen für kollektives Handeln ergründen. Genauso wenig untersuchen wir Mobilisierung, wie Teile der Bürgerkriegsforschung, mit dem Ziel rationalistischer oder ökonomischer Erklärungen für Kriege (Collier und Hoeffler 1998) oder der Analyse der politischen Ökonomie von Kriegen (Kaldor 1999; Münkler 2002).

Stattdessen geht es uns um die Bedeutung politischer Bestrebungen zur Veränderung des Status Quo (*grievances*) als Ursache für Staatskollaps. Bewaffnete Gruppen mobilisieren sich, um die Macht zu übernehmen oder zumindest das herrschende Regime zu stürzen. (Bei Sezessionsbewegungen ist letzteres Ziel nicht notwendig, um das erste zu erreichen.) Dies geschieht oft über die Gründung oder Ausweitung vorhandener Gruppen, aber auch das Einnehmen einer oppositionellen Haltung durch vorhandene Gruppen kann zum Kollaps führen. Beispielsweise führte in Guinea-Bissau ein Putsch im Juni 1998 zum Kollaps des Staates, als sich eine Gruppe innerhalb des Militärs unter der Führung des früheren Generalstabschefs Ansumané Mané gegen Präsident João Bernardo Vieira erhob, was einen gewaltsamen Konflikt losbrach, den keine Seite zunächst für sich entscheiden konnte. In diesem Fall blieb das Mobilisierungsniveau der Gruppe im Sinne ihrer Organisationskapazität oder Bewaffnung unverändert; vielmehr begab sich eine bereits systematisch bewaffnete Gruppe in die Opposition.

Die Neukonzeptualisierung von Militarisierung als dynamischen Prozess eröffnet uns folgende Hypothese: Die zunehmende Mobilisierung bewaffneter

Opposition führt zum Staatskollaps, da sie die staatliche Kapazität zur Kontrolle der Gewaltmittel direkt herausfordert (im Gegensatz zu Fällen, in denen das Gewaltmonopol ebenfalls nicht durchgesetzt werdenn kann, dieses aber nie aktiv herausgefordert wird). Der Zustand des Staatskollapses ist charakterisiert durch ein militärisches Patt zwischen der Regierung und den Aufständischen, das beide Seiten davon abhält, eine einigermaßen vollständige Kontrolle über das gesamte Land auszuüben. Dagegen würde ein militärischer Sieg der Opposition dieser die Möglichkeit geben, die Regierungsgeschäfte zu übernehmen und die eigene Herrschaft und neue staatliche Institutionen zu konsolidieren. Wir erachten eine zunehmende Mobilisierung bewaffneter Opposition als notwendige Bedingung von Staatskollaps, da dieser Prozess in allen Fällen (außer Kongo 1960) zu beobachten war. Aufgrund dieser empirischen Häufung und der kausalen Nähe nimmt dieser Faktor eine zentrale Position in unserem Modell ein (vgl. Abb. 7.1).[28]

7.3.2 Transition: Regimewandel und Dekolonisierung

Es gibt eine Reihe von Theorien, dass bestimmte Regimeformen bzw. deren Policies eine zerstörerische Wirkung auf staatliche Institutionen haben. Oft werden personalistische oder informelle Herrschaftspraktiken in autoritären (Allen 1995; Gros 1996) oder hybriden Regimen (Carment et al. 2008; Gurr 1974, S. 1500) erwähnt, besonders wenn dies mit einem hohen Faktionalismusgrad einhergeht (Goldstone et al. 2005). Unsere QCA ergaben jedoch keinen Hinweis darauf, dass einer dieser Regimetypen einen systematischen Einfluss auf das Outcome hatte. Weder ein autoritäres noch ein hybrides Regime an sich erhöht das Kollapsrisiko eines Staates.

Stattdessen stellten wir im diachronen Vergleich fest, dass Transition eine hinreichende Bedingung für Kollaps in mehreren Fällen darstellt, nämlich Afghanistan 1979, Angola 1992, Kongo-Kinshasa 1960, Laos 1960, Sierra Leone 1998, Tadschikistan 1992 und Tschad 1979. Dies passt zu gängigen Theorien aus der Bürgerkriegsforschung, in denen Regimewandel ein häufig erwähnter Risikofaktor ist. Beispielsweise finden Cederman et al. (2010, ebenso Hegre et al. 2001: 44) eine starke Korrelation zwischen Regimewandel und Bürgerkrieg, sowohl für Fälle von Demokratisierung als auch für solche der Autokratisierung. Mansfield und Snyder sehen Demokratisierung als besonders gefährlich an, weil instabile Institutionen den Erfolg dieser Prozesse gefährden, was zu erhöhtem internen und externen Konfliktverhalten führt. Dazu argumentieren sie: „nationalism is a key causal mechanism linking incomplete democratization to both civil and international war"

---

28 Zur Abgrenzung von Staatskollaps und Bürgerkrieg vgl. Kap. 8.2.

(Mansfield und Snyder 2009, S. 381). Diese Beiträge zeigen, dass nationalistische Mobilisierung oder – allgemeiner gesprochen – die Frage, wer im neuen Staat repräsentiert ist und wie darin Macht verteilt ist, wichtige Ursachen von gewaltsamen Konflikten während des Transitionsprozesses darstellen.

Im Vergleich der Ergebnisse unserer Process-Tracing-Studien wurde deutlich, dass unser Transitionsbegriff nicht deutlich genug war, weil er nicht klar machte, was sich eigentlich in Transition befand und wo es sich hinentwickelte. Transition im engeren Sinne einer Demokratisierung zeigte keine kausale Wirkung, was die Ergebnisse von Cederman et al. (2010) und Hegre et al. (2001) unterstützt, dass der Regimewandel an sich gefährlich ist und es nicht um dessen spezifische Richtung geht.

Nach Merkel (2010, S. 65-66) ist Regimewandel eine Veränderung in einem der folgenden Punkte: die Regeln über den Zugang zu politischer Herrschaft, wie Herrschaft ausgeübt werden kann, legitime Herrschaftsansprüche oder die Herrschaftsstruktur selbst. Für uns erscheinen die Konsequenzen von Regimewandel auf die Beziehungen zwischen Eliten risikoreicher zu sein als die Auswirkungen auf die Beziehungen zwischen Eliten und der Gesellschaft. Nur im Fall Afghanistan 1979 hatte der Wandel in der Beziehung von Eliten und Gesellschaft problematische Auswirkungen, nachdem das kommunistische Regime aggressiv versuchte, die afghanische Gesellschaft nach sozialistischem Vorbild umzugestalten und damit heftigen Widerstand hervorrief.

Dekolonisierung, welche bis zu den Process-Tracing Studien von uns nicht als eine Form von Transition erfasst wurde, ist eine noch grundlegendere Form von Transition und bezeichnet eine Änderung des souveränen Status einer territorialen Einheit, indem diese von kolonialer Herrschaft befreit wird oder sich aus einem Imperium oder Staatenbund löst. Daraus entsteht notwendigerweise eine Neuorganisation interner Machtbeziehungen, die auch eine Neulegitimierung von Herrschaft benötigt. Damit umfasst eine Dekolonisierung beide von Merkel angesprochenen Ebenen, da zeitgleich die Beziehung zwischen den Eliten als auch zwischen Eliten und Gesellschaft geändert wird. In Fällen wie Kongo 1960 wurde dies zum Problem, als Premierminister Patrica Lumumbas Idee einer zentralisierten, sozialistischen Republik nicht nur durch die Sezession der Provinz Katanga sondern auch noch durch die starken anti-sozialistischen Kräfte herausgefordert wurde, welche die Konsolidierung staatlicher Herrschaft verhinderten. Zeitgleich wurde hier also die Frage nach dem Zugang zu sowie der Ausgestaltung der Herrschaft und die Frage, wer Teil der betroffenen Bevölkerung sein sollte bzw. wie weit diese Herrschaft reichen sollte, relevant.

Beide Transitionsformen tragen zu Staatskollaps bei, indem sie institutionalisierte, formelle oder informelle Machtstrukturen und Netzwerke zwischen Mitgliedern der Elite destabilisieren, was das Risiko eskalierender Machtkämpfe (vgl. Kap. 7.3.5) erhöht. Regimewandel betrifft das Ausmaß der Repräsentation und des Macht-zugangs von Individuen und Gruppen in einer gegebenen staatlichen Ordnung. Dekolonisierung umfasst dagegen alle grundsätzlichen Fragen von Zugehörigkeit zu einer politischen Ordnung. In diesem Kontext können verschiedene Konflikte entstehen, z. B. wenn eine nationalistische Ideologie Gruppen ausschließt, die in einer bestimmten Region leben, oder wenn sich soziale Gruppen nicht durch den *demos* repräsentiert fühlen und nach Eigenstaatlichkeit streben. Im Kontext einer Dekolonisierung sind Nationalismen Ideologien, die zur Aushandlung von Inklusion und Exklusion dienen. Nach Rothchild (1995) sind Dekolonisierungs-prozesse Phasen von „ethnic bargaining". Insofern müssen Dekolonisierung, aber auch Regimewandel, in ihrer Verbindung zum Faktor Faktionalismus verstanden werden, da in beiden Transitionsformen Eliten auf identitätsbasierte Netzwerke zurückgreifen können, um Gefolgsleute für ihre Machtkämpfe zu mobilisieren. Dies ist besonders attraktiv, wenn der Zugang zur Macht kurzfristig durch schnell anberaumte Wahlen oder eine unvorhergesehene Dekolonisierung geöffnet wird. Erneut kann Kongo 1960 als Beispiel herangezogen werden, wo sich alle relevan-ten Parteien nach dem überstürzten Abzug der belgischen Kolonialmacht entlang ethnischer Linien konstituierten.

7.3.3 Repression

Für autoritäre Regime ist Repression ein routinemäßiges Mittel zum Machterhalt (Gerschewski 2013; Gerschewski et al. 2013). Gleichzeitig weist jedoch Gurr dar-aufhin, dass Repression auch einen Risikofaktor darstellt, da es die Mobilisierung von unzufriedenen Minderheiten gegen die Regierung verstärkt und zu offenen Herausforderungen der Staatsmacht führen kann (Gurr 1993; Gurr und Moore 1997; Gurr und United States Institute of Peace 1993). Diese Ansätze gehen davon aus, dass Repression ein mobilisierender Faktor mit Eskalationspotenzial ist, besonders wenn die Regierung lediglich eine ethnische Minderheit der Bevölkerung reprä-sentiert (oder als solches angesehen wird) und durch Repression andere ethnische Gruppe unterdrückt (Bates 2008, S. 6-8; Saxton 2005, S. 102).

Es gibt allerdings unterschiedliche Interpretationen, wie sich Repression auf das Konfliktrisiko auswirkt. Saxton geht von einer linearen Korrelation zwischen Repression und Mobilisierung aus: je härter die Repression, desto größer die Mo-bilisierung dagegen (Saxton 2005, S. 105). Dagegen gehen Vertreter der „backfire thesis" (Martin 2007) von einer U-Kurve aus: Harte Repression wirkt für kurze Zeit, hat aber auf lange Sicht kontraproduktive Wirkung, insbesondere wenn sie wahllos erfolgt (Francisco 1995; Mason und Krane 1989). Andere postulieren demgegenüber eine umgekehrte U-Kurve, nach der hohe Repression politischen Aktivismus unterdrückt, während ein mittleres Niveau sowohl Unzufriedenheiten erzeugt und die Mobilisierung betroffener Gruppen ermöglicht (Muller und Weede 1990).

In unseren Fallstudien gehen wir von einem kausalen Effekt von Repression in sieben Fällen aus (Afghanistan 1979, Georgien 1991, Liberia 1990, Sierra Leone 1998, Somalia 1991, Tadschikistan 1992 und Tschad 1979). In zwei Fällen (Guinea-Bissau 1998 und Zaire 1996) schien Repression keinen kausalen Effekt zu haben, obwohl es Teil eines QCA-Lösungsterms war, der diese beiden Fälle abdeckte. In den sieben Fällen, wo wir einen kausalen Effekt annahmen, stellten wir fest, dass Repression ein Risikofaktor war, wenn a) große Teile der Bevölkerung davon betroffen waren, unabhängig vom Grad ihrer politischen Aktivität, oder b) sich ein einzelner symbolträchtiger Akt öffentlich sichtbarer Repression mit außergewöhnlicher Gewalt ereignete. Gezielte, selektive Repression gegen einzelne Dissidenten schien dagegen keinen kausalen Effekt auf Staatskollaps zu haben.

Wenn staatliche Repression umfassend ist oder wahllos vorgenommen wird, sehen sich viele Bürger als potenzielle Opfer, unabhängig von ihren politischen Einstellungen oder Handlungen. Dieser exzessive Einsatz nicht legitimer, weil nicht an konkrete Handlungen gebundener Gewalt gegen die eigene Bevölkerung führt in der Regel zu einer Störung des Verhältnisses zwischen dem Regime und „seiner" Bevölkerung. Statt Sicherheit zu garantieren wird das Regime selbst zur Ursache von Unsicherheit und Bedrohungsgefühlen. Resultat ist eine breite Mobilisierung der Bevölkerung gegen das Regime, welche primär durch den Zweck des Selbstschutzes begründet ist.

Dies geschah beispielsweise während der 1980er Jahre in Somalia, als das Regime von Siyad Barre „Krieg gegen die eigene Bevölkerung" (Africa Watch Committee 1990) führte, was zur Mobilisierung großer Bevölkerungsteile gegen das Regime führte. In derartigen Fällen hilft Repression, die Opposition um das Ziel eines Umsturzes zu scharen, auch wenn die Dissidenten sonst nicht viel gemeinsam haben. Sobald aber das Regime gestürzt ist und das vereinende Motiv damit wegfällt, brechen diese Sammelbewegungen durch interne Machtkämpfe wieder auseinander.

Ein einzelnes Ereignis besonders harscher oder exzessiver Repression hat eine vergleichbare Wirkung wie Repression gegen breite Bevölkerungsteile über einen längeren Zeitraum, denn solche Ereignisse können als symbolischer Referenzpunkt für Oppositionelle dienen, um damit gegen das Regime zu mobilisieren. Zum Beispiel radikalisierte sich die Opposition in der Georgischen Sozialistischen Sowjetrepublik, nachdem eine Demonstration moderater demokratischer Kräfte in Tiflis am 9. April 1989 durch die Sowjetarmee brutal niedergeschlagen wurde, wobei 20 Personen ums Leben kamen. Der Zorn über den Einsatz von Panzern

gegen friedlich protestierende Zivilisten vereinte georgische und abchasische
Nationalisten in ihrem Kampf gegen die Sowjetunion. Nach der Unabhängigkeit
Georgiens 1991 fiel diese Allianz jedoch bald auseinander, nachdem die repressive
und autoritäre Herrschaft des georgischen Nationalisten Zwiad Gamsachurdia einen
faktionalistischen Machtkampf heraufbeschwor, der nach wenigen Monaten zum
Kollaps des jungen Staates führte.

Beide dieser zerstörerischen Repressionsformen – umfassende Unterdrückung
oder sichtbare, außergewöhnliche Gewalt – stören das Verhältnis von Eliten und
Gesellschaft, indem sie auf allen Seiten Angst und Misstrauen schüren. Diese
Gefühle motivieren zur Mobilisierung gegen den staatlichen Aggressor, um die
eigene Sicherheit zu garantieren (Afghanistan, Georgien, Somalia, Tadschikistan,
Tschad). In Fällen wie Liberia oder Somalia verhinderte die Repression des Staates
alle Möglichkeiten für einen friedlichen politischen Wandel, so dass sich Aktivisten
mangels Alternativen zum bewaffneten Kampf entschlossen.

Nicht zuletzt stellten wir fest, dass Repression einen unmittelbaren Effekt auf
Faktionalismus hat, wenn Repression gegen bestimmte Identitätsgruppen gerichtet
ist. In derartigen Fällen mobilisieren sich die betroffenen Gruppen entlang iden-
titärer Linien auf subnationaler Ebene. In Gefahrenzeiten stellt dieser Rückzug
auf solidarische lokale Identitäten die beste Option dar, um soziale Ordnung und
individuelle Sicherheit zu organisieren (wie z. B. in Somalia, Liberia und Tschad).

7.3.4 Faktionalismus

Zu Beginn des Projekts hatten wir lediglich die deduktiv gewonnene Annahme,
dass Faktionalismus nur in Kombination mit einem bestimmten Regimetyp als
Risikofaktor zu sehen ist. Dies leiteten wir aus den Ergebnissen von Goldstone et
al. (2010) ab, die Gewaltkonflikte und Instabilität in hybriden Regime auf faktionalistische Politik zurückführen. Sie definieren Faktionalismus als „polarized politics
of exclusive identities" (Goldstone et al. 2010, S. 198). Wir konnten allerdings nicht
feststellen, dass der Regimetyp den zerstörerischen Einfluss von Faktionalismus
beeinflusst. Angesichts der Häufigkeit faktionalistischer Politik muss es jedoch
andere Kontextbedingungen geben, die die Salienz und den Einfluss faktionalistischer Identitäten aktivieren und verschärfen, wie z. B. politische Transitionen
(vgl. Kap. 7.3.2).

Die Forschung zu Ethnizität und *nation-building* erlaubt wichtige Rückschlüsse
über das Risiko von *identity politics*. Riedel (2005, S. 37ff.) und Wimmer (2005, S.
133ff.) heben hervor, dass Staaten, die Unterschiede zwischen Staatsbürgern aufgrund
ihrer ethnischen Zugehörigkeit machen, fragiler sind als solche Staaten, die auf der

Vorstellung einer gemeinsamen nationalen Identität basieren. Kaschuba (2001, S. 30ff.) erläutert, dass sich nationale und ethnische Kategorien dazu eignen, in Krisenzeiten eine unhinterfragte soziale Loyalität zu schaffen. Eder und Schmidtke (1998, S. 423) beschreiben die Besonderheit ethnischer Konflikte als Kampf um die Anerkennung unteilbarer kollektiver Identitäten, die sich um die Abgrenzung dieser Gruppen sowie der Ausgrenzung des Anderen drehen.

Unser Konzept von Faktionalismus baut auf diesen Elementen auf und verbindet den Begriff mit Staatskollaps. Wir verstehen Faktionalismus als eine Form der Politik, die Unterschiede zwischen bestehenden Gruppen betont oder entsprechend „exklusive" Identitäten konstruiert, und auf diese Weise eine relativ stabile Möglichkeit der Identifikation bietet. Der genaue Gehalt faktionalistischer Identitäten variiert von Fall zu Fall; gängige Beispiele sind ethnische, nationale, religiöse oder regionale Formen der Identifikation.

Wir stellen die Hypothese auf, dass Faktionalismus auf zwei Weisen als Ursache von Staatskollaps wirkt. Erstens können politische Eliten Faktionalismus als Instrument zur Machtausübung einsetzen und die Unterschiede zwischen Gruppen instrumentalisieren, um ihre eigenen Gefolgsleute zu mobilisieren. Die Persistenz und Exklusivität faktionalistischer Identitäten schafft Anreize für derartige Strategien, weil Loyalitäten, die in einer klaren Identität verwurzelt sind, selten hinterfragt werden. Daraus entstehende Prozesse des „ingrouping" und „outgrouping" eskalieren den Konflikt, indem sich z. B. Stereotype entwickeln und radikale Positionen innerhalb von Gruppen durchsetzen.

Beispielsweise setzten ugandische Eliten in der post-Amin-Ära Faktionalismus strategisch als Herrschaftsstrategie ein. Nachdem die Uganda National Liberation Front (UNLF) mit Unterstützung Tansanias die Truppen Idi Amins geschlagen und Kampala eingenommen hatte, zerfiel sie schnell aufgrund der Machtansprüche der verschiedenen einzelnen Führer der in der UNLF zusammengeschlossenen Bewegungen. Politische Rivalen griffen auf eine Praxis der britischen Kolonialverwaltung zurück und rekrutierten die Armee selektiv aus ihnen nahestehenden ethnischen Gruppen. Eine Reform der Armee und eine paritätische Rekrutierungspraxis scheiterten. Als sich bei den Präsidentschaftswahlen Milton Obote gegen den ehemaligen Verteidigungsminister der Übergangsregierung Yoweri Museveni durchsetzte, ging dieser zum bewaffneten Kampf über – und nahm große Teile des von ihm rekrutierten Militärs mit. Die daraus entstehenden Faktionen im Militär dienten individuellen Eliten als Machtbasis, was die Kohäsion des Militärs schwächte. Das auf diese Weise von innen fragmentierte Rest-Militär zeigte sich unfähig, diese bewaffnete Opposition niederzuschlagen. Im Juli 1985 stürzten Brigadegeneral Bazilio Olara-Okello und General Tito Okello das herrschende Obote-Regime letztlich wegen faktionalistischer Tendenzen innerhalb der Armee. Die Kontrolle über das Land konnten sie damit jedoch nicht erringen. Insgesamt muss daher die Instrumentalisierung faktionalistischer Identitäten als Teil der Kausalerklärung für den Kollaps des ugandischen Staates 1985 angesehen werden.

Zweitens kann Faktionalismus auch ein Strukturprinzip nationaler Politik sein, ohne notwendigerweise zur politischen Mobilisierung verwendet zu werden. In Krisenphasen könnten sich Identitätsgruppen unsicher fühlen oder die Idee einer gemeinsamen (nationalen) Identität in Frage gestellt werden. In solchen Fällen folgen Militarisierungsprozesse dem vorhandenen faktionalistischen Muster. Im Unterschied zur ersten Form ist Faktionalismus in solchen Umständen keine Strategie politischer Eliten.

Der Libanon 1975 ist dafür ein einschlägiges Beispiel, in dem das politische System Machtpositionen entlang konfessioneller Linien verteilte. Beginnend in den späten 1960er Jahren wurde jedoch die bewaffnete Präsenz der Palestinian Liberation Organisation (PLO) auf libanesischem Boden der zentrale Konfliktgegenstand der libanesischen Innenpolitik. Die Debatte darüber war so kontrovers, weil die Autonomie der palästinensischen Milizen die grundsätzliche Integrität staatlicher Souveränität bedrohte. Die Positionen der libanesischen Eliten zu dieser Frage gingen auseinander, ohne dass sie sich direkt auf deren faktionalistische Zugehörigkeit reduzieren ließen. Die Führer der verschiedenen Faktionen und politischen Parteien stimmten sogar darüber ein, dass die nationale Einheit erhalten werden sollte, und sahen die libanesische Armee als deren Schutzmacht. Allerdings war die Armee damit überfordert, die bewaffneten palästinensischen Gruppen im Zaum zu halten und die Souveränität des Landes gegen israelische Luftangriffe zu verteidigen. Im Verlauf dieses Prozesses begannen sich libanesische politische Gruppierungen zu bewaffnen. Da sie bereits entlang faktionalistischer Linien organisiert waren, ergab dies eine faktionalistische Mobilisierung. Der erste größere Gewaltausbruch ereignete sich zwischen der christlichen Kataeb-Miliz und palästinensischen Gruppen. Diese Konfrontation erhöhte die Spannungen zwischen konfessionellen Gruppen, was letztlich zum Ausbruch des Bürgerkriegs führte. Dieser wieder verschärfte die faktionalistische Polarisierung der Gesellschaft und lähmte die zuvor durchaus funktionsfähigen Institutionen des Staates.

Natürlich ist es nicht einfach, Faktionalismus als politische Strategie von Faktionalismus als Strukturprinzip der Politik zu unterscheiden, insofern müssen diese beiden Varianten als Idealtypen verstanden werden. Die Unterscheidung ist dennoch wichtig, weil die beiden Typen über verschiedene Mechanismen zum Staatskollaps führen. Während Faktionalismus als Strategie unmittelbar mit der Mobilisierung bewaffneter Gruppen verbunden ist, dient es in der anderen Form als Sozialkapital und trägt zu einer Verschärfung der politischen Polarisierung bei. In beiden Fällen entfaltet Faktionalismus seine kausale Wirkung nur im Zusammenspiel mit anderen Variablen, insbesondere der Mobilisierung bewaffneter Opposition und (häufig) in Transitionsprozessen.

Bezüglich der Bedingung LOCAL_POLITY ergaben die Process-Tracing-Studien keinen Hinweis, dass das Vorhandensein einer institutionalisierten Polity vor der Kolonisierung des Landes oder seiner Integration in ein Imperium oder eine Föderation eine eigenständige Ursache von Staatskollaps ist. Allerdings stellten wir fest, dass weniger die historische Erfahrung mit Staatlichkeit bzw. deren Mangel für die postkoloniale/postimperiale Gegenwart relevant ist, sondern die historische Ableitung gegenwärtiger Ideen von Identität und Koexistenz sozialer Gruppen einen wichtigen Einfluss haben. Dieser Eindruck passt zu verschiedenen Theorien wie z. B. Hobsbawms (1983) Konzept „erfundener Tradition", dem Einfluss von „shared mental models" für die Stabilität soziopolitischer Ordnung (Debiel et al. 2009) oder der Literatur zu Geschichts- und Erinnerungspolitik (z. B. Bar-Tal et al. 2014; Buckley-Zistel 2009; Liu und Hilton 2005; Metsola 2010). Daher behandeln wir LOCAL_POLITY als besondere Form des Faktionalismus, die zwei Effekte haben kann: Das häufigere Phänomen ist, dass historische Erfahrungen wie Konflikte oder Diskriminierung zwischen Gruppen (Tschad), die Hegemonie einzelner Gruppen (Kongo, Uganda) oder die Umstände der Staatsgründung (Libanon) eine wichtige Symbolik für polarisierende Diskurse liefern. In manchen Umständen, z. B. bei den Bakongo im Fall Kongo 1960 (Legum 1961, S. 50-51), können vorkoloniale Polities auch politische Strukturen oder Traditionen hinterlassen, die auch noch lange Zeit später organisationale Vorteile bieten (allgemein Daly 2012).

7.3.5 Intra-Eliten-Rivalität

Während des Process-Tracing deuteten mehrere Fälle einen kausalen Effekt von Konflikten zwischen Mitgliedern des Regimes an, obwohl diese Bedingung nicht Teil unseres ursprünglichen Satzes von Risikofaktoren war. Ähnlich wie Transition bezieht sich der Faktor der Intra-Eliten-Rivalität auf die internen Beziehungen innerhalb der herrschenden Elite. Eine politische Elite wird üblicherweise definiert als eine Gruppe von Individuen, die Autoritätspositionen in einem politischen System einnehmen (Burton und Higley 1987, S. 296; Dahrendorf 1977, S. 234f.; Parsons 1957, S. 124). Wir legen diesen Begriff weit aus, indem wir auch Autoritätspositionen jenseits von Entscheidungspositionen in formalstaatlichen Institutionen einbeziehen, um die vielfältigen Quellen von Autorität in nicht-westlichen Gesellschaften zu erfassen. Dazu gehören auch „nicht-staatliche", „informelle" oder „hybride" Autoritäten, die ein Mindestmaß an dauerhafter Herrschaft über bestimmte Gruppen in der Gesellschaft ausüben. Aufgrund ihrer Fähigkeiten zur

Mobilisierung von Gefolgsleuten haben diese Autoritäten einen großen Einfluss auf die politische Stabilität im Land.

Unsere Beobachtungen zu den zerstörerischen Wirkungen von Intra-Eliten-Rivalität entsprechen in gewissem Maße dem Ansatz von Putzel und DiJohn (2012), die den Staat als „politische Übereinkunft" (*political settlement*) verstehen und die Relevanz von Eliten-Abmachungen für Frieden und Entwicklung betonen. Die Bedeutung von Elitenkohäsion für politische Stabilität wird auch von Brown (1993) sowie Burton und Higley (1987, S. 305) hervorgehoben.

Intra-Eliten-Rivalität meint einen Wettbewerb um Machtpositionen im Staat, der über die institutionalisierten Regeln zur internen Organisation von Machtbeziehungen hinausgeht. Mit der Institutionalisierung von Machtbeziehungen bezeichnen wir die internen Praktiken und Mechanismen, die die Beziehungen zwischen den Mitgliedern der Elite regeln. Dies beschränkt sich nicht auf formalisierte, legal-rationale Regeln, die in den meisten unserer Fälle ohnehin nur schwach ausgeprägt waren, sondern bezieht explizit auch informelle Normen ebenso wie Praktiken mit ein. Intra-Eliten-Rivalität kann sich also beispielsweise in Machtkämpfen ausdrücken, die formelle Regeln brechen wie z. B. Putschversuche. Sie kann sich in Prozessen äußern, die bestehende Regeln einhalten, die aber verborgene Machtkämpfe andeuten, z. B. in häufigen Kabinettsumbildungen oder der juristischen Verfolgung früherer Verbündeter.

Wir nehmen an, dass der Mangel an institutionalisierten Regeln für die gefährlichen Auswirkungen solcher Rivalitäten verantwortlich ist, da dies zu Unsicherheit führte, wie Machtpositionen gewonnen und erhalten werden können. Dieser Mangel kann beispielsweise durch politische Transition entstehen, wenn die formellen und informellen Institutionen neu gestaltet werden. Es gibt auch zwei mögliche Zusammenhänge mit Repression. Entweder führt der Einsatz von Repression gegen die Bevölkerung zur Spaltung der Elite (z. B. in „hardliner" und „softliner"), oder ein Teil der Elite setzt repressive Maßnahmen gegen andere Eliten ein, um diese aus dem Machtzentrum zu verdrängen.

Der letztere Mechanismus hatte einen wichtigen Einfluss auf den Kollaps des georgischen Staates. Hier spielten natürlich auch andere Faktoren eine Rolle, insbesondere die faktionalistische Polarisierung zwischen südossetischen, abchasischen und georgischen Nationalismen. Allerdings sind wir zu dem Schluss gekommen, dass der Kollaps hätte vermieden werden können, wenn es nicht zur Spaltung der georgischen nationalistischen Bewegung gekommen wäre. Kurz nach der Unabhängigkeitserklärung im April 1991 wurde Zwiad Gamsachurdia, ein prominenter Dissident und Aktivist, zum Präsidenten gewählt. Um seine Macht abzusichern, ordnete er die Demobilisierung der Mkhedrioni, der wichtigsten georgischen paramilitärischen Gruppe in den Konflikten in Südossetien und Abchasien, sowie die Verhaftung ihres Anführer Iaba Iioseliani an. Weiterhin baute er eine paramilitärische Nationalgarde unter Führung von Tengiz Kitovani auf. Als er jedoch die Nationalgarde dem Innenministerium unterstellen wollte, kam es aufgrund seiner persönlichen Rivalität mit Kitovani zum Bruch: Die Nationalgarde verbündete sich mit den Mkhedrioni und die Allianz griff im Dezember 1991 Regierungsgebäude wie das Tifliser Parlament an. Gamsachurdia entkam dem Angriff seiner ehemaligen Verbündeten, gab aber seinen Machtanspruch nicht auf. Kämpfe zwischen seinen Anhängern und der Regierung Schewardnadse, die im März 1992 als Übergangsregierung eingesetzt worden war, verhinderten die Konsolidierung des georgischen Staates mindestens bis 1994.

7.3.6   Externe Unterstützung

In den Fallstudien machten wir die unerwartete Entdeckung eines weiteren bisher nicht berücksichtigten Faktors. Ursprünglich waren wir davon ausgegangen, dass das Nachlassen von Militär- oder Entwicklungshilfe an die Regierung das Kollapsrisiko erhöht, was sich aber nicht bestätigte. Stattdessen stellten wir in mindestens sieben Fällen fest, dass nicht die Reduzierung externer finanzieller und/oder militärischer Hilfe, sondern deren Zunahme eine kausale Wirkung ausgeübt hatte. Dies umfasste Situationen, in denen externe Akteure in einem internen Konflikt Partei ergriffen und diejenigen Akteure unterstützten, die ihnen bei der Verfolgung ihrer politischen Ziele dienlich erschienen. Oft überschnitt sich dieses Phänomen mit Stellvertreterkriegen (*proxy wars*, vgl. Loveman 2002). Dieser Begriff ist in der Vergangenheit primär als Strategie rivalisierender Großmächte während des Kalten Krieges verstanden worden. Neuere Forschung zeigt jedoch, dass sich die Praxis erhalten hat, auch wenn sich die Methoden der Kriegsführung, die beteiligten Akteure und deren Ziele verändert haben (Hughes 2014; Innes 2012; Mumford 2013; Salehyan et al. 2011).

Externe Unterstützung kann zu Staatskollaps beitragen, wenn sie die militärischen Fähigkeiten von Regierung und Opposition ausgleicht. Dies verhindert den schnellen Sieg einer Konfliktpartei und damit die Etablierung eines neuen Gewaltmonopols. Externe Unterstützung trat in unseren Fällen in zwei Formen auf: Die erste ist eine externe Intervention zur Stützung eines angeschlagenen Regimes, das sich nicht aus eigenen Kräften gegen einen Aufstand wehren kann. Dadurch wird der Sturz des Regimes verzögert, es kommt aber zum Staatskollaps, weil der funktionsunfähige Staatsapparat über unsere Sechsmonatsschwelle hinaus aufrechterhalten wird. Das Regime von Nino Vieira in Guinea-Bissau wäre durch den Militärputsch von 1998 wahrscheinlich schnell gestürzt worden, wenn es nicht von senegalesischen und guineischen Truppen unterstützt worden wäre. So dauerten die Kämpfe zwischen Vieira und den Putschisten unter Brigadegeneral Ansumane Mané, die große Teile des Landes kontrollierten, fast ein Jahr, bis die ausländischen Truppen nach Verhandlungen das Land verließen und Vieiras verbleibende Streitkräfte kapitulierten.

Die zweite Form ist externe Unterstützung für sezessionistische Bewegungen oder andere Oppositionsgruppen. Dies geschieht üblicherweise, indem das Mobilisierungsniveau dieser Akteure gestärkt wird, z. B. durch Waffenlieferungen, die Ausbildung von Streitkräften, durch Bereitstellung von Geld oder Ausrüstung, oder der Entsendung von Militärberatern oder eigenen Truppen.

Eine andere Möglichkeit ist, die Politisierung bestehender bewaffneter Gruppen (z. B. Teilen des Militärs) zu unterstützen oder Oppositionsgruppen selbst zu schaffen. Die finanzielle und militärische Unterstützung der USA für antikommunistische Kräfte im laotischen Militär ab 1958 ist ein gutes Beispiel dafür. Nach unserem Verständnis stärkte diese externe Unterstützung politische Kräfte in Laos, die sonst nicht über die Möglichkeiten verfügt hätten, die politische Elite herauszufordern. Die herrschende Regierung war zu dieser Zeit nicht konfrontativ eingestellt, sondern favorisierte eine gewaltlose Verständigung mit den linksgerichteten Aufständischen der Pathet Lao sowie eine Einbindung dieser in die Regierung. Die US-Unterstützung schuf jedoch eine anti-kommunistische Faktion innerhalb des Militärs, die stark genug war, um einen Putschversuch zu unternehmen. Unter Führung von General Phoumi Nosavan bildete die rechtsgerichtete Opposition ein revolutionäres Komitee im südlichen und zentralen Laos und eroberte im Dezember 1960 die Hauptstadt Vientiane. Die Regierung floh nach Kambodscha und Nosavan erklärte sich selbst zum neuen Regierungschef. Damit war das Land gespalten zwischen den von den USA unterstützten antikommunistischen Teilen der Armee, dem als „Neutralisten" bezeichneten Flügel des Militärs um Le Kong welcher der Regierung um Souvanna Phouma die Treue hielt und den Pathet Lao, die zum bewaffneten Kampf für ein kommunistisches Laos zurückkehrten und diesen letztlich für sich entschieden.

Externe Unterstützung kann also auf zweierlei Weise zum Staatskollaps beitragen. Erstens ermuntert die Ankündigung von Hilfen oppositionelle Kräfte den Staat herauszufordern indem sie vermeintliche Opportunitäten schafft, die sonst nicht wahrgenommen worden wären. Zweitens ermöglicht sie die Fortsetzung bewaffneter Kämpfe, bis diese die Kapazität formeller staatlicher Institutionen erodieren lassen. Diese Annahme wird von Lockyer (2011) bestätigt, der argumentiert, dass externe Unterstützung die militärischen Kapazitäten der beteiligten Akteure und die Art der Kriegsführung beeinflusst, indem sie die Balance zwischen Konfliktparteien verschiebt. Weiterhin zeigt Cunningham (2010), dass externe Interventionen die Dauer von innerstaatlichen Konflikten verlängern, wenn Intervenen eine eigene politische Agenda verfolgen.

Unsere Fallstudien legen außerdem nahe, dass externe Unterstützung nicht fähig ist, die Herrschaft eines bestimmten lokalen Akteurs zu erhalten oder durchzusetzen. Bapat (2012) ist skeptisch, inwiefern externe Sponsoren militante Gruppen in Zielländern kontrollieren können (vgl. auch Salehyan et al. 2011), argumentiert aber, dass diese Strategie hilfreich sein kann, um die Verhandlungsmacht des Sponsors zu stärken. Die Beiträge zu lokaler Agency und Widerstand (siehe u. a. Mac Ginty 2011; Richmond 2010) aus der Interventionsforschung korrespondieren mit unserer Interpretation, da sie ebenfalls die Grenzen externer Möglichkeiten zur Beeinflussung lokaler politischer Prozesse hervorheben: Externe Akteure können zwar das Ausmaß ihrer Intervention kalkulieren und steuern, nicht aber die lokalen Reaktionen darauf. So verhinderte die Intervention Senegals und Guineas in Guinea-Bissau zwar für eine bestimmte Zeit den Fall Nino Vieiras, führte aber auch zu einer erhöhten Mobilisierung der Bevölkerung gegen Vieira und die „ausländischen Besatzer". Aufgrund der unvorhergesehenen lokalen Reaktionen verzögerte die Intervention den Sturz Vieiras und die Machtübernahme Manés nur, konnte ihn aber nicht verhindern. Auch das Beispiel der ECOWAS-Intervention in Liberia ab 1990 zeigt recht deutlich, dass externe Akteure nicht den Sieg einer Partei herbeiführen, jedoch sehr wohl den Sieg bestimmter Parteien verhindern können. Insofern kann externe Unterstützung ein effektives Werkzeug zur politischen Destabilisierung sein.

7.3.7   Nicht-systematische oder nicht-kausale Faktoren

Jenseits der kausalen Faktoren, die wir unter 7.3.1-6. als systematische Ursachen von Staatskollaps dargestellt haben, zeigte das Process-Tracing zwei weitere Bedingungen auf, die wir in einigen Fällen als Teil der kausalen Erklärung erachten. Es ist jedoch nicht eindeutig, ob sie auch als logisch generelle kausale Aussagen formuliert werden sollten, da sie sich jeweils nur auf bestimmten Typen von Fällen beschränkten.

Zum einen fehlte es dem Staat in gerade erst unabhängig gewordenen Ländern (*newly independent countries*, NIC) oft an einem Instrument, um das Gewaltmonopol durchzusetzen, weil zum Zeitpunkt der Unabhängigkeit schlichtweg kein Sicherheitsapparat vorhanden war (wie in Bosnien-Herzegowina, Georgien und Tadschikistan) oder weil die Organisationsstrukturen der Sicherheitskräfte im Dekolonisierungsprozess zerstört worden waren (wie in Kongo). Dies war besonders dann ein Problem, wenn bewaffnete Milizen, die für den Unabhängigkeitskampf aufgestellt worden waren, nicht in die staatlichen Sicherheitskräfte überführt werden konnten, weil sie nur bestimmte Identitätsgruppen repräsentierten und/oder nur bestimmten Führungspersonen gegenüber loyal waren. Diese Bedingung ist eher idiosynkratisch, weil sie nur in sehr spezifischen historischen Situationen auftritt, die nur in wenigen Fällen gegeben waren.

In anderen Fällen traten Staaten Teile ihrer Souveränität ab. Zum Beispiel tolerierte der libanesische Staat im Kairoer Abkommen von 1969 die bewaffnete Präsenz der PLO auf seinem Staatsgebiet. In Zaire gestattete es Präsident Mobutu seinen Landsleuten unter der Schlagwort „Débrouillez-vous", sich auf Kosten des Staates zu bereichern, um so seine Herrschaft abzusichern. Diese Politik bedeutet analog zur Aufgabe des Gewaltmonopols im Libanon eine Aufgabe des Monopols der Steuererhebung. Eine derartige Politik eines mehr oder weniger freiwilligen Souveränitätsverzichts ist schwierig umzukehren. Aber auch hier haben wir nicht den Eindruck, dass dieser Mechanismus als generelle theoretische Aussage beschrieben werden sollte.

Abschließend sollen auch diejenigen Bedingungen Erwähnung finden, die zwar Teil der QCA-Lösungsterme waren, aber die in den Process-Tracing-Studien keine systematische kausale Wirkung zu haben schienen. So war der Risikofaktor eines sehr geringen Pro-Kopf-Einkommen zu unspezifisch und statisch, um klare Mechanismen erkennen zu können, die ihn mit dem Outcome Staatskollaps verbinden. Diese Bedingung lässt so viele unterschiedliche Interpretationen zu, dass es unmöglich war, kausale Hypothesen zu formulieren, die sich zumindest auf einige wenige Fälle stützen konnten. Ein niedriges Pro-Kopf-Einkommen kann z. B. die individuelle Kalkulation der Opportunitätskosten von Rebellion beeinflussen, auf Defizite in der staatlichen Output-Legitimität hinweisen oder die Handlungsfähigkeit des Staates aufgrund geringer Steuereinnahmen behindern.

Weiterhin unterstützten die Fallstudien auch nicht die Annahme über die Wirkung eines Rückgangs der Staatseinnahmen. Wir gehen dennoch davon aus, dass die Institutionalisierung staatlicher Autorität von einer ausreichenden materiellen Basis abhängt. Insofern ist ein Mangel an Staateinnahmen eine Bedingung, die die Schaffung oder Aufrechterhaltung staatlicher Institutionen behindert. Allerdings ist dies kein Kriterium, das kollabierte von nicht-kollabierten Fällen systematisch unterscheidet. Wir haben jedoch den Eindruck, dass es problematischer ist, wenn bestehende Institutionen aufgrund zurückgehender Staatseinnahmen nicht aufrechterhalten werden können, als wenn bestimmte Institutionen gar nicht erst geschaffen werden können.

Literatur

Africa Watch Committee. (1990). *Somalia - A Government at War With Its Own People: Testimonies About the Killings and the Conflict in the North.* New York: Africa Watch.

Allen, C. (1995). Understanding African Politics. *Review of African Political Economy*(65), 301-320.

Bapat, N. A. (2012). Understanding State Sponsorship of Militant Groups. *British Journal of Political Science, 42*(1), 1-29.

Bar-Tal, D., Oren, N., & Nets-Zehngut, R. (2014). Sociopsychological Analysis of Conflict-Supporting Narratives: A General Framework. *Journal of Peace Research, 51*(5), 662-675.

Bates, R. H. (2008). State Failure. *Annual Review of Political Science, 11*, 1–12.

Brown, D. (1993). The Search for Élite Cohesion. *Contemporary Southeast Asia, 15*(1), 111–130.

Buckley-Zistel, S. (2009). Nation, Narration, Unification? The Politics of History Teaching after the Rwandan Genocide. *Journal of Genocide Research, 11*(1), 31-53.

Burton, M. G., & Higley, J. (1987). Elite Settlements. *American Sociological Review, 52*(3), 295-307.

Carment, D., Samy, Y., & Prest, S. (2008). State Fragility and Implications for Aid Allocation: An Empirical Analysis. *Conflict Management and Peace Science, 25*(4), 349-373.

Cederman, L.-E., Hug, S., & Krebs, L. F. (2010). Democratization and civil war: Empirical evidence. *Journal of Peace Research, 47*(4), 377-394.

Collier, P., & Hoeffler, A. (1998). On Economic Causes of Civil War. *Oxford Economic Papers, 50*, 563-573.

Cunningham, D. E. (2010). Blocking resolution: How external states can prolong civil wars. *Journal of Peace Research, 47*(2), 115-127.

Dahrendorf, R. (1977). *Gesellschaft und Demokratie in Deutschland, 5. Auflage.* München: DTV.

Daly, S. Z. (2012). Organizational legacies of violence. *Journal of Peace Research, 49*(3), 473-491.

Debiel, T., Glassner, R., Schetter, C., & Terlinden, U. (2009). Local State-Building in Afghanistan and Somaliland. *Peace Review, 21*(1), 38-44.

Eder, K., & Schmidtke, O. (1998). Ethnische Mobilisierung und die Logik von Identitätskämpfen: Eine situationstheoretische Perspektive jenseits von „Rational Choice". *Zeitschrift für Soziologie, 27*(6), 418–437.

Eisinger, P. K. (1973). The conditions of protest behavior in American cities. *American Political Science Review, 67*(1), 11-28.

Francisco, R. A. (1995). The Relationship Between Coercion and Protest: An Empirical Evaluation on Three Coercive States. *Journal of Conflict Resolution, 39*(2), 263-282.

Gerschewski, J. (2013). The Three Pillars of Stability: Legitimation, Repression, and Co-optation in Autocratic Regimes. *Democratization, 20*(1), 13-38.

Gerschewski, J., Merkel, W., Schmotz, A., Stefes, C. H., & Tanneberg, D. (2013). Warum überleben Diktaturen? In S. Kailitz & P. Köllner (Hrsg.), *Autokratien im Vergleich. Sonderheft 47/2013 der Politischen Vierteljahresschrift* (S. 106-131). Baden-Baden: Nomos.

Goldstone, J. A., Bates, R. H., Epstein, D. L., Gurr, T. R., Lustik, M. B., Marshall, M. G., . . . Woodward, M. (2010). A Global Model for Forecasting Political Instability. *American Journal of Political Science, 54*(1), 190–208.

Goldstone, J. A., Bates, R. H., Gurr, T. R., Lustik, M., Marshall, M. G., Ulfelder, J., & Woodward, M. (2005). *A Global Forecasting Model of Political Instability.* Paper presented at the Annual Meeting of the American Political Science Association, Washington D.C., 1. – 4. September 2005.

Gros, J.-G. (1996). Towards a Taxonomy of Failed States in the New World Order: Decaying Somalia, Liberia, Rwanda and Haiti. *Third World Quarterly, 17*(3), 455-471.

Gurr, T. R. (1974). Persistence and change in political systems, 1800-1971. *American Political Science Review, 68*(4), 1482-1504.

Gurr, T. R. (1993). Why Minorities Rebel: A Global Analysis of Communal Mobilization and Conflict Since 1945. *International Political Science Review, 14*(2), 161-201.

Gurr, T. R., & Moore, W. H. (1997). Ethnopolitical Rebellion: A Cross-Sectional Analysis of the 1980s with Risk Assessments for the 1990s. *American Journal of Political Science, 41*(4), 1079-1103.

Gurr, T. R., & United States Institute of Peace (1993). *Minorities at risk : a global view of ethnopolitical conflicts*. Washington, D.C.: United States Institute for Peace.

Hegre, H., Ellingsen, T., Gates, S., & Gleditsch, N. P. (2001). Toward a Democratic Civil Peace? Democracy, Political Change, and Civil War, 1816-1992. *American Political Science Review, 95*(1), 33-48.

Hobsbawm, E. J. (1983). Introduction: Inventing Traditions. In E. J. Hobsbawm & T. O. Ranger (Hrsg.), *The Invention of tradition* (S. 1-14). Cambridge: Cambridge University Press.

Hughes, G. A. (2014). Syria and the Perils of Proxy Warfare. *Small Wars & Insurgencies, 25*(3), 522-538.

Innes, M. A. (2012). *Making Sense of Proxy Wars: States, Surrogates, and the Use of Force.* Dulls: Potomac Books.

Jackson, P. T. (2015). *Causal Claims and Causal Explanations in International Studies*. Research Paper Nr. 2015-4. Washington D.C.: School of International Service.

Kaldor, M. (1999). *New and Old Wars: Organized Violence in a Global Era*. Cambridge: Polity Press.

Kaschuba, W. (2001). Geschichtspolitik und Identitätspolitik: Nationale und ethnische Diskurse im Kulturvergleich. In B. Binder, W. Kaschuba, & P. Niedermüller (Hrsg.), *Inszenierungen des Nationalen* (S. 19–42). Köln; Weimar; Wien: Böhlau.

Legum, C. (1961). *Congo Disaster*. Baltimore: Penguin Books.

Lieberman, E. S. (2005). Nested Analysis as a Mixed-Method Strategy for Comparative Research. *American Political Science Review, 99*(3), 435-452.

Liu, J. H., & Hilton, D. J. (2005). How the Past Weighs on the Present: Social Representations of History and their Role in Identity Politics. *British Journal of Social Psychology, 44*(4), 537–556.

Lockyer, A. (2011). Foreign intervention and warfare in civil wars. *Review of International Studies, 37*(5), 2337-2364.

Loveman, C. (2002). Assessing the Phenomenon of Proxy Intervention. *Conflict, Security & Development, 2*(3), 29-48.

Mac Ginty, R. (2011). *International Peacebuilding and Local Resistance: Hybrid Forms of Peace*. New York: Palgrave.

Mansfield, E. D., & Snyder, J. (2009). Pathways to War in Democratic Transitions. *International Organization, 63*(2), 381-390.

Martin, B. (2007). *Justice Ignited - The Dynamics of Backfire*. Lanham: Rowman & Littlefield.

Mason, T. D., & Krane, D. A. (1989). The Political Economy of Death Squads: Towards a Theory of the Impact of State-Sanctioned Terror *International Studies Quarterly, 32*(2), 175-198.

McAdam, D., Tarrow, S., & Tilly, C. (2001). *Dynamics of Contention.* Cambridge: Cambridge University Press.

Merkel, W. (2010). *Systemtransformation: Eine Einführung in die Theorie und Empirie der Transformationsforschung, 2. Auflage.* Wiesbaden: VS.

Metsola, L. (2010). The Struggle Continues? The Spectre of Liberation, Memory Politics and 'War Veterans' in Namibia. *Development and Change, 41*(4), 589-613.

Muller, E. N., & Weede, E. (1990). Cross-National Variation in Political Violence: A Rational Action Approach. *Journal of Conflict Resolution, 34*(4), 624-651.

Mumford, A. (2013). *Proxy Warfare.* Cambridge: Polity Press.

Münkler, H. (2002). *Die neuen Kriege.* Bonn: Bundeszentrale für politische Bildung.

Oberschall, A. (1973). *Social Conflict and Social Movements.* Englewood Cliffs: Prentice-Hall.

Olson, M. (1971). *The Logic of Collective Action: Public Goods and the Theory of Groups.* Cambridge: Harvard University Press.

Parsons, T. (1957). The Distribution of Power In American Society. *World Politics, 10*(1), 123-143.

Putzel, J., & DiJohn, J. (2012). *Meeting the Challenges of Crisis States: Crisis States Research Centre Report.* London: Crisis States Research Centre.

Richmond, O. P. (2010). Resistance and the Post-liberal Peace. *Millennium - Journal of International Studies, 38*(3), 665-692.

Riedel, S. (2005). *Die Erfindung der Balkanvölker: Identitätspolitik zwischen Konflikt und Integration.* Wiesbaden: VS-Verlag.

Rothchild, D. (1995). Ethnic bargaining and state breakdown in Africa. *Nationalism and Ethnic Politics, 1*(1), 54-72.

Salehyan, I., Gleditsch, K. S., & Cunningham, D. E. (2011). Explaining External Support for Insurgent Groups. *International Organization, 65*(4), 709-744.

Saxton, G. D. (2005). Repression, Grievances, Mobilization, and Rebellion: A New Test of Gurr's Model of Ethnopolitical Rebellion. *International Interactions, 31*(1), 87-116.

Tilly, C. (1977). *From mobilization to revolution.* Ann Arbor: Center for Research on Social Organization.

Vinci, A. (2006). The "Problems of Mobilization" and the Analysis of Armed Groups. *Parameters, 36*(1), 49-62.

Wimmer, A. (2005). *Kultur als Prozess: Zur Dynamik des Aushandelns von Bedeutungen.* Wiesbaden: VS.

Zusammenfassung

8

Zusammenfassung

In diesem Kapitel fassen wir die Ergebnisse unseres Forschungsprojekts noch einmal kurz zusammen. Außerdem klären wir über unser Verständnis des Verhältnisses von Staatskollaps zu Regimekollaps und Bürgerkrieg auf, zu dem wir im Verlauf des Forschungsprozesses gelangt sind. Weiterhin erörtern wir die Implikationen der Anlage unserer Forschung für die Interpretation der Ergebnisse und gehen auf mögliche methodische Schritte einer sich an unsere Ergebnisse anschließende Forschung ein. Abschließend geben wir Anregungen für zukünftige Schwerpunktsetzungen und Entwicklungen der Forschung zu fragiler Staatlichkeit und Staatskollaps.

Keywords

Staatskollaps, Ursachenforschung, Bürgerkrieg, weitere Forschung, Methoden

Staatskollaps ist ein komplexes, mehrdimensionales Ereignis. Für ein Verständnis der Ursachen von Staatskollaps reichen die bislang in der Forschung zu fragiler Staatlichkeit dominierenden strukturellen Erklärungen nicht aus. Unser dynamisch angelegtes Kausalmodell zeigt, in welcher Weise Risikofaktoren systematisch zusammenwirken, um zu einem Kollaps staatlicher Institutionen zu führen. Hierbei stehen dynamische Faktoren, wie eine zunehmende Mobilisierung bewaffneter Verbände oder externe Einmischung, im Vordergrund. Diese Faktoren entfalten ihre Wirkung jedoch nur im Zusammenhang mit Veränderungen der politischen

Rahmenbedingungen und den Strategien von und Beziehungen zwischen Akteuren, insbesondere auf der Elitenebene.

Zur Erklärung des Kollaps in einem Einzelfall sind neben den im Kausalmodell abgebildeten Hypothesen über systematische Ursachen und Wirkungen aber immer auch fallspezifische Faktoren und der Grad der Institutionalisierung staatlicher Herrschaft zu berücksichtigen. In diesem Kapitel fassen wir die Ergebnisse unseres Forschungsprojekts noch einmal kurz zusammen. Außerdem klären wir über unser Verständnis des Verhältnisses von Staatskollaps zu Regimekollaps und Bürgerkrieg auf, zu dem wir im Verlauf des Forschungsprozesses gelangt sind. Weiterhin erörtern wir die Implikationen unseres Forschungsdesigns für die Interpretation der Ergebnisse und diskutieren methodische Fragen einer sich an unsere Ergebnisse anschließenden Forschung. Abschließend geben wir Anregungen für zukünftige Schwerpunktsetzungen und Entwicklungen der Forschung zu Staatskollaps und fragiler Staatlichkeit.

8.1   Ergebnisse des Projekts

Die Resultate unserer Kausalanalysen unterstützen die ursprüngliche Annahme, dass die Ursachenstruktur von Staatskollaps komplex ist. Für jeden Fall konnten wir mehrere kausale Bedingungen identifizieren, deren Interaktion zum Kollaps des Staates führte. Manche dieser Faktoren waren in Jacksons Terminologie „adäquat kausal", d. h. „part of an ideal-typically specified causal configuration without which we cannot imagine the outcome having occurred" (Jackson 2011, S. 150). Andere waren dagegen idiosynkratisch oder „zufällig kausal", d. h. „we cannot imagine [this particular] outcome having occurred without it, but it is not part of a systematic ideal-type"(Jackson 2011, S. 150).

Die wichtigste adäquat kausale Bedingung ist die Mobilisierung bewaffneter Opposition, ein dynamischer Prozess, den wir für eine notwendige Bedingung von Staatskollaps halten. Die Mobilisierung bewaffneter Opposition ist jedoch keine hinreichende Bedingung; mit anderen Worten kann sie nicht allein den Kollaps eines Staates erklären. Dies wird durch die große Zahl bewaffneter Konflikte und Bürgerkriege verdeutlicht, in denen es zur Mobilisierung bewaffneter Opposition kommt, der Staatskollaps jedoch auch nach Jahrzehnten des Bürgerkrieges ausbleibt. Es müssen daher noch weitere Faktoren vorhanden sein, damit es zu diesem Ergebnis kommt. Diese zusätzlichen Faktoren sind (1) politische Transition, (2) Repression, (3) Faktionalismus, (4) Intra-Eliten-Konflikte sowie (5) externe Unterstützung.

Beim Risikofaktor *Transition* unterscheiden wir zwei Formen von Transition: Während sich *Regimewandel* auf eine Veränderung der internen Herrschaftsorganisation bezieht, entsteht durch *Dekolonisierung*, also die Loslösung aus einem Imperium bzw. eines Staatenbunds oder die Befreiung von kolonialer Herrschaft, ein neuer Staat. Das Risiko besteht in beiden Fällen darin, dass eine Änderung der Rahmenbedingungen von Herrschaft die Möglichkeiten des Herrschaftszugangs beeinflusst und eine Anpassung der internen Herrschaftsorganisation notwendig macht. Eine Veränderung der Rahmenbedingungen kann beispielsweise durch die Einführung von Geberkonditionalitäten (Zaire) oder einer Änderung der Herrschaftsziele (Afghanistan) zustande kommen und erhöht das Risiko von Machtkämpfen innerhalb der Elite, die wir als weiteren Risikofaktor von Staatskollaps identifiziert haben. Im Vergleich dazu sind die Veränderungen im Zuge eines Dekolonisierungsprozesses tiefgreifender und berühren grundsätzliche Fragen der Zugehörigkeit zu einem politischen Gemeinwesen. Damit betrifft Dekolonisierung neben der internen Herrschaftsorganisation auch die Legitimation von Herrschaft. Die Bedrohung für die Machtposition der bisherigen Eliten ist durch diese doppelte Herausforderung wesentlich existenzieller. Im Dekolonisierungsprozess fordert die Erfahrung der Diskontinuität von Herrschaft ihre Parameter radikal heraus, so dass Fragen von Inklusion und Exklusion in den *demos* häufig mittels nationalistischer Ideologien verhandelt werden.

Zu *Repression* stellen wir fest, dass die systematische und gezielte Verfolgung einzelner Dissidenten das Risiko von Staatskollaps nicht beeinflusst. In den von uns erforschten Fällen hatte Repression nur dann eine kausale Wirkung, wenn sie entweder a) Teil eines generellen Systems staatlichen Terrors war oder b) in Form unerwarteter, schockierender Ereignisse auftrat. In beiden Varianten löst Repression in der Gesellschaft Gefühle der Machtlosigkeit gegenüber einer als willkürlich und unverhältnismäßig empfundenen Gewalt der Obrigkeit aus. Dies begünstigt die Mobilisierung von Teilen der Bevölkerung gegen das herrschende Regime und verringert die Spielräume für eine Verhandlungslösung.

Faktionalismus ist ein Faktor, der in den bisherigen Theorien zu den Ursachen von Staatskollaps kaum Erwähnung gefunden hat. Die QCA-Vergleiche und die Fallstudien zeigen jedoch deutlich die von faktionalistischer Politik ausgehenden Gefahren für die Stabilität staatlicher Institutionen auf. Unser Verständnis von Faktionalismus basiert auf Theorien über die Gefahren, die von exklusiven und differenzorientierten Identitäten ausgehen. Durch die Unterscheidung von Faktionalismus als Strukturprinzip nationaler Politik und seinem strategischen Einsatz durch politische Akteure zu Mobilisierungszwecken, eröffnen sich neue Möglichkeiten zur Reinterpretation bereits ausgiebig erforschter historischer Fälle wie z. B. Libanon 1975.

Auch die Rolle von Eliten ist in der Forschung bislang kaum berücksichtigt worden, dabei kann der Faktor *Intra-Eliten-Konflikte* einiges zur Erklärung von Staatskollaps beitragen. Erstens verstärken diese Konflikte die Wirkung anderer Ursachen, indem z. B. Eliten faktionalistische Identitäten aktivieren oder aus dem Konflikt ein Transitionsprozess entsteht. Zweitens treffen Intra-Eliten-Konflikte das Regime direkt in seinem Herzen und schwächen es in einer Krisenphase entscheidend. Diese Bedingung braucht jedoch noch eine deutlich genauere Konzeptualisierung; dabei wäre eine Einbeziehung von Akteurstheorien aus der Transitionsforschung ein möglicher Ausgangspunkt, da dieses Feld eine sehr viel längere Tradition in der Erforschung politischer Eliten hat (Merkel 2010, S. 84-87).

Die Wirkung von *externer Unterstützung* widerspricht unseren ursprünglichen Annahmen. Wir hatten zu Beginn die rententheoretisch inspirierte Erwartung, dass der Rückgang von internationaler Hilfe die Ressourcen des Regimes so verknappt, dass es zum Zerfall der Regimekoalition kommt. Stattdessen stellte sich heraus, dass externe Unterstützung zu Staatskollaps führen kann, wenn sie ein militärisches Ungleichgewicht so ausgleicht, dass ein bewaffneter Konflikt in einer Pattsituation verharrt. Mit externer Unterstützung meinen wir insbesondere militärische Unterstützung, weshalb die Logik der Wirkung dieses Faktors dem Konzept von Stellvertreterkriegen (*proxy wars*) ähnelt. Bislang ist deren Einfluss auf politische Stabilität allerdings kaum erforscht worden. Vielmehr liegt der Fokus der *proxy wars*-Forschung eher auf dem strategischen Nutzen externer Unterstützung zur Verfolgung der politischen Ziele internationaler Patrone.

Unser kausales Modell von Staatskollaps ergibt sich aus dem Zusammenspiel dieser Faktoren. Das Modell präsentiert ein idealtypisches Bild, wie die verschiedenen Bedingungen interagieren, um gemeinsam das Outcome Staatskollaps zu produzieren. Damit ist nicht gemeint, dass *alle* Faktoren vorhanden sein müssen, damit es zu Staatskollaps kommt. Vielmehr möchten wir zeigen, dass mehrere der Bedingungen vorhanden sein müssen – die Mobilisierung bewaffneter Opposition ist eine notwendige, aber keine hinreichende Bedingung – und wie sich diese Bedingungen gegenseitig beeinflussen. Das Modell ist auch nur begrenzt hilfreich bei der Erklärung von Einzelfällen, da diese immer noch zusätzliche, fallspezifische Ursachen haben, die außerhalb des Modells liegen. Stattdessen zeigt das Kausalmodell ein allgemeines, hypothetisches Muster der Interaktionen zwischen kausalen Faktoren, das vom Einzelfall abstrahiert ist.

Die Ergebnisse bestätigen unsere Ausgangsidee, dass die Konzentration auf Fälle von Staatskollaps sinnvoll ist, um zu Erkenntnissen über die Funktionsunfähigkeit staatlicher Institutionen und das Versagen staatlicher Herrschaft zu gelangen. Wir verstehen Staatskollaps als besonders extreme Form von fragiler Staatlichkeit, die wir für ein allgemeineres Phänomen mit recht unscharf definierten Grenzen halten.

Unsere Ergebnisse deuten darauf hin, dass die Ursachen von Staatskollaps nicht dieselben sind wie die von Fragilität. Wir haben mehrere Faktoren als Ursachen identifiziert, die in der Forschung zu fragiler Staatlichkeit bislang kaum auftauchen, z. B. Intra-Eliten-Konflikte oder externe Unterstützung. Selbst der für uns zentrale Faktor einer Mobilisierung bewaffneter Opposition war zuvor nur von Lambach (2009) als mögliche Ursache identifiziert worden.

Gleichzeitig hatten mehrere prominente Theorien keine besondere Erklärungskraft für unsere Fälle. So konnten wir beispielsweise keinen systematischen Effekt von klientelistischen, neopatrimonialen und informellen Praktiken auf staatliche Institutionen feststellen. Auch Rent-Seeking-Verhalten hatte keinen besonderen Einfluss auf das Zustandekommen von Staatskollaps. Gleiches gilt für Engleharts (2007) Annahme, dass Staatszerfall auf die Sabotage staatlicher Institutionen durch Regimeinsider zurückzuführen ist. Diese Theorien gelten als äußerst relevant für die Erklärung von fragiler Staatlichkeit, auch wenn die empirische Grundlage derartiger Behauptungen noch verbesserungswürdig ist.

Dies unterstützt die Annahme, dass kollabierte Staaten eine sehr spezielle Untermenge fragiler Staaten sind. Dass sich die Erklärungskraft von Risikofaktoren aus der Literatur zu fragiler Staatlichkeit in unserer Forschung nicht bewiesen hat, hängt mit unserem Forschungsdesign zusammen. Dieses war dezidiert auf die Untersuchung der Ursachen von Staatskollaps und nicht der Ursachen von Fragilität ausgerichtet, wobei wir QCA verwendet haben, um kollabierte und nicht-kollabierte fragile Staaten miteinander zu vergleichen. Mit anderen Worten haben wir untersucht, was in fragilen Staaten passieren muss, damit sie kollabieren. Für die Erklärung des Kollaps zu einem bestimmten Zeitpunkt sind dynamische Faktoren wie Elitenkonflikte, die Mobilisierung bewaffneter Opposition und externe Unterstützung natürlich sehr viel wichtiger als für einen zeitlich nicht determinierten Allgemeinzustand von Fragilität. Aus einem derartigen Forschungsdesign lässt sich über die Ursachen von Fragilität nichts sagen, da dies für alle Fälle – ob Kollaps oder Kontrollgruppe – eine konstante Hintergrundbedingung darstellt. Für den Moment können wir nur davon ausgehen, dass die oben erwähnten Faktoren wie Klientelismus, Informalität und Rent-Seeking je nach ihrer Konzeptualisierung entweder Eigenschaften oder Ursachen von fragiler Staatlichkeit sind, aber nicht den letztendlichen Kollaps dieser Staaten erklären können.

8.2 Zur Abgrenzung von Staatskollaps von Regimekollaps und Bürgerkrieg

Die prominente Rolle der Mobilisierung bewaffneter Opposition in unserem Kausalmodell wirft die Frage auf, inwiefern sich Staatskollaps von bewaffneten Konflikten und Bürgerkriegen unterscheidet. Dies ist eine zentrale konzeptionelle Frage aufgrund der starken empirischen Koinzidenz: alle Fälle von Staatskollaps, mit Ausnahme von Kongo 1960, fallen mit Bürgerkriegen zusammen. Außerdem gibt es eine konzeptionelle Überlappung: Das Fehlen eines Gewaltmonopols impliziert, dass der Staat nicht fähig ist, effektive Kontrolle über die Gewaltmittel auszuüben. Auch die Fähigkeiten zur Steuererhebung und zur Rechtsetzung und -durchsetzung werden ebenfalls beeinträchtigt, wenn eine bewaffnete Opposition einen signifikanten Anteil des Staatsgebiets kontrolliert.

Wir behandeln Staatskollaps dennoch als distinktives Phänomen, weil wir ein anderes Erkenntnisinteresse als die Bürgerkriegsforschung haben. Uns interessiert nicht, wie und warum es zur gewaltsamen Eskalation von Konflikten kommt (Dixon 2009). Stattdessen konzentrieren wir uns auf Situationen, in denen staatliche Institutionen zusammengebrochen sind, was oft mit gewaltsamen Auseinandersetzungen einhergeht und häufig auch durch diese bedingt wird. Es gibt jedoch viele Fälle von Bürgerkriegen, die nicht zum Staatskollaps führen, und daher sind die Ursachen von Bürgerkriegen auch nicht mit den Ursachen von Staatskollaps gleichzusetzen.

Unsere Position zum Verhältnis von Bürgerkrieg und Staatskollaps lässt sich wie folgt zusammenfassen: Die Mobilisierung bewaffneter Opposition *verursacht* Staatskollaps, indem sie die staatliche Kapazität zur Kontrolle der Gewaltmittel direkt herausfordert. Der Staatskollaps ist *charakterisiert* durch ein militärisches Patt zwischen der Regierung und oppositionellen Gruppen, welches beide Seiten daran hindert, das Staatsgebiet zu kontrollieren. Ein militärischer Sieg der Aufständischen würde diesen die Möglichkeit eröffnen, die Macht zu übernehmen und staatliche Institutionen neu zu konsolidieren.

Um dies genauer zu erläutern, möchten wir zunächst den Unterschied von Regimekollaps und Staatskollaps klären. Ein Regime verstehen wir im Sinne Fishmans als „the formal and informal organization of the center of political power, and of its relations with the broader society. A regime determines who has access to political power, and how those in power deal with those who are not" (Fishman 1990, S. 428). Das Regime ist damit eine größere und dauerhaftere Form politischer Organisation als eine spezifische Regierung. Das herrschende Regime repräsentiert die Autorität des Staates und übt diese gleichzeitig über den Staatsapparat aus. Solange es an der Macht bleibt, korrespondiert seine Fähigkeit zu herrschen mit der Autorität des Staates. Wenn sich jedoch ein Regime nicht gegen eine bewaffnete Herausforderung verteidigen kann, führt dies nicht notwendigerweise zum Kollaps des Staates. Es ist möglich, dass stattdessen ein neues Regime entsteht und die Autorität staatlicher Institutionen wiederherstellt, wie z. B. während der Regimewechsel in Ruanda 1994 und Iran 1979, als das Machtvakuum nach dem Sturz des alten Regimes schnell durch dessen Herausforderer gefüllt wurde. Daher nimmt unser Modell keine deterministische Verknüpfung zwischen Regimekollaps und Staatskollaps an. Zwar gehen wir davon aus, dass Transitionen auch zum Staatskollaps beitragen können, dies ist aber keine notwendige Konsequenz.

In unserem Modell ist die militärische Auseinandersetzung zwischen dem Regime und seinen Gegnern eine notwendige Bedingung von Kollaps, sie ist jedoch nicht Teil des Kollapses selbst. Der Kollaps ist durch den Zusammenbruch staatlicher Kapazitäten zur Gewaltkontrolle, Regelsetzung und Steuererhebung gekennzeichnet; er wird durch den militärischen Konflikt verursacht, ist damit aber nicht gleichzusetzen.

In unseren Fallstudien haben wir festgestellt, dass die kausale Beziehung zwischen Gewalt und Staatskollaps je nach dem Institutionalisierungsgrad staatlicher Autorität unterschiedlich ist. Wo der Staat relativ stark war, konnte nur eine Massenmobilisierung, oft entlang faktionalistischer Linien, das staatliche Gewaltmonopol herausfordern. In solchen Fällen, wo der Bürgerkrieg eine Ursache des Staatskollapses war, führte der Verlust des Gewaltmonopols zu einer Erosion staatlicher Kapazitäten zur Regelsetzung und Steuererhebung. Ein Beispiel ist der Libanon im Jahr 1975, als ein langwieriger Bürgerkrieg zwischen der maronitisch dominierten Lebanese Front und dem Lebanese National Movement ausbrach, das von der Palestine Liberation Organization (PLO) und der schiitischen Amal-Miliz dominiert wurde. Damit war der Nationalpakt und sein konkordanzdemokratisches System der Machtteilung gebrochen und der zuvor relativ gut funktionierende libanesische Staat wurde in den folgenden Auseinandersetzungen regelrecht zerrieben.

In weniger institutionalisierten Staaten war das Verhältnis von Staatskollaps und Bürgerkrieg umgekehrt. Dort war eine wirksame Steuereinziehung durch staatliche Autoritäten selten und das soziale Leben orientierte sich meist an nicht-staatlichen Regeln. Die Kontrolle der Gewaltmittel war oft die einzige Aufgabe, die der Staat wenigstens in Teilen bewältigen konnte. Kam es jedoch zu einer hinreichend starken militärischen Herausforderung des Staates, zerfiel dieser mangels anderer Kapazitäten sehr schnell. Dies geschah beispielsweise in Zaire im Jahr 1996, als die Herrschaft des Mobutu-Regimes durch Laurent-Désiré Kabila und seine AFDL herausgefordert wurde. Die AFDL war militärisch gesehen nicht besonders stark, der durch Mobutus jahrzehntelange Misswirtschaft ausgehöhlte Staat hatte ihr jedoch nichts entgegenzusetzen und wurde in wenigen Monaten hinweggefegt.

8.3   Methodische Implikationen

Unser Forschungsprojekt verwendete das Mehrmethodendesign der „nested analysis"
(Lieberman 2005). Dieser Ansatz verwendet eine iterierte Sequenz verschiedener
Methoden: Das Projekt beginnt mit einer Large-N-Analyse, wobei Lieberman dafür
eine weite Definition anlegt, die u. a. auch QCA einschließt (Lieberman 2005, S.
438). Ergibt diese ein robustes und zufriedenstellendes Ergebnis, wird sie um eine
modelltestende Small-N-Analyse ergänzt; wenn nicht, hat die Small-N-Analyse
das Ziel der Modellbildung. Die letztere Variante trifft auf unser Projekt zu. Die
Small-N-Analyse bestand dabei aus den vergleichenden Process-Tracing-Studien,
die zwar kollektiv kein kleines N ergaben, aber der Logik und Intention einer mo-
dellbildenden Analyse folgten. Dies ist konsistent mit Liebermans Verständnis einer
Small-N-Analyse, die er wie folgt definiert: „(A) mode of analysis in which causal
inferences about the primary unit under investigation are derived from qualitative
comparisons of cases and/or process tracing of causal chains within cases across
time, and in which the relationship between theory and facts is captured largely
in narrative form" (Lieberman 2005, S. 436).

Der nächste Schritt in Liebermans Sequenz (2005, S. 437) ist die Frage, ob das neue
Modell mittels einer Large-N-Analyse überprüft werden kann. Dies ist mit denselben
Fällen und demselben Ansatz möglich wie unsere erste Analyse, auch wenn dabei
manche Entscheidung nochmal auf den Prüfstand gestellt werden sollte (s. u.). Diese
modelltestende Large-N-Analyse kann, je nach Qualität der Ergebnisse, ein vorläufiger
Endpunkt der Forschung sein oder eine neue Schleife der *nested analysis* anstoßen.

Für das vorliegende Projekt würde dies bedeuten, dass einige Bedingungen neu
operationalisiert werden müssten. Dies betrifft das Outcome Staatskollaps, bei dem
die Abgrenzung von Phänomenen wie Bürgerkrieg stärker betont werden sollten.
Bedingungen wie die Mobilisierung bewaffneter Opposition oder Faktionalismus
müssten ebenfalls neu konzeptualisiert werden. Hinzu kommen mit Intra-Eliten-Rivalität und externer Unterstützung zwei Bedingungen, die in unserem ursprünglichen
Forschungsdesign gar nicht vorhanden waren. Für alle diese Bedingungen wäre eine
erneute Datenerhebung notwendig. Auf dieser Grundlage müssten dann erneute
QCA-Vergleiche angestellt werden. Bestätigen diese unser Kausalmodell, würden
unsere Ergebnisse vorläufig als valide gelten (Lieberman 2005, S. 450). Allerdings
würde sich dieses Kausalmodell auf generalisierte Aussagen zu den Effekten und
dem gleichzeitigen Auftreten von Bedingungen beschränken; über den zugrundeliegenden kausalen Prozess wären weiterhin nur Annahmen möglich. Um diesen
Prozess besser zu verstehen, wäre eine erneute Überprüfung der Annahmen über
Kausalmechanismen durch ein tiefergehendes Process-Tracing einzelner paradig-
matischer Fälle notwendig.

Eine weitere Möglichkeit zur Validierung des Modells wären sogenannte *out-of-sample tests*, in denen die Gültigkeit der kausalen Annahmen anhand von Fällen überprüft wird, die nicht Teil der Gruppe von Fällen waren, die für die Modellentwicklung verwendet wurden. Hierfür kommen mehrere neuere Fälle in Frage, die erst nach dem Ende unseres Untersuchungszeitraums (2007) kollabierten wie z. B. Syrien, Libyen, Jemen, Mali oder die Zentralafrikanische Republik. Dabei müsste zunächst anhand des Indikatorenkatalogs überprüft werden, ob alle Dimensionen von Staatlichkeit für mindestens sechs Monate kollabiert waren. Danach könnte mittels einer Fallstudie der Einfluss der in unserem Kausalmodell benannten Bedingungen überprüft werden. Allerdings wäre der Erkenntnisgewinn durch derartige Fallstudien begrenzt, weil dazu aus unseren kausalen Aussagen eine kausale Fallerklärung abgeleitet werden müsste. Wie jedoch mehrfach betont ist das Modell dafür nur begrenzt geeignet. Insofern würde eine Übereinstimmung der *out-of-sample*-Fälle mit dem Kausalmodell nicht in irgendeiner Weise dessen Gültigkeit beweisen, aber zumindest die Glaubwürdigkeit der darin enthaltenen Hypothesen weiter stärken.

Bei weiterer Forschung sollte auch das QCA-Forschungsdesign nochmals kritisch überprüft werden. Unsere Entscheidung für diese Methode war dadurch motiviert, dass sie die Schwächen früherer Ansätze effektiv kompensieren kann: QCA ermöglicht einen angemessenen Umgang mit der äquifinalen und komplexen Kausalität von Staatskollaps. Darüber hinaus erlaubt QCA einen systematischen Vergleich qualitativer Risikofaktoren, für deren statistische Überprüfung keine ausreichenden Daten vorliegen. Die Erhebung dieser Daten und ihre vergleichende Analyse erweitern unseren Wissensstand, indem sie die Überprüfung etablierter Annahmen über die Ursachen von Staatskollaps ermöglichen. Auf diese Weise haben wir den Weg für neue Theorien über Staatskollaps und neue Designs für die Ursachenforschung eröffnet.

Allerdings mussten wir auch die Erfahrung machen, dass eine Reise ins Unbekannte auf unerwartete Hindernisse stoßen kann. Der Versuch, synchrone und diachrone Vergleiche zu kombinieren, verhinderte die Formulierung eines sparsamen und damit interpretierbaren Ergebnisses jenseits der Erklärung von Einzelfällen. Dies erschwerte die Theoriebildung, bot aber auch Raum für Innovation. Denn diese Situation machte eine Reflexion über Wege der Theoriebildung jenseits der Interpretation des QCA-Ergebnisses notwendig, die uns zur Neuformulierung von Risikofaktoren und der Entdeckung potentieller weiterer, kausal relevanter Bedingungen führte.

Grundsätzlich ziehen wir aus unserer Anwendung von QCA folgende Lehren: Erstens erlauben die Ergebnisse einer QCA nur Aussagen über Kausalitäten im Sinne des gleichzeitigen Auftretens von Bedingungen (X) und Outcome (Y). Als eine vergleichende Methode können die QCA-Ergebnisse die Sicherheit darüber, ob es eine Kausalbeziehung zwischen X und Y gibt, erhöhen oder verringern. Eine QCA gibt jedoch keinen Einblick in Kausalmechanismen im Sinne eines Systems ineinandergreifender Teile, die eine kausale Wirkung von X nach Y übertragen. QCA erlaubt nur Aussagen über Mechanismen im Sinne eines Zusammenwirkens mehrerer Bedingungen, aber keine Aussagen über den Prozess, der die Bedingungen mit dem Outcome verknüpft. Dies wird durch Schneider und Wagemann in ihrem QCA-Lehrbuch bestätigt. Dort stellen sie QCA als Mittel zur Kausalanalyse vor (Schneider und Wagemann 2012, S. 8), schreiben jedoch nur den *within-case*-Fallstudien *nach* der Berechnung der Lösungsformel die Fähigkeit zu, Informationen zu kausalen Mechanismen zu generieren (Schneider und Wagemann 2012, S. 308). Daher ist es als gute Praxis anerkannt, zwischen der komparativen Forschung via QCA und der fallbasierten Analyse hin und her zu wechseln (Ragin 2000, S. 283; Rihoux und De Meur 2009, S. 65-66; Schneider und Wagemann 2012, S. 305-312). Damit ist aber auch klar, dass sich die weitere Forschung zu den Ursachen von Staatskollaps nicht auf die reine Anwendung von QCA beschränken kann.

Zweitens konnten wir uns von der Neigung bisheriger Ansätze zur Erklärung von Staatskollaps über strukturelle Bedingungen nicht völlig frei machen. Allgemein gesprochen war es durchaus hilfreich, neue Daten jenseits der bereits vorhandenen statistischen Datensätze zu erheben, da wir damit gewisse Hypothesen erstmals systematisch testen konnten. Dabei neigten wir jedoch dazu, Risikofaktoren in statischer statt in dynamischer Weise zu operationalisieren. Beispielsweise beschrieb die Bedingung MILIT lediglich den Zustand der Militarisierung, d. h. ob alle politisch relevanten Gruppen zum Kollapszeitpunkt bewaffnet sind. Wann die Militarisierung begann und wie sie verlief, haben wir zunächst nicht berücksichtigt. Unsere Neuformulierung dieser Bedingung als Mobilisierung bewaffneter Opposition enthält auch eine dynamische Komponente, deren Gültigkeit wir aber mangels systematisch erhobener Daten nicht belegen können.

Traditionelle QCA-Ansätze bieten nur wenige Möglichkeiten, um dynamische Faktoren zu berücksichtigen (Wagemann und Schneider 2010, S. 385). Ein Wandel kann beispielsweise dadurch repräsentiert werden, indem man Beobachtungen an mehreren Zeitpunkten nimmt und diese durch Methoden wie *temporal QCA* bzw. *time-series QCA* (tQCA, vgl. Caren und Panofsky 2005; Hino 2009) auswertet. Allerdings führt das Hinzufügen mehrerer Beobachtungen pro Fall dazu, dass Lösungsformeln immer komplexer und idiosynkratischer werden, wie Ragin und Strand (2008) in ihrer Kritik von tQCA festhalten. Außerdem erzeugt dieses Vorgehen zusätzlichen Aufwand bei der Datenerhebung. Für unser Forschungsinteresse, eine möglichst große Zahl von Annahmen zu überprüfen, wäre dies nicht möglich gewesen. Eine denkbare Alternative wäre es, Bedingungen so zu formulieren, dass sie den relativen Wandel einer Bedingung als Grundlage der Codierung verwenden. Beispielsweise codierten wir die Variable GOV_REV auf Basis eines Vergleichs der Staatseinnahmen im Kollapsjahr mit den Staatseinnahmen drei Jahre davor. Allerdings haben wir die Möglichkeiten dieses Ansatzes nicht konsistent ausgenutzt.

8.4 Richtungen für weitere Forschung

Jenseits einer Fortsetzung unseres Projekts bieten unsere Ergebnisse noch weitere Anregungen, wie die weitere Forschung zu Staatskollaps vorangebracht werden könnte. Zum Beispiel könnte man noch systematischer über das Verhältnis zwischen Formalität und Informalität in der Konstitution politischer Ordnung nachdenken. Frühere Beiträge stellten informelle Arrangements häufig als Substitute oder „Parasiten" formaler Institutionen dar. Stattdessen sollten wir insbesondere bei der Erforschung von Staatlichkeit außerhalb der OECD-Welt offen sein für alternatives Denken über das Verhältnis von formellen und informellen Institutionen, wie z. B. einen Wettbewerb der beiden Logiken oder deren Komplementarität (Clements et al. 2007).

Eine weitere aussichtsreiche Richtung wäre die Erforschung des Handelns von Akteuren, der Interaktionen zwischen Eliten sowie der Herrschaftsorganisation des Regimes. Bisher verlegen sich Theorien über Ursachen von fragiler Staatlichkeit vor allem auf strukturelle Faktoren. Unsere Forschung macht hingegen auf die Bedeutung der Beziehungen innerhalb der Elite sowie der Strategien politischer Akteure aufmerksam. Der Bedeutung von Eliten tragen Putzel und DiJohn mit ihrem Konzept der „political settlements" bis zu einem gewissen Grad bereits Rechnung, die sie als „the distribution of power between contending social groups and social classes" (Putzel und DiJohn 2012, S. 1) definieren. Ihr Fokus liegt auf den Auseinandersetzungen und Aushandlungsprozessen innerhalb der Elite, zwischen Eliten und Nicht-Eliten sowie zwischen sozialen Gruppen.

Ferner wäre ein Abgleich unserer Ergebnisse mit Erkenntnissen aus der Friedens- und Konfliktforschung möglich. Zwar sind die Ursachen von Gewaltkonflikten nicht mit den Ursachen von Staatskollaps gleichzusetzen, über die Bedeutung einer bewaffneten Mobilisierung sind die beiden Themen dennoch miteinander verbunden. Der Wissensbestand der Bürgerkriegsforschung zu Mechanismen der Mobilisierung könnte einen Teil zum Verständnis des Prozesses, der zum Staatskollaps führt, beitragen. Dies kann eine variablen-zentrierte Forschung, wie die oben entworfene, um neue Faktoren erweiterte QCA-Analyse, ergänzen.

Ein möglicher Ansatzpunkt wäre außerdem die Frage, ob Staatskollaps mit bestimmten Formen oder Typen von Kriegen verknüpft ist. Um einen ersten Eindruck über die möglichen Besonderheiten von Staatskollapskonflikten zu erhalten, haben wir die bewaffneten Konflikte, die während Staatskollapsperioden auftraten, mit allen anderen Bürgerkriegen verglichen, die im gesamten Zeitraum 1960-2007 stattfanden. Basierend auf Daten des Uppsala Conflict Data Program, dem Battle Deaths Dataset V 3.0 und dem Correlates of War Dataset haben wir die Opferzahlen, die Dauer des Konflikts und die Wahrscheinlichkeit eines Wiederausbruchs zwischen den beiden Gruppen verglichen.[29] Die Dauer des Konflikts zeigte keinen nennenswerten Unterschied – Konflikte in Kollapsperioden hatten eine durchschnittliche Länge von 2.408 Tagen, in der Vergleichsgruppe waren es 2.599 Tage. Auch die Wahrscheinlichkeit eines Wiederausbruchs war unauffällig: Von den 21 Konflikten in Kollapsperioden brachen zehn innerhalb von zehn Jahren nach dem Konfliktende erneut aus. Diese Quote von 47,6 % ist im Vergleich zu anderen Statistiken unauffällig (Collier et al. 2008; Suhrke und Samset 2007).

Beim Vergleich der Konfliktintensität zeigt sich allerdings ein Unterschied: Bewaffnete Konflikte, die im Kontext von Staatskollaps stattfinden, sind blutiger. Diese Konflikte hinterließen in der Summe gut eine Million *battle-related deaths*. Geteilt durch 90 Kriegsjahre sind dies 11.126 *battle-related deaths* pro Krieg und Jahr. Für die Vergleichsgruppe ergibt sich lediglich ein Durchschnittswert von 6.133 *battle-related deaths*.[30] Während die Konflikte in kollabierten Staaten lediglich 17 % aller globalen Kriegsjahre zwischen 1960 und 2007 abdeckten, verursachten sie über 30 % der direkten Kriegstoten.[31] Inwiefern die Intensität von Konflikten tatsächlich durch die Funktionsunfähigkeit staatlicher Institutionen bedingt wird, kann auf Basis dieses statistischen Eindrucks nicht geklärt werden. So heben Beiträge zur Rolle sozialer Ordnungen und geteilter Normen die gesellschaftlichen Fähigkeiten zur Konfliktmediation und Selbstorganisation in kollabierten Staaten hervor (Bakonyi und Stuvøy 2005; Sawyer 2005; Trefon 2004). Die Unterwerfung unter den Leviathan ist also nicht der einzige Weg zur Befriedung und Organisation von Gesellschaften. Die Frage nach der Bedeutung der Institution des Staates für die Einhegung von Gewalt bleibt daher nach wie vor spannend.

---

29   Unsere detaillierten Berechnungen können auf Anfrage zur Verfügung gestellt werden.

30   Basierend auf Daten aus dem Battle Deaths Dataset V 3.0, jeweils anhand der „besten Schätzung" für jeden Fall. Es wurden jeweils nur Konflikte mit mindestens 1.000 *battle-related deaths* berücksichtigt, um eine Verzerrung durch Konflikte niedriger Intensität zu vermeiden. Dies betrifft vor allem die Vergleichsgruppe; von den Kollapsfällen fiel dadurch lediglich Kongo 1960 aus der Analyse heraus.

31   Diese Zahlen werden etwas durch die Einbeziehung des Falls Afghanistan verzerrt, der eine außergewöhnlich hohe Zahl von *battle-related deaths* über eine lange Dauer beisteuert. Rechnet man Afghanistan heraus, sinkt der Wert auf 7.308 *battle-related deaths* pro Konflikt und Jahr; der Abstand zur Vergleichsgruppe verringert sich also deutlich.

An das Verhältnis von staatlicher Herrschaft und Gewalt knüpfen auch Forderungen an, die Forschung zu Staatskollaps mit der zu Staats*bildung* zu verknüpfen (z. B. Schlichte 2006). Letztere Beiträge weisen in der Tradition von Tilly (1990) darauf hin, dass Gewalt eine politische Ordnung nicht nur zerstören, sondern auch aufbauen und erhalten kann (Taylor und Botea 2008). Hier drängen sich mehrere Fragen auf: Sind die Konflikte und Prozesse die wir beobachten, wirklich Beispiele von Staatskollaps oder nur bestimmte Erscheinungsformen der allgegenwärtigen Auseinandersetzungen um postkoloniale Staatsbildung? Oder – falls wir einen Unterschied zwischen Staatskollaps und Staatsbildung aufrechterhalten können – was bestimmt, ob ein Konflikt zum einen oder anderen Resultat führt? Wie ist die Entstehung hybrider Strukturen (z. B. Balthasar 2015) in diese Überlegung einzubeziehen?

Nicht zuletzt wäre es auch möglich, systematischer über mögliche Typen von Staatskollaps nachzudenken. Die Aufdeckung derartiger Typen war eine unserer ursprünglichen Hoffnungen, welche sich aber aufgrund der Heterogenität der QCA-Ergebnisse nicht realisieren ließ. Die Ergebnisse der Prozessanalysen weisen immerhin auf unterschiedliche Wege zum Staatskollaps abhängig vom Grad der Institutionalisierung hin. Andere Beiträge sprechen sich deutlicher für eine Differenzierung aus, wenn auch meist mit Bezug auf die größere Kategorie fragiler Staaten (Call 2011; Grävingholt et al. 2012; Tikuisis et al. 2015). Es ist allerdings fraglich, ob eine Unterscheidung von Typen in der Forschung zu Staatskollaps gleichermaßen hilfreich ist, da Staatskollaps sich bereits auf eine extreme Form des Staatsversagens und damit insgesamt nur auf eine geringe Anzahl an Fällen bezieht.

Literatur

Bakonyi, J., & Stuvøy, K. (2005). Violence and Social Order Beyond the State: Somalia and Angola. *Review of African Political Economy, 32*(104), 359-382.

Balthasar, D. (2015). From Hybridity to Standardization: Rethinking State-Making in Contexts of Fragility. *Journal of Intervention and Statebuilding, 9*(1), 26-47.

Call, C. T. (2011). Beyond the "Failed State": Toward Conceptual Alternatives. *European Journal of International Relations, 17*(2), 303-326.

Caren, N., & Panofsky, A. (2005). TQCA: A Technique for Adding Temporality to Qualitative Comparative Analysis. *Sociological Methods & Research, 34*(2), 147-172.

Clements, K. P., Boege, V., Brown, A., Foley, W., & Nolan, A. (2007). State Building Reconsidered: The Role of Hybridity in the Formation of Political Order. *Political Science, 59*(1), 45-56.

Collier, P., Hoeffler, A., & Söderbom, M. (2008). Post-Conflict Risks. *Journal of Peace Research, 45*(4), 461-478.

Dixon, J. (2009). What Causes Civil Wars? Integrating Quantitative Research Findings. *International Studies Review, 11*(4), 707-735.

Englehart, N. A. (2007). Governments Against States: The Logic of Self-Destructive Despotism. *International Political Science Review, 28*(2), 133-153.

Fishman, R. M. (1990). Rethinking State and Regime: Southern Europe's Transition to Democracy. *World Politics, 42*(3), 422-440.

Grävingholt, J., Ziaja, S., & Kreibaum, M. (2012). *State Fragility: Towards a Multi-Dimensional Empirical Typology.* Discussion Paper Nr. 3/2012. Bonn: Deutsches Institut für Entwicklungspolitik.

Hino, A. (2009). Time-Series QCA: Studying Temporal Change through Boolean Analysis. *Sociological Theory and Methods, 24*(2), 247-265.

Jackson, P. T. (2011). *The Conduct of Inquiry in International Relations: Philosophy of Science and Its Implications for the Study of World Politics.* London: Routledge.

Lambach, D. (2009). Warum kollabieren Staaten? In M. Bussmann, A. Hasenclever, & G. Schneider (Hrsg.), *Identität, Institutionen und Ökonomie: Ursachen innenpolitischer Gewalt. Sonderheft 43/2009 der Politischen Vierteljahresschrift* (S. 235-257). Wiesbaden: VS.

Lieberman, E. S. (2005). Nested Analysis as a Mixed-Method Strategy for Comparative Research. *American Political Science Review, 99*(3), 435-452.

Merkel, W. (2010). *Systemtransformation: Eine Einführung in die Theorie und Empirie der Transformationsforschung, 2. Auflage.* Wiesbaden: VS.

Putzel, J., & DiJohn, J. (2012). *Meeting the Challenges of Crisis States: Crisis States Research Centre Report.* London: Crisis States Research Centre.

Ragin, C. C. (2000). *Fuzzy-Set Social Science.* Chicago: Chicago University Press.

Ragin, C.C., & Strand, S.I. (2008): Using Qualitative Comparative Analysis to Study Causal Order: Comment on Caren and Panofsky (2005). *Sociological Methods & Research, 36*(4), 431-441.

Rihoux, B., & De Meur, G. (2009). Crisp-Set Qualitative Comparative Analysis (csQCA). In B. Rihoux & C. C. Ragin (Hrsg.), *Configurational Comparative Methods: Qualitative Comparative Analysis (QCA) and Related Techniques* (S. 33-68). Los Angeles: Sage.

Sawyer, A. (2005). *Social Capital, Survival Strategies, and their Potential for Post-Conflict Governance in Liberia.* Research Paper Nr. 2005/15. Helsinki: UNU WIDER.

Schlichte, K. (2006). Staatsbildung oder Staatszerfall? Zum Formwandel kriegerischer Gewalt in der Weltgesellschaft. *Politische Vierteljahresschrift, 47*(4), 547-570.

Schneider, C. Q., & Wagemann, C. (2012). *Set-Theoretic Methods for the Social Sciences: A Guide to Qualitative Comparative Analysis.* Cambridge: Cambridge University Press.

Suhrke, A., & Samset, I. (2007). What's in a Figure? Estimating Recurrence of Civil War. *International Peacekeeing, 14*(2), 195-203.

Taylor, B. D., & Botea, R. (2008). Tilly Tally: War-Making and State-Making in the Contemporary Third World. *International Studies Review, 10*(1), 27-56.

Tikuisis, P., Carment, D., Samy, Y., & Landry, J. (2015). Typology of State Types: Persistence and Transition. *International Interactions, 41*(3), 565-582.

Tilly, C. (1990). *Coercion, Capital, and European States, AD 990-1990.* Cambridge: Blackwell.

Trefon, T. (Hrsg.). (2004). *Reinventing Order in the Congo: How People Respond to State Failure in Kinshasa.* London: Zed.

Wagemann, C., & Schneider, C. Q. (2010). Qualitative Comparative Analysis (QCA) and Fuzzy-Sets: Agenda for a Research Approach and a Data Analysis Technique. *Comparative Sociology, 9*(3), 376-396.

9

Anhang

Tab. 9.1   Operationalisierung und Kodierung der Bedingungen

Bedingung Risikofaktor(en) QCA-Kurzname	Kodierung	Theoretische Überlegung
Bedrohung I 2 EX_THREAT	0 = Externe Bedrohung ist konstant hoch oder steigt 1 = Externe Bedrohung ist konstant niedrig bzw. nicht vorhanden 2 = Externe Bedrohung lässt nach	Ein Gefühl einer potentiellen Gefahr stabilisiert Regime (rally round the flag, diversionary war). Das Nachlassen externer Bedrohungen kann somit zur Destabilisierung von Herrschaftssystemen kommen. Dabei ist unerheblich, ob dieses Gefühl sich also objektiv richtig erweist oder lediglich der subjektiven Wahrnehmung entspricht. Zentral ist dagegen, wie das Bedrohungsmotiv in internen politischen Diskursen eingesetzt wird und ob dies außerordentliche Maßnahmen der Regierung legitimiert. Wir beschränken uns hier auf militärische Bedrohungen, die durch das Handeln externer Akteure (staatliche und nicht-staatliche) erzeugt werden. Interne Akteure, die von einem anderen Territorium aus handeln, werden hier nicht berücksichtigt.
Bevölkerungsdichte S 1 POP_DENSITY	0 = < 15 % des globalen Durchschnitts der Bevölkerungsdichte im Falljahr 1 = 15-75 % des globalen Durchschnitts der Bevölkerungsdichte im Falljahr 2 = > 75 % des globalen Durchschnitts der Bevölkerungsdichte im Falljahr	
Bürokratie P 1 BUR_OBSTR	0 = Regierung greift nicht gezielt in die Funktionsfähigkeit der Bürokratie ein 1 = Behinderungen der Bürokratie	Letztlich geht es um die Frage, wie das Verhalten des Regimes die Funktionsfähigkeit der Bürokratie beeinträchtigt. Ob dies durch *non-merit appointments*, durch Entzug von Ressourcen oder durch direkte Einflussnahme geschieht ist zunächst einmal unwichtig.

Indikatoren	Datenquelle
Beobachtungszeitraum: die letzten 5 Jahre **Eine externe Bedrohung wird innenpolitisch instrumentalisiert.** **Hoch bzw. steigend:** mind. ein manifester Konflikt mit einem anderen Staat; UN Resolutionen, die sich gegen einen Staat richten **Generell:** Außenpolitische Beziehungen, Bewegung der Militärausgaben, Auf- oder Abrüstung **Nachlassend:** Sinkende Militärausgaben, zurückkehrende Flüchtlinge/IDPs	Eigene Kodierung nach Sekundärquellen Zusätzliche Quellen: CONIS (http://hiik.de/de/kosimo/index.html) UN-Resolutionen http://www.un.org/depts/german/sr/fs_sr_zwischenseite.html http://www.internal-displacement.org/
Y=Bevölkerungsdichte (Einwohner pro km²)/globaler Mittelwert der Bevölkerungsdichte im betreffenden Jahr	http://unstats.un.org/unsd/demographic/products/dyb/dyb2.htm Quelle: International Database: www.census.gov/ipc/www/idb/
0 = keine gezielte Schwächung feststellbar (Sparmaßnahmen mit nicht intendierten Folgen sind zulässig); kein Konflikt zwischen Bürokratie und Regierung 1 = Entlassungen, Gehaltskürzungen, *non-merit appointments*, direkte Einflussnahme treten systematisch oder in großer Zahl auf und beeinträchtigen die Funktionsfähigkeit der Bürokratie	Eigene Kodierung nach Sekundärquellen

Bedingung Risikofaktor(en) QCA-Kurzname	Kodierung	Theoretische Überlegung
Einkommen **W 2b** INCOME	0 = < 5 % des globalen Durchschnitts des Pro-Kopf-Einkommens im Falljahr 1 = 5 % und mehr des globalen Durchschnitts des Pro-Kopf-Einkommens im Falljahr	
Ethnokratie **P 8** ETH_MIN_RULE	0 = Regierung wird nicht durch ethnische Minderheit beherrscht 1 = Regierung wird durch ethnische Minderheit beherrscht	„Following the Weberian tradition, we defined ethnicity as a subjectively experienced sense of commonality based on a belief in common ancestry and shared culture. Different markers may be used to indicate such shared ancestry and culture: common language, similar phenotypical features, adherence to the same faith, and so on" (Cederman et al. 2010, S. 2)

Indikatoren	Datenquelle
GDP per capita in US \$/Global Average GDP per capita in US \$ for that year Die UN-Daten sind erst ab 1970 verfügbar. Für die Fälle von 1960-1970 wird daher das Verhältnis für das Jahr 1970 berechnet.	Quelle: United Nations - National Accounts Main Aggregates Database http://unstats.un.org/unsd/snaama/Introduction.asp http://privatewww.essex.ac.uk/~ksg/exptradegdp.html
Nach Ethnic Power Relations-Datensatz: Absolute Macht (Monopol und/oder Dominanz) einer Ethnie, die entweder: a) nicht mehr als einen Anteil von 50 % an der Gesamtbevölkerung hat und nicht die größte Ethnie im Land ist, oder b) einen Bevölkerungsanteil von unter 25 % hat (in diesem Fall ist es unerheblich, ob es sich um die größte Ethnie handelt) Sofern die Regierung durch eine Koalition mehrerer ethnischer Gruppen beherrscht wird, ist eine Kodierung als 1 möglich, wenn a) diese Koalition über längere Zeit stabil ist und b) die ethnische Zugehörigkeit für den Zugang zu politischer Macht entscheidend ist. Sofern ein Fall im EPR-Datensatz fehlt, legen wir einen weiten Ethnizitätsbegriff an. Für die Hypothese ist entscheidender, dass es sich um die Herrschaft einer Minderheit handelt, als die genaue identitäre Grundlage dieser Minderheit.	Eigene Kodierung nach Ethnic Power Relations-Datensatz und nach Sekundärquellen

Bedingung Risikofaktor(en) QCA-Kurzname	Kodierung	Theoretische Überlegung
Faktionalismus **P 5c** FACTIONAL	0 = politischer Wett- bewerb nicht geprägt durch Faktionalismus 1 = politischer Wettbe- werb geprägt durch Faktionalismus	Faktionalismus unabhängig von Gold- stone aber nach der These P5c im Antrag (3) Factional: Polities with parochial or ethnic-based political factions that regularly compete for political influence in order to promote particularist agendas and favor group members to the detriment of common, secular, or cross-cutting agendas (Marshall und Jaggers 2005, S. 26).
Gewaltstrukturen **P 2** UNOFF_MILITIA	0 = Regierung unterhält keine inoffiziellen (para-)militärischen Einheiten 1 = Regierung unterhält inoffizielle (para-)mili- tärische Einheiten	Als paramilitärische Einheiten werden nur diejenigen berücksichtigt, die von der Regierung oder einem Mitglied der Regierung aufgestellt, finanziert und/oder kontrolliert werden. Die Präsenz anderer paramilitärischer Einheiten wird von der Variable „Militari- sierung" abgedeckt.
Handelsoffenheit **I 3a** **I 3b** TRADE_OPEN	0 = Verhältnis von Handel zu BIP beträgt < 25 % 1 = Verhältnis von Handel zu BIP beträgt 25-70 % 2 = Verhältnis von Handel zu BIP beträgt > 70 %	

Indikatoren	Datenquelle
Parcomp 0,1,2,4,5 = Kein Faktionalismus (0) Parcomp 3 = Faktionalismus (1) Ausschließlich Umcodierung aus Polity IV. Gemessen im Falljahr bei Messzeitpunkt in der 2. Jahreshälfte, im Vorjahr bei Messzeitpunkt in der 1. Jahreshälfte oder im ersten Jahr vor -88/-77. In Fällen, in denen dieses Vorgehen aus praktischen (kein Wert für Zeit vor -77/-88) oder inhaltlichen (grundsätzliche Veränderung des politischen Wettbewerbs) Gründen keine Anwendung finden kann, wird eine qualitative Einschätzung vorgenommen. Entscheidend ist hier, ob die Mobilisierungsstruktur als faktionalistisch im Sinne von PARCOMP (identitätsbasierte/ethnische Faktionen) gelten kann und nicht, ob der politische Wettbewerb frei oder unterdrückt ist. In letzter Konsequenz bedeutet dies, dass wir manche Fälle anders bewerten als es Polity tun würde, weil bei uns Partizipation sowohl „factionalized" als auch „suppressed" sein kann.	Umkodierung von Variable Parcomp aus Polity IV In Einzelfällen: Eigene Kodierung nach Sekundärquellen
Informalität bedeutet, dass die entsprechenden Einheiten i. d. R. a) nicht aus dem offiziellen Staatsbudget finanziert werden, b) kein gesetzliches Mandat als Sicherheitsorgane haben und c) keine Uniformen mit staatlichen Insignien haben. Kontrolle über die Einheiten wird durch den Präsidenten oder eine ihm nahestehende Person ausgeübt. Ergänzender Abgleich der qualitativen Einschätzung mit den Variablen informal_activity, informal_presence, semi-official_activity und semi-official_presence des Pro-Government-Militia-Datensatzes	Eigene Kodierung nach Sekundärquellen und Pro-Government-Militias-Datensatz: http://www.sowi.uni-mannheim.de/militias/
Total Trade(Import+Export) /BIP	Quelle: United Nations - National Accounts Main Aggregates Database http://unstats.un.org/unsd/snaama/Introduction.asp http://privatewww.essex.ac.uk/~ksg/exptradegdp.html http://unstats.un.org/unsd/snaama/dnllist.asp

Bedingung Risikofaktor(en) QCA-Kurzname	Kodierung	Theoretische Überlegung
Hilfe I 1 AID	0 = internationale militärische oder finanzielle Hilfe ist konstant oder ansteigend 1 = eine deutliche Reduzierung der militärischen oder finanziellen Hilfe wurde angekündigt oder vorgenommen	Bilaterale Unterstützungsleistungen im finanziellen oder militärischen Bereich.
Informalität **P 3** **W 1** INFORMAL	0 = informelle, von der Regierung geförderte Strukturen, ersetzen keine staatlichen Institutionen 1 = informelle, von der Regierung geförderte Strukturen, sind in vielen Politikbereichen wichtiger als staatliche Institutionen 2 = Entscheidungen der Regierungen werden fast ausschließlich in informellen Strukturen getroffen und durch sie durchgesetzt	Informalität = Bewusste Abweichung der Regierung von in Verfassung, Gesetzen und anderen formellen Regelungen festgesetzten Verfahren der Politikformulierung, -implementierung etc.

Indikatoren	Datenquelle
Official development assistance and aid Hilfe geschieht in Form von: • finanzieller Hilfe: ODA • militärischer Hilfe: Rüstungsimporte (Preise in USD), Ausbildungsunterstützung (Zahl der Ausbilder), Entsendung von Truppen	Eigene Kodierung nach Sekundärquellen Zusätzliche Quellen: Wejnert (2007) sowie Organization for Economic Cooperation and Development (OECD)

Beobachtungszeitraum: 5 Jahre vor Falljahr.
Hierbei fällt das Falljahrjahr in den Beobachtungszeitraum, sofern der Messzeitpunkt in der zweiten Jahreshälfte liegt.

0 = verfassungs- und gesetzmäßige Verfahren werden von der Regierung eingehalten; Kontrollinstanzen (Verfassungsgericht etc.) sind unabhängig und funktionieren. 1 = einzelne Ministerien versagen als Institutionen der Politikformulierung und -implementation; geringe Transparenz der Entscheidungsfindung; Parlament tagt unregelmäßig; Kontrollinstanzen sind ungenügend; Entscheidungen des Regimes werden teilweise durch private Netzwerke umgesetzt 2 = Das Parlament tagt nicht mehr bzw. löst sich auf; keinerlei Transparenz der Entscheidungsfindung; Kontrollinstanzen sind nicht vorhanden oder komplett abhängig; Entscheidungen des Regimes werden nahezu vollständig durch private Netzwerke umgesetzt	Eigene Kodierung nach Sekundärquellen

Bedingung Risikofaktor(en) QCA-Kurzname	Kodierung	Theoretische Überlegung
Jugendanteil **S 2** YOUTH	0 = Jugendanteil ≤ 90 % des Weltdurchschnitts 1 = Jugendanteil zwi- schen 90 und 120 % des Weltdurchschnitts 2 = Jugendanteil ≥ 120 % des Weltdurchschnitts	Anteil Jugendlicher (15 – 24 Jahre) im Verhältnis zur erwachsenen Gesamtbe- völkerung (Vgl. http://www.zfs-online.org/index. php/zfs/article/viewFile/1213/750) Der Wert jedes Falles wird im Verhältnis zum globalen Jugendanteil des Messjahres kodiert. Indem der Jugendanteil der Fälle nicht auf Basis eines Vergleichs der Fälle untereinander beurteilt wird, soll ein Maßstab dafür geschaffen werden, welche Länder im globalen Vergleich als von einem „youth bulge" betroffen eingestuft werden können.
Liberalisierung **I 5** LIBERAL	0 = in den letzten fünf Jahren wurden keine wirtschaftlichen Libe- ralisierungsmaßnah- men durchgeführt 1 = in den letzten fünf Jahren wurden wirt- schaftliche Liberali- sierungsmaßnahmen durchgeführt	Wirtschaftliche Liberalisierung als Gegensatz zu Protektionismus.
Machtverhältnisse **P 6** POWER_PROP	0 = oppositionelle Grup- pen sehen keine Chance zum Machtwechsel / zur Sezession 1 = oppositionelle Gruppen sind unsicher über die Chancen eines Machtwechsels / zur Sezession 2 = oppositionelle Grup- pen sehen eine gute Chance zum Macht- wechsel / zur Sezession	

Indikatoren	Datenquelle
Nationale Jugendquote / Globale Jugendquote im Falljahr Nationale Jugendquote = Anzahl Jugendlicher (15-24 J.) (in Tausend) / Anzahl der erwachsenen Gesamtbev. (ab 15 J.) (in Tausend)	Quelle: UN Population Division: World Population Prospects: The 2010 Revision http://unstats.un.org/unsd/demographic/products/dyb/dyb2.htm http://esa.un.org/wpp/unpp/p2k0data.asp
Verfassungsänderungen, WTO-Mitgliedschaft (innerhalb der letzten fünf Jahre oder konkret in Vorbereitung), Freihandelsabkommen, Abbau von Zöllen, Importbeschränkungen, Subventionen, Abwertung der Landeswährung Hierbei fällt das Falljahr in den Beobachtungszeitraum, sofern der Messzeitpunkt in der zweiten Jahreshälfte liegt	Eigene Kodierung nach Sekundärquellen
1. Objektive Machtressourcen: Vergleich der Machtressourcen der oppositionellen und herrschenden Gruppen 2. Politische Programmatik: Bekenntnis zum Machtwechsel 3. Führerschaft und Struktur: Auf mehrere Strategien (Verhandlung/ Kooperation/ Kampf) ausgerichtet oder nicht?	Eigene Kodierung nach Sekundärquellen

Bedingung Risikofaktor(en) QCA-Kurzname	Kodierung	Theoretische Überlegung
Militarisierung **P 6** MILIT	0 = politisch relevante Gruppierungen sind unbewaffnet 1 = politisch relevante Gruppierungen sind bewaffnet	
Nachbarkollaps I 7 N_COLLAPSE	0 = kein angrenzender Staat aktuell kollabiert 1 = mindestens ein angrenzender Staat aktuell kollabiert	
Nachbarkrieg I 6 N_CIV_WAR	0 = kein angrenzender Staat akut in einem Bürgerkrieg 1 = mindestens ein angrenzender Staat akut in einem Bürgerkrieg	

Indikatoren	Datenquelle
unbewaffnet = individueller Waffenbesitz in der Gruppe, jedoch nicht systematisch und kollektiv bewaffnet = Systematisch z. B. in Form bewaffneter Flügel, Sicherheitsdiensten, Jugendgruppen, Milizen Staatliche Sicherheitsorgane werden hier nicht berücksichtigt, es sei denn, diese treten als genuine politische Akteure auf. Eine „1" wird nur vergeben, wenn politische Akteure auf beiden bzw. allen Seiten eines Konflikts bewaffnet sind.	Eigene Kodierung nach Sekundärquellen
Akuter Kollapsfall im Nachbarland, wenn: Der Beginn des Nachbarkollapses max. 5 Jahre und das Ende des Nachbarkollapses max. 3 Jahre zurück liegt oder bei zeitgleichem/aktuellen Kollaps. **Kein Kollaps:** Kollapsfall trifft nicht zu.	Kodierung nach eigenem Datensatz
Der Beginn des Bürgerkriegs liegt max. 5 Jahre und das Ende des Nachbarkrieges max. 3 Jahre zurück oder bei zeitgleichem/aktuellem Krieg.	Quelle: http://www.prio.no/CSCW/Datasets/Armed-Conflict/Onset-and-Duration-of-Intrastate-Conflict/Onset-Data/

Bedingung Risikofaktor(en) QCA-Kurzname	Kodierung	Theoretische Überlegung
Personalismus **P 4** **W 1** PERSONAL_RULE	0 = kein personalistisches Regime 1 = teilweise personalistisches Regime 2 = personalistisches Regime	„Personal rule can be defined as a type of state authority structure in which the ruler is an individual leader whose decision-making power is institutionally unconstrained, who presides over a neopatrimonial public administration and who uses the patron-client network as the principal institutional mechanism for wielding political power" (Guliyev 2011, S. 585)
Polarisierung **P 6** POLAR	0 = = abweichende Lager sind erkennbar, aber entweder schlecht organisiert oder dialogbereit 1 = das politische System ist gespalten in klar unterscheidbare und organisierte Lager mit geringer bis gar keiner Dialogbereitschaft	Ein polarisiertes politisches System ist durch einen Mangel an Kommunikation und Dialogbereitschaft zwischen politisch relevanten Akteuren gekennzeichnet. Ein weniger polarisiertes System ist demgegenüber durch Gesprächs- und Kompromissbereitschaft zwischen politischen Akteuren charakterisiert. „Lager" ist hier ein Sammelbegriff für mehr oder weniger organisierte Personengruppen, die eine gemeinsame politische Position vertreten.

Indikatoren	Datenquelle
Kein Personalismus: • Regierungschef hat keinen direkten Zugriff auf staatliche Gelder außer auf den ihm gesetzlich zugewiesenen Etat • Karriere /ökonomischer Erfolg sind unabhängig von der persönlichen Beziehung zum Herrscher • personenungebundene Ideologien **Teilweiser Personalismus** • teilweise persönliche Kontrolle des Regierungschefs über den Staatshaushalt; teilweise Kontrolle ist gegeben, wenn a) ein Staatshaushalt mit offiziellen Budgets existiert und b) mindestens ein Ministerium sich des Zugriffs auf sein Budget verweigert. • persönliche Beziehung zum Herrscher kann für die Karriere von Vorteil sein, ist jedoch keine notwendige Bedingung für persönlichen beruflichen oder wirtschaftlichen Erfolg • Ämterhäufung durch Führungspersonal des Regimes **Vollständiger Personalismus** • Regierungschef hat direkte Kontrolle über beinahe die gesamten Staatsausgaben • Ämterhäufung durch Führungspersonal des Regimes • Karriere/ökonomischer Erfolg sind von persönlicher Beziehung zum Herrscher abhängig • Personenkult und personengebundene Ideologien • quasi-dynastische Herrschaftsfolge	Eigene Kodierung nach Sekundärquellen
Bei der Codierung soll eine systemische Perspektive eingenommen werden. Folgende Aspekte werden dabei herangezogen: • Existenz unterschiedlicher politischer Lager: Unterscheidung durch Ideologie, Identität o. ä. möglich • Organisationsgrad: Je offener, formalisierter und je mehr Anhänger, desto höher • Dialogbereitschaft und • Konfrontation sind idealtypische Strategien der Lager im Umgang miteinander; entscheidend ist hier, für wie realistisch eine Gruppe die Chancen für eine kooperative Konfliktlösung mit dem feindlichen Lager einschätzt. • Wie ist die Machtbalance zwischen konfrontativ agierenden Gruppen („Extremisten") und dialogbereiten Akteuren („Zentrum")?	Eigene Kodierung nach Sekundärquellen

Bedingung Risikofaktor(en) QCA-Kurzname	Kodierung	Theoretische Überlegung
Primärexporte **W 2a** **W 2b** PRIM_COMM_EXP	0 = Anteil der Primärgut- exporte am BIP beträgt < 5 % 1 = Anteil der Primärgut- exporte am BIP beträgt 5-15 % 2 = Anteil der Primärgut- exporte beträgt > 15 %	
Regimetyp **P 5a** **P 5b** **P 5c** REGIME	0 = Demokratie 1 = Hybrides Regime 2 = Autokratie	Demokratien werden ob ihrer Fähigkeit divergierende Interessen mittels Partizipationsmöglichkeiten auszugleichen als besonders stabil angesehen. Autokratische Regime besitzen diese Fähigkeit nicht, haben sich jedoch empirisch zum Teil als sehr stabil erwiesen. Eine weitere oft vertretene These ist daher, dass hybride Regime als besonders gefährdet gelten können, da sie weder die Unzufriedenheit der Bürger durch partizipative Verfahren beruhigen noch durch Repression unterdrücken können.
Hybridregime **P 5b** **P 5c**	0 = kein hybrides Regime 1 = hybrides Regime	

Indikatoren	Datenquelle
Primärgutexporte in US-Dollar/BIP in US-Dollar = Anteil der Primärgutexporte am BIP	UNCTAD Commodity Yearbook (1988-1995, 2003)
Wert wird gemessen im Falljahr. Falls für das Falljahr keine Werte vorliegen, wird der Mittelwert der jeweils nächstliegenden Werte ermittelt.	
Die Werte werden dem UNCTAD Commodity Yearbook von 2003 entnommen. In Einzelfällen werden ältere Jahrbücher herangezogen.	
Polity +5 bis -5 =Hybrid Polity > +5 =Demokratie Polity < -5= Autokratie Diese Schwellenwerte werden vom Polity IV-Projekt empfohlen.* * Gemessen wird im Falljahr bei Messzeitpunkt in der 2. Jahreshälfte, im Vorjahr bei Messzeitpunkt in der 1. Jahreshälfte.	Umkodierung der Variable POLITY des Polity IV-Datensatzes In Einzelfällen: Eigene Kodierung nach Sekundärquellen
* Bei -77 gilt der aktuellste gültige Wert davor (selbst wenn das einige Jahre zurückliegt). Praktisch heißt das, dass wir -77 ignorieren.	
* Bei -88 (oder wenn -88 der erste Wert vor einer -77-Phase ist) wird eine Zuordnung zu einer der drei Regimeformen entsprechend den Kodieranweisungen der Polity-Variable (DEMOC-AUTOC) anhand der qualitativen Informationen vorgenommen.	
* Wenn Zweifel an der Qualität einer Kodierung besteht, z. B. wenn zuvor -77 bestand oder das Land noch sehr jung ist, dann muss der aus Polity gewonnene Wert in der qualitativen Analyse nochmal gegengecheckt werden.	
0 = REGIME (0,2) 1 = REGIME (1)	Umkodierung der Variable REGIME des eigenen Datensatzes

---

* Siehe http://www.systemicpeace.org/polity/polity4.htm [15.06.2015]

Bedingung Risikofaktor(en) QCA-Kurzname	Kodierung	Theoretische Überlegung
Repression **P 8** REPRESSION	0 = keine/geringe Repression 1 = mittlere Repression 2 = hohes bis sehr hohes Maß an Repression	
SAP **I 4** SAP	0 = Staat wurde keinen SAPs unterzogen 1 = Staat wurde in der Vergangenheit mindestens einem SAP unterzogen	Als SAPs werden nur offizielle Abkommen zur Strukturanpassung (wie SAF, ESAF, SAL, PubSec,) mit IWF und Weltbank berücksichtigt.
Sicherheitskräfte **P 2** SEC_OBSTR	0 = Regierung greift nicht in die Funktions- fähigkeit der Sicher- heitskräfte ein 1 = leichte Behin- derungen der Sicherheitskräfte durch Entlassungen, Gehaltskürzungen, Politisierung o. Ä. 2 = massive Behinde- rungen der Sicher- heitskräfte durch „Säuberungen", Bedrohungen, Entzug von Ressourcen und Personal o. Ä.	Letztlich geht es um die Frage, wie das Verhalten des Regimes die Funk- tionsfähigkeit der Sicherheitskräfte beeinträchtigt. Ob dies durch non-merit appointments, Entzug von Ressourcen, Politisierung, „Säuberungen", Bedrohun- gen o. Ä. geschieht ist zunächst einmal unwichtig.

Indikatoren	Datenquelle
Messgröße ist der Durchschnittswert der drei Jahre vor dem Kollaps 0 = PTS 1 (keine Repression) 1 = PTS 2 (Gezielte Verfolgung von einzelnen Dissidenten) 2 = PTS 3 (Systematische Verfolgung politisch Aktiver) 3 = PTS 4 und 5 (genereller Terror)	Für Fälle vor 1976 eigene Kodierung nach Sekundärquellen. Für Fälle ab 1976 Umkodierung der Political Terror Scale. In Fällen, in denen die Sekundärquellen sich gravierend von den PTS-Werten (Einschätzungen von Amnesty International und US State Department) unterscheiden, ist eine Abweichung von nebenstehendem Kodierschema möglich.
Implementierung: mit SAP verbundene Reformen müssen nicht komplett abgeschlossen jedoch zumindest in Teilen umgesetzt sein Gewertet werden SAPs, welche innerhalb eines 5 Jahres Zeitraumes vor dem Kollaps/Vergleichsfall begonnen haben. Hierbei fällt das Falljahr in den Beobachtungszeitraum, sofern der Messzeitpunkt in der zweiten Jahreshälfte liegt.	Eigene Kodierung nach IWF-Länderberichten und Sekundärliteratur.
0 = keine gezielte Schwächung feststellbar (Sparmaßnahmen denkbar, die nicht intendierte Folgen haben); kein Konflikt zwischen Sicherheitskräften und Regierung 1 = Entlassungen, Gehaltskürzungen, *non-merit appointments*, direkte Einflussnahme treten in Einzelfällen auf & beeinträchtigen Funktionsfähigkeit der Sicherheitskräfte 2 = Entlassungen, Gehaltskürzungen, *non-merit appointments*, direkte Einflussnahme treten systematisch oder in großer Zahl auf. Desertionen treten in nennenswertem Umfang auf. Militär wird nahezu handlungsunfähig, Vertrauen der Bevölkerung sehr niedrig.	Eigene Kodierung nach Sekundärquellen

Bedingung Risikofaktor(en) QCA-Kurzname	Kodierung	Theoretische Überlegung
Staatseinnahmen **W 1** GOV_REV	0 = Erhöhung oder keine Änderung der Staatsein-nahmen 1 = Rückgang der Staats-einnahmen	Es müssen mindestens Werte für Staats-einnahmen und BIP aus zwei Jahren des Beobachtungszeitraums vorliegen. Die Variable ist dynamisch, nicht strukturell. Es geht also nicht um die Frage nach dem Volumen der Staatseinnahmen zum Messzeitpunkt, sondern um die Ent-wicklung der Staatseinnahmen vor dem Messzeitpunkt. Aus diesem Grund müssen mindestens Werte (für Staatseinnahmen und BIP) für zwei Jahre des Beobachtungs-zeitraums vorliegen. In Fällen, in denen die Unabhängigkeit mit dem Messzeitpunkt zusammenfällt bzw. diesem unmittelbar vorhergeht, kann keine Entwicklung der Staatseinnahmen beobachtet werden. Hier wird mit 0 (= keine Änderung) codiert.

Indikatoren	Datenquelle
Entwicklung der Staatseinnahmen = letzter Wert des Anteils der Staatseinnahmen am BIP/ erster Wert des Anteil der Staatseinnahmen im Beobachtungszeitraum	Lucas und Richter (2012)
Total Revenues in local currency/GDP at current prices in local currency	Für GDP in local currency: United Nations National Accounts Main Aggregates Database http://unstats.un.org/unsd/snaama/Introduction.asp
0 = die Entwicklung des Anteils der Staatseinnahmen am BIP beträgt ≥ 100% 1 = die Entwicklung des Anteils der Staatseinnahmen am BIP beträgt < 100%	
Beobachtungszeitraum: die drei Jahre vor dem Falljahr	Für Einzelfälle: Berechnung des GDP in local currency nach Penn World Table Version 6.3: https://pwt.sas.upenn.edu/php_site/pwt63/pwt63_form.php
	Government revenues as % of GDP: • - World Economic Outlook (April 2013) • - Statistical handbook 1993: http://go.worldbank.org/RIKIQKM1K0 • - Statistical handbook 1994: http://go.worldbank.org/LBI41HMFP0
	Bei fehlenden Daten: Eigene Kodierung nach Sekundärquellen

Bedingung Risikofaktor(en) QCA-Kurzname	Kodierung	Theoretische Überlegung
Transition **P 7** TRANSITION	0 = keine Transition 1 = Transition unmittel- bar vor dem Kollaps	
Vorkolonial **S 3** POLITY	0 = keine vorkoloniale/ vorimperiale *polity* 1 = lokale vorkoloniale/ vorimperiale *polity*, die zwar hierarchisch or- ganisiert ist, aber nicht alle weiteren Bedingun- gen von 2 erfüllt 2 = eigenes vorkoloni- ales/vorimperiales Königreich, Imperium oder Staat, der weitge- hend deckungsgleich mit dem heutigen Staatsgebiet ist 3 = keine koloniale/impe- riale Periode	Staatliche Herrschaft ist stabiler, wenn sie sich in einem historischen Prozess schrittweise institutionalisiert hat oder wenn postkoloniale bzw. postimperiale Staatsbildungsprozesse an staatliche bzw. staatsähnliche Organisationsformen aus einer früheren Unabhängigkeitsperiode anknüpfen können. Hierbei wird davon ausgegangen, dass die Überlebensfähigkeit dadurch gesteigert wird, wenn die Gren- zen des vor- und des postkolonialen/ -imperialen Staates weitgehend deckungs- gleich sind.
Lokale Polities **S 3** LOCAL_POLITY	0 = keine vorkoloniale/ vorimperiale(n) lokale *polity/ies* 1 = lokale vorkoloniale/ vorimperiale(n) *polity/ ies*	

Indikatoren	Datenquelle
Aufgrund der monatsgenauen Zuordnung von Kollaps-zeiträumen wird fallweise entweder das Kollapsjahr oder das Vorjahr als maßgebliche Referenzgröße verwendet. Bei Unsicherheit können beide Jahren herangezogen werden. Entscheidend ist dabei die Frage, ob eine Transition vor Beginn der Kollapsperiode bzw. des Beobachtungszeitraums eingesetzt hat.	Umkodierung der Variable POLITY des Polity IV-Dat-ensatzes Bei fehlendem Wert: Eigene Kodierung nach Sekundärquellen
Transition liegt dann vor, wenn das Kollapsjahr oder das vorige Jahr: a) mit -88 kodiert ist, oder b) wenn sich in einem der beiden Jahre der Polity-Score im Vergleich zum Vorjahr um mindestens drei Punkte verändert. Jahre mit einer Kodierung von -77 werden hier übersprungen.	
Für 1: die polity muss zumindest in einem signifikanten Teilgebiet des heutigen Staates existiert haben Für 2: Königreiche, Imperien oder Staaten zeichnen sich durch eine hierarchische Ordnung, ein gewisses Maß an Institutionalisierung, entpersonalisierter Herrschaft und Persistenz aus. Diese decken sich weitgehend mit dem heutigen Staatsgebiet.	Eigene Kodierung nach Sekundärquellen
0 = POLITY (0, 2, 3) 1 = POLITY (1)	Umkodierung der Variable POLITY des eigenen Daten-satzes

Tab. 9.2 QCA-Datensatz

Case_ID

	bur_obstr	factional	unoff_militia	informal	power_prop	milit	nic	personal_rule	polar	regime	sec_obstr	transition	income
Afghanistan 1973	0	0	0	1	2	0	0	1	0	2	0	0	1
Somalia 1978	1	0	0	2	0	0	0	2	0	2	0	0	0
Iran 1979	1	0	0	2	1	0	0	2	0	2	2	0	2
Guinea-Bissau 1980	1	0	0	2	2	0	0	1	0	2	1	0	0
Guinea 1996	0	1	0	1	0	0	0	1	0	1	0	1	1
Georgia 2003	1	1	1	2	1	0	0	1	0	1	1	0	1
Laos 1989	0	0	0	2	2	1	0	0	0	2	0	0	0
Lebanon 2005	0	1	0	1	2	0	0	0	1	0	0	0	2
Lesotho 1998	0	1	0	0	1	0	0	0	0	0	0	0	1
Niger 1990	0	0	0	1	1	0	0	1	0	2	0	0	1
Moldova 1992	0	1	0	0	2	1	1	0	1	1	0	1	1
Mali 1991	0	0	0	0	2	0	0	2	1	2	0	0	1
Sierra Leone 1967	0	1	0	1	2	0	0	1	0	0	1	0	1
Liberia 1979	0	0	0	1	1	0	0	1	1	2	0	0	1
Sri Lanka 1983	0	1	0	0	1	0	0	1	1	1	0	0	1
Ethiopia 1974	1	0	0	2	1	0	0	2	0	2	1	0	0
Burundi 1993	0	0	0	0	1	0	0	0	0	0	0	1	0
Cambodia 1967	0	0	0	1	0	0	0	2	0	2	0	0	1
Burkina Faso 1987	0	0	0	1	0	0	0	1	0	2	0	0	1
Uganda 1971	1	0	0	1	1	0	0	1	0	2	2	0	1
Uzbekistan 1999	0	0	0	1	0	0	0	1	0	2	0	0	1
Angola 1975	0	0	0	2	2	1	1	0	1	2	0	0	2
Nigeria 1967	0	0	0	2	1	0	0	1	1	2	0	1	1
Chad 1965	1	0	0	2	0	0	1	2	0	2	1	0	1
Sudan 1992	1	0	1	2	1	1	0	1	1	2	2	0	1
Croatia 1995	0	0	0	1	1	1	1	1	1	1	0	0	2
Congo-Kinshasa 1977	1	0	0	2	2	1	0	2	0	2	2	0	1

prim_comm_exp	gov_rev	pop_density	eth_min_rule	youth	repression	polity	ex_threat	trade_open	aid	liberal	n_collapse	n_civ_war	sap	outcome
1	0	0	0	1	1	3	1	1	1	0	0	1	0	0
2	1	0	1	2	1	1	0	1	1	0	0	1	0	0
2	1	0	0	1	3	3	2	1	0	0	0	1	0	0
1	0	0	1	1	2	1	1	1	0	0	0	0	0	0
1	1	0	1	2	2	1	1	1	0	1	0	1	1	0
1	0	1	0	0	2	2	0	2	0	1	0	1	1	0
0	1	0	0	2	2	2	2	1	0	1	0	1	0	0
0	0	2	0	1	2	1	0	1	0	1	0	1	0	0
0	0	1	0	3	1	2	1	2	1	1	0	0	1	0
1	1	0	1	2	1	1	2	1	0	1	1	1	1	0
2	0	1	0	0	1	2	0	2	0	1	0	1	0	0
1	0	0	0	3	2	2	2	1	0	1	0	1	1	0
1	0	1	0	1	1	1	1	1	0	0	0	0	0	0
2	0	0	1	1	1	3	0	2	0	0	0	0	0	0
2	1	2	0	1	1	1	1	1	0	1	0	1	1	0
1	0	0	1	1	3	3	0	1	0	0	0	1	0	0
1	0	2	0	2	3	2	1	1	0	1	0	1	1	0
1	1	1	0	1	2	2	0	0	1	0	0	1	0	0
0	0	0	0	2	1	1	2	1	0	0	0	1	0	0
1	0	1	0	2	2	1	0	1	0	0	0	1	0	0
2	1	1	0	2	1	0	0	1	0	1	1	1	0	0
2	0	0	1	1	2	1	0	2	0	0	0	1	0	0
1	1	1	0	2	2	1	1	0	0	0	0	1	0	0
1	0	0	1	1	2	1	1	1	0	0	0	1	0	0
1	0	0	1	2	2	1	1	0	1	1	0	1	0	0
1	0	1	0	0	3	2	0	2	0	1	1	1	0	0
1	1	0	0	1	3	1	0	2	0	1	0	1	0	0

Case_ID

	bur_obstr	factional	unoff_militia	informal	power_prop	milit	nic	personal_rule	polar	regime	sec_obstr	transition	income
Tajikistan 2010	1	1	0	2	0	0	0	1	0	1	2	0	1
Somalia 1991	1	0	1	2	2	1	0	2	1	2	2	0	0
Tajikistan 1992	0	1	1	2	2	1	1	0	1	1	0	1	1
Uganda 1985	1	1	1	1	2	1	0	2	1	1	0	0	0
Sierra Leone 1998	0	1	1	2	2	1	0	1	1	1	0	1	0
Liberia 1990	1	0	0	1	2	1	0	1	0	2	2	0	0
Chad 1979	0	0	1	1	2	1	0	0	1	2	0	1	0
Bosnia-Herzegovina 1992	0	1	0	0	2	1	1	0	1	0	0	0	2
Angola 1992	1	0	0	1	1	1	0	0	0	1	0	1	1
Afghanistan 1979	1	0	1	2	2	1	0	2	0	2	2	1	1
Congo-Kinshasa 1960	0	1	0	2	2	1	1	0	1	1	0	1	1
Congo-Kinshasa 1996	1	0	0	2	2	0	0	2	1	2	2	0	0
Lebanon 1975	0	1	1	0	2	1	0	0	1	1	1	0	2
Laos 1960	0	1	1	0	2	1	0	0	1	0	0	1	0
Guinea-Bissau 1998	1	1	0	1	2	0	0	1	0	1	2	0	0

prim_comm_exp	gov_rev	pop_density	eth_min_rule	youth	repression	polity	ex_threat	trade_open	aid	liberal	n_collapse	n_civ_war	sap	outcome
2	1	1	0	3	2	0	1	2	0	1	1	1	0	0
1	1	0	1	2	3	1	2	0	1	1	0	1	1	1
2	1	1	0	2	2	0	1	2	1	1	0	1	0	1
1	0	1	1	2	3	1	1	0	0	1	0	1	1	1
1	1	1	0	3	3	1	0	1	1	1	1	1	1	1
2	0	0	1	2	2	3	1	1	1	0	0	0	0	1
1	1	0	0	1	2	1	0	1	0	0	0	1	0	1
0	1	1	0	0	0	2	0	2	0	1	0	1	0	1
2	1	0	1	2	2	1	2	2	1	1	0	0	0	1
1	1	1	0	1	3	3	0	1	0	0	0	1	0	1
2	0	0	0	2	1	1	0	2	0	0	0	0	0	1
1	0	0	0	3	3	1	0	1	1	0	1	1	0	1
0	0	2	0	1	1	1	0	2	0	0	0	1	0	1
0	0	0	0	1	1	2	0	0	1	0	0	1	0	1
2	0	1	0	3	2	1	1	1	1	1	0	1	1	1

MIX
Papier aus verantwortungsvollen Quellen
Paper from responsible sources
FSC® C105338

If you have any concerns about our products,
you can contact us on
ProductSafety@springernature.com

In case Publisher is established outside the EU,
the EU authorized representative is:
Springer Nature Customer Service Center GmbH
Europaplatz 3, 69115 Heidelberg, Germany

Printed by Libri Plureos GmbH
in Hamburg, Germany